선지식에게 길을 묻다

無比　慧國　雨龍　古愚

선지식에게 길을 묻다

한국 대표 선지식 8인에게 듣는 마음의 정도(正道)

박희승 지음

無如　慧淨　眞際　勤日

은행나무

불교에서는 마음의 스승이 되는 분을 선지식(善知識)이라 한다. 선지식은 초조하거나 불안한 마음을 편안하게 해준다. 마음이 답답하거나 갈등을 느낄 때, 인생이 고달프고 시련에 직면했을 때 선지식을 만나 길을 묻고 깨달아 지혜와 용기를 낼 수 있다.

이 책은 한국의 대표적인 선지식 여덟 분을 만나 마음공부에 대해 묻고 답한 이야기다. 누구나 그렇지만, 필자도 생을 살면서 여러 가지 마음의 갈등을 느꼈다. 잊을 만하면 재연되는 조계종단의 갈등과 남방불교의 수행법인 위빠사나가 확산되면서 화두 참선법이 위기를 맞았다는 여론에 혼란을 겪었다.

더구나 달라이라마 스님이나 틱낫한 스님, 미국인 현각 스님 등 외국 수행자들의 책이 폭발적인 인기를 끌며 불교에 관심을 불러일으켰지만, 한국 수행자들은 이렇다 할 역할을 보여주지 못하고 있었다.

대한불교조계종에 몸담고 있는 필자는 마음의 갈등을 스스로 해결하고, 다른 한편으로는 종단의 갈등을 어떻게 하면 해결할 수 있는지, 중심 수행법인 간화선의 위기와 선지식 부재가 사실인지,

다른 대안은 없는지를 알아보기 위하여 산중의 눈 밝은 수행자를 찾아나섰다.

그러던 어느 날 깊은 산중에서 인자하고도 형형한 눈빛의 노스님을 만나게 되어 마음의 갈등도 풀고, 선(禪)의 본래 뜻도 알게 되었다. 아울러 이 인연으로 산중의 여러 선지식을 찾아가 친견할 수가 있었다. 그리하여 필자는 마음의 갈등도 해소하고 한국 선의 심오한 가치도 새롭게 알게 되었다. 이제는 한국 선에 대한 자부심과 희망도 갖게 되었다.

그래서 필자는 선을 온몸으로 체현하고 계시는 선지식의 귀중한 가르침을 대중에게 널리 알리고자 그 문답을 정리하여 조계종 포교원에서 발간한 월간 〈법회와 설법〉에 연재하였고, 이렇게 책으로까지 펴내게 되었다.

선지식과의 문답은 긴 시간 동안 진행되었는데, 그 과정에서 선지식의 출가와 구도 과정에서 겪은 치열한 내면세계를 엿볼 수 있었다. 이 책은 일생 동안 온몸을 던져 마음공부에 전념해 오신 여덟 분 선지식의 살아있는 수행 기록이자, 공부의 바른 길이 무엇인지 알려주는 지침서이기도 하다.

이 선지식과의 문답은 필자가 정리한 것이다. 까닭에 혹여 선지식께 누가 되는 흔적이 있다면 전적으로 필자의 허물이다.

이 책이 나오기까지 많은 분들의 도움을 받았다. 누구보다 여덟 분의 선지식들께 감사드린다. 여덟 분께서는 어리석은 질문에 무한한 지혜를 주셨다. 필자로선 큰 바다와 같은 은혜를 입었다. 아울러 조계종 전 포교원장 도영 스님께도 깊이 감사드린다. 스님의 자상한 배려 덕분에 선지식을 찾는 길이 열렸다. 또한 적절한 조언과 격려를 해주신 진명 스님, 원철 스님, 그리고 글을 읽고 다듬어준 김판동 님에게도 감사드린다. 마지막으로 책 인연을 지어준 서화동 기자님과 오랫동안 원고를 기다려준 출판사 대표님께도 감사드린다.

이밖에도 책이 나오기까지 많은 분들의 은혜를 입었다. 모두 덕분이다.

불기 2553(2009)년 봄에
중효 박희승 합장

차 례

참선으로 '참나'를 찾아라

진제(眞際) 스님

대구 팔공산 동화사 조실 진제(眞際) 스님

진제 스님은 1934년 경남 남해에서 태어났다. 1951년 남해 해관암에서 석우 스님을 은사로 출가하여 법원(法遠)이라는 법명을 받았다. 1953년 해인사에서 석우 스님을 계사로 사미계를 수지했다. 1955년 동화사 강원 사교과정을 이수했다. 이후 동화사, 상원사, 각화사, 묘관음사 등 제방 선원에서 정진하였다. 1967년 향곡 선사로부터 법을 인가받아 경허-혜월-운봉-향곡 선사로 전해 온 법맥을 이었다. 1992년 부산 해운정사 금모선원 조실, 1994년 동화사 금당선원 조실에 취임하였다. 2003년 조계종 원로의원에 추대되었으며, 2004년 5월 해인사에서 조계종 대종사(大宗師) 법계를 품수받았다.

흔히 한국 불교계에 대표적인 선지식을 말할 때 '남진제 북송담'이라 한다. 남쪽의 진제 큰스님과 북쪽의 송담 큰스님, 즉 동화사 조실 진제 스님과 인천 용화사 선원장 송담 스님을 말한다. 송담 스님은 언론 인터뷰를 일체 하지 않는 반면, 진제 스님은 언제 어떤 곳에서도 걸림이 없다.

진제 스님께서는 종단 원로의원이시고, 대구 동화사 금당선원과 해운정사 조실로 주석하며 본분납자와 재가불자들에게 바른 깨달음의 길을 지도하고 계신다. 진제 스님과의 인터뷰는 두 차례의 만남을 통해 이루어졌다. 진제 스님께서는 두 차례 다 호호탕탕한 가풍을 여실하게 보여주었다. 이러저러한 질문에 조금도 주저 없이 청산유수와 같이 유창하면서도 때로는 고준한 말씀으로 답해주셨다. 또한 스님께서는 젊은 시절 구도과정에서 여러 선지식들과의 문답이나 법거량을 또렷하게 기억하고 계셔서 놀라웠다.

스님께서 인터뷰 도중에 "오늘 내 살림을 다 보여준다" 하실 정도로 자상하고도 구체적인 말씀을 주셨지만, 어떤 부분에서는 필자의 아둔함으로 이해되지 않는 부분도 있었다. 이것은 나중에 스님의 법문집을 몇 차례 살펴 재정리하였다. 혹 이 인터뷰에 허물이 있다면 모두 필자의 지혜와 역량이 부족한 탓임을 밝혀 둔다.

스님, 부처님께서 이 사바세계에 오신 뜻에 대해서
한 말씀 해주십시오.

중생계는 항시 오탁악세(五濁惡世)*거든요. 탐·진·치와 '나'라는 허세·허욕을 좇아 온갖 번뇌가 그칠 날이 없어요. 욕망을 좇아 고귀한 생명이 희생되고, 좋은 인간성이 하루아침에 등을 돌리고, 상대를 짓밟음으로써 내가 드러난다는 그런 못난 생각에서 이 세상이 어지럽고 투쟁이 그칠 날이 없습니다.

그래서 석가모니 부처님께서 모든 중생이 어떻게 하면 고통과 투쟁에서 벗어나 쉴 수 있을까를 깊이 생각하시고, 자기의 '참나'를 바로 보라는 뜻에서 이 사바세계에 오셨어요. '참나'는 가을 하늘과 같이 청정하고 맑아서 한 점의 번뇌와 허물이 없습니다. '참나'를 바로 보면 거기는 자비뿐이고 지혜뿐이에요. 모든 사람이 지혜가 밝아짐으로써 광명이 이루어지고, 거기에서 자비가 바로 서면 모든 자타(自他)가 둘이 아니[不二]거든요. 그러면 투쟁은 종식되고 화목한 세상이 되는 거예요. 부처님께서는 이러한 좋은 진

---

* 오탁악세(五濁惡世) : 말세에 발생하는 피하기 어려운 사회적·정신적·생리적인 다섯 가지 더러움.

12

리가 있음을 알려주기 위해 이 사바세계에 오신 것입니다.

부처님께서 처음 태어나셔서 동서남북 사방으로
일곱 걸음을 걸으시고 "천상천하 유아독존(天上天下 唯我獨尊)"이라
하셨는데 그 뜻을 좀 풀어 주십시오.

한 손은 하늘을 다른 한 손은 땅을 가리키고, 하늘과 하늘 아래 나만이 도를 얻었다고 말씀하신 것이 자기의 참모습을 가리킨 것이지요. 석가모니 부처님이 자기의 진정한 참모습 그 자체를 보여주어, 그것이 부처님의 참모습일 뿐만 아니라 모든 인류의 참모습이 다 그렇다는 뜻을 나타낸 거죠. 하늘과 하늘 아래에 오직 나 자신이 독존 독귀하니 그러한 진리의 눈을 열어 세계가 진리 아닌 것이 없고 자타가 둘이 아니니 평등하다는 것을 보여준 것이죠. 부처님께서 대도를 깨닫고 보니 나만 위대한 것이 아니라 다른 모든 사람이 팔만사천의 지혜와 덕상을 갖추고 있음을 설하신 것입니다.

그런데 이것도 진리의 밝은 눈을 갖춘 이가 보건대는 멀쩡한 맨살을 괜히 긁어 상처를 낸 격이고, 똥 위에 똥을 눈 격이지요.

선(禪)의 본래성불(本來成佛)의 입장에서 볼 때
그렇다는 말씀이시군요?

그렇지요. 멀쩡한 살을 긁어 부스럼을 낸다는 말은 그런 이치를 말하지요. 그러니까 '천상천하 유아독존'은 자기의 참모습을 봄으로써 부처님과 같은 독존 독귀의 홀로 높고 홀로 귀한 그러한 것을

일상생활 가운데 수용하라는 것이지요.

비록 멀쩡한 맨살을 긁어 상처를 낸 격이지만
그런 모습을 보여줌으로써 인류의 참모습을 바로 보라는 것을
가르치기 위한 방편으로 그랬다는 말씀이네요.

그렇지요. 방편으로. 눈 밝은 이가 보건대는 똥 위에 똥을 누고 멀쩡한 살을 긁어 부스럼을 내는 것이지만 그러한 안목을 갖춘 이가 세상에 몇이나 되겠어요. 다 고통과 갈등에서 벗어나지 못하는 중생을 위하여 대자대비로 그러신 것입니다.

그러면 석가모니 부처님의 가르침과
선종의 역대 조사 스님들의 가르침은 같은 것입니까, 다른 것입니까?

석가모니 부처님께서는 대중에게 세 번 특별한 법문을 하셨습니다.

한 번은 인천(人天) 백만 대중이 법문을 듣기 위해 좌정하고 있을 때, 제석천왕이 부처님께 우담바라 꽃을 올리니 부처님께서 그 꽃을 받아 아무 말 없이 대중에게 보이셨습니다. 이때 오직 가섭존자만이 그 뜻을 알고 빙그레 미소 지었습니다.

또 한 번은 법회일에 모든 대중이 법문을 듣기 위해 다 운집해 있는데 맨 마지막으로 가섭존자가 오니, 부처님께서 법을 설하기 위해 법상에 좌정하고 계시다가 자리의 반을 비켜 앉으셨습니다. 가섭존자가 그 뜻을 알고는 선뜻 그 자리에 가서 앉으니, 부처님께서 가사를 같이 두르시고 대중에게 말없이 보이셨습니다.

14

그리고 또 부처님께서 열반에 드신 지 일주일 후에, 교화를 위해 타방에 가 있던 가섭존자가 돌아와 부처님의 열반신을 향하여 위요삼잡(圍繞三匝)* 하고 합장 예배를 올리며, "삼계의 대도사, 사생의 자비스런 아버지시여! 우리에게 항상 법문하시기를, '생로병사가 원래 없다' 하시더니, 이렇게 가신 것은 모든 사람들을 기만하는 것이 아닙니까?" 하니, 칠 푼 두께의 금관 속에서 두 발이 쑥 나왔습니다. 그래서 가섭존자가 다시 합장 예배를 올리니, 두 발이 관 속으로 들어갔습니다.

이것이 삼처전심(三處傳心)입니다. 꽃을 들어 보인 뜻은 무엇이며, 자리를 나누어 가사를 같이 두르고 앉으신 뜻은 무엇이며, 또 두 발을 내미신 뜻은 무엇입니까?

중국의 조사 스님들도 이러한 석가모니 부처님의 살림살이를 바로 알았기 때문에 부처님과 같은 법을 써서 백천 공안(百千公案)을 베풀어 놓은 것입니다. 견성법(見性法)이라 하는 것은, 내 살림살이가 따로 있고 고인(古人)의 살림살이가 따로 있는 것이 아닙니다. 천불만조사(千佛萬祖師)의 견성이나 모든 후래인(後來人)의 견성이나 다 자기의 진정한 참모습을 말합니다. 백천 공안은 모두 이 가운데서 베풀어진 것이므로, 우리가 성품을 바로 보게 되면 한 번 봄으로써 모든 공안을 다 알 수 있고 부처님의 살림살이도 다 알 수 있게 되는 것입니다.

---

* 위요삼잡(圍繞三匝) : 오른쪽으로 세 번 돌아 예경함.

깨달음은 견성(見性)입니다. 심성(心性), 즉 마음의 성품을 보는 것입니다. 마음의 성품을 바로 알았기 때문에 팔만사천 가지 법을 아는 것이지요. 견성하면 부처가 되는 것이지요. 지혜와 자비를 구족하게 되는 것이고, 일체가 차별이 없어서 천차만별이 다 한가지입니다. 밝은 대낮에 사물을 보면 열 사람이 다 같은 것으로 볼 수 있지만, 어두운 밤에 보면 다 제각각 보이는 것과 같은 이치입니다. 밝은 날과 같이 심성을 본다면 일체 시비와 장단이 없게 됩니다.

우리 몸은 길어야 백년이 지나면 없어집니다. 온 세계가 한 집이라는 것을 알아야 합니다. 이 진리를 닦고 닦으면 세상의 투쟁과 전쟁은 사라집니다. 사람들이 빈한하게 사는 건 지혜가 짧기 때문입니다. 말이 여위면 털만 길어집니다.

그래서 참선에는 스승이 필요합니다. 간혹 혼자 깨달았다고 하는 사람이 있는데, 그건 믿을 수 없습니다.

일상생활이 다 참선입니다. 밥을 먹거나, 잠을 자거나, 일을 하거나 항상 '나는 누구인가?'라는 생각이 끊어지지 않으면 밝은 지혜를 얻을 수 있습니다. 참선은 세상을 부정하는 것이 아닙니다. 수행에 몰두하면 자기 직업에도 성실해지고, 책임감도 강해집니다.

세상 전체가 한 몸뚱이라는 진리, 모든 인류가 부모형제라는 사실에 눈을 뜨면 자연스럽게 베풀 줄도 알게 됩니다.

세상을 다 알면 갈등이 없으니 심심할 것 같은데요.

아닙니다. 오히려 항상 산문을 열어 놓고 찾아오는 사람을 맞이하니 묻는 사람도 많고, 가르칠 사람도 많아 바쁩니다.

화두가 한자 중심이고 어려워 잘 다가오지 않습니다.

그래서 요즘엔 '참나'라는 한글 화두를 많이 줍니다. 부모에게서 태어나기 전의 내 본모습이 뭔지 생각하라는 겁니다. 제가 출가하여 받았던 첫 화두지요.

'참나'를 바로 알면, 즉 세상을 뚫는 지혜를 갖추면 국회의원도, 장관도, 대통령도 부럽지 않고 자유자재할 수 있습니다.

스님들께서 좋은 말씀을 하셔도 정치하는 사람들은
그런 것을 잘 못 알아듣는데, 그 이유는 어디에 있을까요?

정치하는 분들은 아집과 욕망에 가려 있습니다. 그러므로 바른소리를 받아들이지 못합니다. 옛 군자들은 선지식들의 법문을 듣고 참선을 많이 함으로써 진리를 깨우쳤습니다. 이는 '나'라는 허상이 무너지는 동시에 지혜가 밝아지기 때문입니다. 지혜가 밝아지면 욕망이 다 사라지게 되니 모든 세상사가 바르게 보입니다. 그러므로 정치인뿐만 아니라 모든 국민이 일상생활 속에서 '참나'

를 찾는 참선을 매일 30분씩만 한다면 모든 허상이 없어지는 동시에 지혜의 눈을 가지게 될 것입니다.

정말 바른 눈을 뜨고 국민을 위하고 나라를 위한다면 거기에는 여야가 있을 수 없습니다. 좋은 생각은 받아들여 서로 믿어주고 받들어주어야 우리나라가 세계의 경제대국이 될 수 있고, 국민이 존경하는 정치인이 될 수 있는 겁니다.

정초에 세배를 하면서 '새해 복 많이 받으십시오' 하지요. 좋은데 말뿐이면 안 되거든요. 인과응보(因果應報), 좋은 선행을 행함으로써 좋은 결과가 오는 것이고, 나쁜 인(因)을 심음으로써 나쁜 결과가 오거든요. 그러니 '복 많이 받으십시오', '복 주십시오' 그렇게 해서 되는 게 아닙니다. 스스로 선행을 해야 합니다. 노인을 존경할 줄 알고, 불우한 이웃을 보살펴주고, 기업가는 경영을 잘 해서 많은 실업자를 구제하여 나라를 부흥하게 한다면 이게 바로 선행입니다. 선행을 하지 않고는 좋은 결실이 없습니다. 있는 사람들은 온 국민을 위해서, 경제 개발을 위해서 투자하여 실업자도 없애고 이 사회가 편안하고 안락해질 수 있도록 서로 노력해야 할 것입니다.

얼마 전에 입적하신 서옹 스님과 인연이 각별하셨죠?

(진제 스님의 접견실 벽에는 '隨處作主'라고 쓴 서옹 스님의 글씨가 걸려 있다.)

나이는 20여 년 차이가 나지만 서로 문답(問答)이 통하는 사이였습니다. 국제무차선회를 세 번 같이 치렀습니다. 밤 12시에 입적

18

하셨다는 소식을 듣고 바로 달려갔습니다. 참으로 위대하고 소중한 분이 가셨습니다.

> 해운정사는 1년 열두 달 참선하는 곳이다. 동안거 기간인 현재 30여 명의 스님과 80여 명의 일반인이 수행하고 있다. 매주 토요일에는 100여 명의 사부대중이 철야 정진을 지속하고 있다.

해운정사는 참선 도량인데, 해운대 산자락에 있네요.

1971년 창건 당시만 해도 이런 곳은 없었습니다. 대중 가운데서 선을 포교하려고 이곳에 사찰을 세웠죠. 청명한 날에는 일본 대마도도 보이지요. 부처님의 법문은 다름 아니라 심성을 계발하는 겁니다. 사람마다 그것에 크게 눈을 뜨게 해서 나와 남이 둘이 아님을 바로 알아 편안한 지상낙원을 이루자는 뜻이 컸습니다.

스님, 출가 인연을 좀 들려주시죠.

제 은사가 되시는 석우 스님께서는 해인사 조실과 조계종의 초대 종정을 지내신 큰스님이셨지요. 당시에 '절집 정승은 석우 선사'라는 말을 들을 정도로 지혜와 인덕이 훌륭하신 분이셨어요. 스님께서는 금강산에서 해방을 맞으셨는데, 해방 직후에 이북에 머무를 인연이 다 됐다 하시고 지리산 칠불암으로 내려오셨어요. 칠불암에서 정진하시다가 6·25전쟁 전에 빨치산을 피해 남해로 오시어 삼신산 해관암(海觀庵)에 주석하고 계셨습니다.

제 오촌 당숙이 불교에 관심이 있었는데, 인근 절인 해관암에 도인(道人)이 계신다는 소식을 듣고 해관암을 찾아 석우 스님의 법문을 듣곤 하셨어요.

때마침 정월 초순에 불공을 드리러 해관암에 가는 길에 당숙을 많이 따르던 저에게 같이 가자하여 따라나섰지요. 쌀을 짊어지고 가서 석우 스님에게 인사를 드리니까 저를 보시고 하시는 말씀이 "이 세상에 사는 것도 좋지만 금생에 사바세계에 안 나온 것으로 하고 중 놀이 해보지 않겠는가?" 하시더라구요. 그래서 "중 놀이를 하면 어떠한 장점이 있습니까?" 여쭈었더니 "범부가 위대한 부처되는 법이 있네" 하셨지요. '범부 중생이 위대한 부처가 된다'는 말에 마음이 쏠렸어요. 그래서 "부모님께 가서 허락을 받고 한번 생각해 보겠습니다"라고 답하고는 스님들 생활을 두루 살펴보니까 세상 사람과 같이 밥을 먹고 살지만 판이하게 다른 생활을 하고 있어요. 거기에서 어떤 환희심이 나면서 '전생의 인연인가?' 그런 마음이 들었어요. 그 길로 집으로 돌아와 부모님께 허락을 얻은 후 출가하였습니다.

속가 가족 관계는 어떻게 되시는지요?

부모님이 계셨고, 형제가 7남매로 3남 4녀 중에 넷째였어요. 부친은 농사를 지으셨는데 술을 좋아하시는 호인이셨어요. 부모님은 도인 스님을 굉장히 믿고 우러러보셨어요. 그래서 제가 출가한

20

다 하니 선뜻 받아들이셨지요.

행자시절은 남해 해관암에서 보내셨는데 그때 얘기를 좀 들려주시죠.

조그마한 암자의 행자지만, 큰스님 시봉에다 공양주 소임, 그리고 나무하고 채소를 가꾸는 등 하루 종일 일하느라 쉴 틈이 없었어요.

그런데 행자생활 6~7개월 쯤 지났을 때, 선객들이 그 해 하안거를 마치고 석우 스님께 인사차 한자리에 모였어요. 법랍이 10년 이상 된 일고여덟 분이 한자리에 앉았는데 저도 끼었습니다. 석우 스님께서 말씀하셨습니다.

"오늘 내가 자네들에게 그동안 공부가 얼마나 되었는지 한 가지 물을 터이니 대답하여 보게. 옛날 중국 삼한시절에는 운자 하나를 내놓아 그것으로 글을 잘 놓으면 등용되는 시대가 있었네. 이것은 그 당시 과거 시험에 나왔던 문제인데 '일출동방대소(日出東方大笑), 즉 해가 동쪽에서 떠올라 크게 웃는 모습'이지. 이 글귀에 운자 하나를 놓아 보게. 당시에 어떤 사람은 '아(我)'자를 놓아서 재상에 등용되었는데, 자네들은 어떤 자를 놓겠는가?"

선객 스님들 중에 대답하는 이가 아무도 없자, 석우 스님께서 행자였던 저를 보시더니 "그러면 네가 '일출동방대소' 밑에 한 자를 놓아 보아라" 하셨어요. 저는 대뜸 "없을 '무(無)'자를 놓겠습니다" 하였습니다. 그러자 석우 스님께서는 "행자가 장차 큰 그릇이 될 것이다" 하시며 매우 흡족해하셨고, 이후로 저를 많이 아껴주셨지요.

그 후에 석우 스님께서 해인사 조실로 추대되어 가셨다는데,

당시 해인사 이야기를 좀 해주시죠.

석우 스님께서 해인사 조실로 추대되셨을 때, 저도 스님를 따라가서 2년 동안 모시면서 그곳에서 사미계를 받았습니다. 그 후에 석우 스님께서는 다시 조계종 초대 종정이 되시어 동화사로 옮기신 후 그곳에서 4년을 지내시다 열반에 드셨지요.

해인사는 정화 직후 자운 스님이 첫 주지로 부임하신 때였지요. 그때는 내가 해인사 강원에 가서 지냈어요. 자운 스님이 주지, 운허 스님이 강주로 계셨는데, 섣달 그믐날 밤에 강원 대중과 선원 대중이 큰방에 모여 앉아 목침 돌리기 이야기 장(場)이 벌어졌어요. 목침을 돌리다가 자기 차례가 되면 앉은자리에서 이야기하는 놀이였어요. 그런데 내 차례가 왔지요. 1백여 명이 넘는 대중이 좌정한 가운데 스무 살이 갓 넘은 새파란 학인이 다음과 같이 말을 했어요.

"옛날 당나라 때 유명한 거사가 있었습니다. 하루는 어느 절 화주승이 불사를 위해 시주를 하러 거사의 집에 들렀습니다. 거사가 점심 대접을 잘 해주고는 하는 말이 '스님, 어찌 오셨습니까?' 하니 스님이 '화주를 하러 왔습니다' 했어요. 그래서 거사가 '제가 묻는 것에 대답하시면 제 시주를 받으시고, 답을 못 하시면 그냥 돌아가시겠습니까?' 하고 물으니, 스님이 '그렇게 하겠습니다' 하셨어요. 그래서 거사가 마음 심(心)자를 써 놓고 '이 자(字)를 아십니까?' 하고 물었어요. 그랬더니 스님이 '마음 심자 아닙니까?'

하고 답을 했지요. 그러자 거사가 자기 부인을 불러 마음 심자를 써 놓고 '이 자를 아는가?' 하고 물으니, 부인도 '마음 심자 아닙니까?' 라고 답을 했어요. 그러자 거사가 부인에게 말하기를 '자네도 화주승 자격이 있네' 하고는, 깨끗한 방을 버렸다면서 스님을 방에서 끌어내며 '그래가지고는 화주승 자격이 없다' 면서 쫓아 보냈답니다. 그렇다면 여기 있는 대중은 어떻게 하면 화주하러 가서 쫓겨나지 않고 시주를 받아올 수 있는지 일러 보십시오."

이렇게 앉은 자리에서 물으니 대중들이 아무 말도 못 하고 있는 거예요. 그래서 "아무도 답하는 이가 없구나" 하고 말을 마쳤습니다. 그런 일이 있고 나니 자운 스님께서 우스개로 하시는 말씀이 '진제 스님을 조실로 모셔야겠다' 고 한 적도 있었지요.

스님께서는 종정 석우 스님을 시봉하러 동화사로 가셨습니까?

후에 동화사에 가서 종정 스님 시자로 공양주를 하면서 다시 모셨습니다. 그런데 그때는 장작불을 때서 밥을 할 때이니까 밥이 설고 그랬죠. 또 아직 어릴 때라 스님의 심경을 전혀 모를 때였지요. 그러니 그 밥맛이 오죽했겠습니까? 석우 스님께서 하루는 나를 부르시더니 야단을 막 치시는 거예요. 꾸중을 듣고 있으려니 야속한 마음에 섣달 그믐날 대중들이 팔공산에 등산을 하러 간다기에 따라 나섰어요. 그런데 내려오는 길에 보니 어떤 스님이 정진하던 토굴이 하나 있었어요. 당시 꽤 이름 있는 스님의 토굴이었는데, 마침 비어 있고 양식도 좀 있기에 같이 간 대중 몇 사람이 여기에서 함께 일주일 동안 용맹정진을 해보자는 의견을 내놓았어요. 다들 그 자리에서 용맹정진 발심이 일어 일주일 간 지내다 내려왔어요.

그런데 시봉한다는 사람이 스님께 알리지도 않고, 허락도 없이 일주일 간 토굴에서 용맹정진을 하다 왔으니 석우 스님께서는 "어른이 시키는 대로 하지 않고 제멋대로 온갖 것을 다 하려고 한다"고 호통을 치셨어요. 하지만 스님께서는 저의 발심 의지를 간파하시고는 '부모미생전 본래면목(父母未生前 本來面目)' 화두를 주셨습니다. 그것이 출가 후 첫 화두였습니다.

그 후 스물네 살 여름, 해제 후에 은사 스님의 허락을 얻어 걸망을 짊어지고 동화사를 떠나 태백산 각화사 동암(東庵)으로 갔습니다. 그때는 각화사나 동암이 모두 비어 있었습니다. 동암에 가니 자잘한 피감자가 가마니에 덮여 있었어요. 감자를 양식으로 삼고 혼자서 모든 반연을 끊고 오로지 정진만 하겠다는 각오로 정진에 몰두했습니다.

그렇게 혼자 두 달여 지내는데, 어느 날 도반이 각화사 주지를 맡았다며 올라와서는 끼니도 변변찮은 것을 걱정하며 함께 내려가서 살자고 자꾸 청하는 바람에 같이 있다가는 공부가 안 되겠다 싶어 바랑을 싸서 선산 도리사로 갔습니다.

도리사는 선방이 있어 동안거에 방부를 들여 일고여덟 수좌들이 여법하게 정진하였지요. 오직 견성해야겠다는 일념으로 정진에만 힘을 쏟았습니다. 저녁 9시 방선하면 대중이 잠들기를 기다

렸다 살며시 혼자 일어나 두어 시간씩 더 정진할 정도로 열심히 정진했습니다.

그렇게 일념으로 정진하여 두 달이 조금 지날 때 참선 도중에 반짝 떠오르는 조그마한 지견(知見)이 생겼습니다. 그때는 그것을 가지고 알았다는 확신을 가지게 되어 해제일만 기다렸습니다. 해제하면 선지식을 찾아뵙고 점검을 받아야겠다는 생각뿐이었습니다.

그러던 중 동화사에서 석우 스님께서 열반에 드셨다는 부고가 날아와 동화사로 급히 가서 다비를 치렀습니다.

그러고는 곧장 파계사 성전암으로 가서 성철 스님을 뵈려 했는데, 당시 성철 스님은 처소에 철조망을 치고는 아무도 만나주지 않을 때라 '나는 모른다. 다른 사람한테 가라' 고만 하셨어요. 그래서 하는 수 없이 당시에 선지식으로 이름이 높았던 묘관음사 향곡 스님에게 갔어요.

묘관음사에 가니 향곡 스님께서 뭐라 하셨습니까?

대뜸 "일러도 삼십방(三十棒)이요, 이르지 못해도 삼십방이니 어떻게 하겠느냐?" 하셨어요. 내가 말을 못 하고 우물쭈물하자 향곡 스님께서 다시 물으셨어요. "남전(南泉) 선사의 고양이 법문(斬猫)에 조주 선사께서 신발을 머리에 이고 나가신 것에 대해서 한마디 일러 보아라" 내가 그 물음에도 제대로 답하지 못하자, 향곡 스님께서 "아니다, 공부를 다시 해라!" 하셨어요. 스스로 알았다고 자신만만했는데, 그만 여지없이 방망이를 맞았던 것이죠.

그런데 당시 나는 아직 선지식에 대한 믿음이 정립되어 있지 못한 때라, 향곡 스님으로부터 "아니다"란 말을 듣고서 의심이 나면서도 '알았다'는 그 알음알이를 쉽게 놓지 못했어요. 조그마한 소견이 생기니까 그걸 가지고 자꾸 집착하는 습성을 버리지 못한 것입니다. 그래서 2년여를 제방을 다니면서 당시 선지식으로 이름난 큰스님들을 거의 다 참방해 보았습니다.

이게 또 문제였어요. 향곡 스님은 아니라고 하셨지만, 어느 선지식은 긍정하는 듯이 대하시고, 또 어느 선지식은 아니다 하고…. 그때 모두 한결같이 "아니다" 했으면 '알았다'는 망념을 놓아버리고 다시 참학인(參學人)의 자세로 돌아갔을 텐데 그러질 못했어요. '너도 장부요, 나도 장부다' 하는 잘못된 망념이 떨쳐지지 않아 귀한 시간을 허비해 버렸습니다.

그래서 어떻게 하셨습니까?

한 2년 세월을 그렇게 보내다가 스물여섯 살 때 오대산 상원사에서 동안거를 지내게 되었습니다. 그때 얼마 전 종정을 지내시다 열반하신 혜암 스님, 원로의원이자 대종사이신 활안 스님, 또 일타 스님의 속가 친형 되는 월현 스님 등 여러 수좌들과 같이 겨울을 지냈습니다.

얼마나 생활이 궁핍했는지 좌복 하나를 가지고 정진할 때는 좌복으로 쓰고, 잘 때는 이불 삼아 배를 덮고 잤지요. 먹는 것도, 두부가 먹고 싶다 해서 겨울철에 딱 한 번 울력을 해서 만들어 먹었을 뿐, 석 달을 배추김치 하나로 지냈지요. 과일도 얼마나 귀했는지 원주가 하루는 어디를 다녀오면서 사과를 구해 왔는데 석 달 동안 각각 한 개 반씩만 나눠 먹었을 정도였어요. 춥기는 또 얼마나 추운지, 숭늉을 방에 떠 놓으면 숭늉이 얼 정도였고 눈이 오면 처마 밑까지 눈이 쌓였었지요. 지금은 상상하기 어려울 정도로 아주 힘들게 공부했습니다.

그래도 다들 열심히 공부했지요. 그런데 어느 날 유난히 날씨가 포근하여 마루에 앉아 따뜻한 햇볕을 쬐다가 문득 이런 자문을 하게 되었습니다. '정말 내가 공부가 제대로 되었는가? 제대로 되었다면 어떤 법문도 막히지 않고 누가 묻더라도 전광석화와 같이 곧바로 척척 답을 내놓아야 하는데 그러질 못하니 과연 혜안(慧眼)이 열렸다고 할 수 있는가? 내가 이것을 견성으로 삼는다면 허물이 이만저만이 아니다. 이것은 결국 나를 속이고 허송세월을 보내고 있는 것이 아닌가!' 하고 반성하였습니다. 그래서 그동안의 모든 소견을 놓아 버리고 백지로 돌아가 다시 공부를 시작해야겠다는 결심을 했습니다.

그렇다면 어떤 선지식을 찾아가야 할까? 다시 이전과 같은 오류에 빠지지 않기 위해서는 반드시 눈 밝은 선지식을 의지하여 공부해야겠다고 생각했습니다. 그때 향곡 스님이 생각났어요. 다른 선지식들은 애매하게 말씀하셨지만, 언하(言下)에 옳다 그르다 칼질하는 선지식은 향곡 스님밖에 없었습니다. 그래서 향곡 스님을 의지하여 공부를 다시 하기로 결심하고 동안거를 해제하자마자

스님께서 주석하고 계시는 월내 묘관음사로 찾아갔지요.

묘관음사로 가서 방부를 들이고 향곡 스님께 인사를 드리며 "화두를 내려주십시오. 화두를 주시면 깨칠 때까지 걸망을 지지 않겠습니다" 말씀드렸어요. 이 말은 화두를 타파할 때까지 선지식 곁을 떠나지 않겠다는 선지식과의 약속이자 나 자신과의 약속이었습니다. 그랬더니 "이 어려운 관문을 네가 어찌 해결할 수 있겠느냐? 못한다!"며 향곡 스님께서 말리셨어요. 그래서 제가 "생명을 걸고 한번 해보겠습니다. 화두를 하나 내려주십시오" 하고 비장하게 말씀드렸더니 화두를 내려주셨어요. 그걸 가지고 한 2년여 결제 · 해제를 상관치 않고 바깥출입도 하지 않고 오로지 정진만 했지요.

향곡 스님께 어떤 화두를 받으셨는지요?

'향엄상수화(香嚴上樹話)', 중국 당나라 때 위산 스님의 제자인 향엄 선사의 법문입니다. "어떤 스님이 높은 나무에 올라가서 손으로 나뭇가지를 잡거나 발로 밟지도 않고 오직 입으로만 나뭇가지를 물고 매달려 있을 때, 나무 밑을 지나가던 스님이 '조사가 서쪽에서 오신 뜻이 무엇입니까?' 하고 물었다. 대답하지 않으면 묻는 이의 뜻에 어긋나고, 만약 대답한다면 수십 길 땅바닥에 떨어져 죽게 될 것이니 이러한 상황에 닥쳤을 때 어찌해야 되겠는가?" 하는 것이지요.

이 화두를 2년이 넘게 그 어떤 일도 상관 않고 오로지 화두 참구만 일념으로 정진하여 스물여덟이 되던 가을에 마침내 '향엄상수화' 화두 관문을 뚫어냈습니다. 그리하여 종전에 막혔던 법문이 열리고 비로소 진리의 세계에 문답이 자유롭게 되었습니다.

그래서 게송을 하나 지어 향곡 스님께 바쳤습니다.

이 주장자 이 진리를 몇 사람이나 알꼬 〔這箇挰杖幾人會〕

삼세의 모든 부처님도 다 알지 못함이로다 〔三世諸佛總不識〕

한 막대기 주장자가 문득 금룡으로 화해서 〔一條挰杖化金龍〕

한량없는 조화를 자유자재 하는구나 〔應化無邊任自在〕

그걸 보시고 향곡 스님께서 물음을 던지셨습니다.

"용이 홀연히 금시조(金翅鳥)을 만난다면, 너는 어떻게 하겠느냐?"

이에 내가 "몸을 움츠리고 당황해서 세 걸음 물러가겠습니다"라고 말씀드리니 "옳고 옳다" 하시며 크게 기뻐하셨습니다.

'향엄상수화' 화두 타파를 하시고 인가를 받으신 건가요?

그런데 '향엄상수화'를 깨달은 후에 향곡 스님과 문답하던 중에 막힌 대문(大文)이 하나 있었어요. 당나라 때 대선지식이셨던 마조 선사가 열반하기 직전에 편찮으셨는데, 원주가 아침에 문안을 드리며, "밤새 존후(尊候)가 어떠하셨습니까?" 하니, 마조 선사께서 "일면불 월면불(日面佛 月面佛)*이니라" 하셨어요. 그런데 왜 마조

---

* 일면불 월면불(日面佛 月面佛) : 일면불은 1800세의 수명을 가진 장수 부처님, 월면불은 하루 낮과 밤 동안만 사는 단명 부처님을 말한다.

선사가 "밤새 존후가 어떠하셨습니까?"라는 문안에 "일면불 월면불"이라며 두 부처님의 이름을 말하셨을까, 하는 것이었지요. 이 마조 선사의 법문에 나도 딱 막혔습니다. 이 "일면불 월면불" 화두는 가장 어려운 고준한 법문이에요. 마조 선사의 문하에서 80여 명의 뛰어난 선지식이 배출되어, 역대 선지식들께서도 마조 선사를 부처님 이후 가장 위대한 도인이라 평하십니다. 이 '일면불 월면불' 말씀에는 마조 선사의 온 살림살이가 다 들어있습니다. 그래서 마조 선사를 바로 알려면 이 법문을 알아야만 합니다.

나도 여기에 막혀서 한 5년을 씨름했습니다. 그러다가 내 나이 서른셋에 그 화두를 타파했습니다. 마침내 고인(古人)들께서 중중으로 베풀어 놓으신 온갖 차별법문이 걸림 없이 회통되었습니다. 그래서 오도송(悟道頌)을 지었습니다.

> 한 몽둥이 휘두르니 비로정상 무너지고 〔一棒打倒毘盧頂〕
> 벽력같은 일 할에 천만 갈등 흔적 없네 〔一喝抹却千萬則〕
> 두 칸 토굴에 다리 펴고 누웠으니 〔二間茅庵伸脚臥〕
> 바다 위 맑은 바람 만년토록 새롭도다 〔海上淸風萬古新〕

그 후 정미년(1967년) 묘관음사 법당에서 하안거 해제 법회가 열릴 때 상당(上堂)하여 묵좌(默坐)하고 계신 향곡 스님께 나아가 여쭈었습니다.

"불조(佛祖)께서 아신 곳은 여쭙지 아니하거니와 불조께서 아시지 못한 곳을 스님께서 일러주십시오."

"구구는 팔십일이니라."

"그것은 불조께서 다 아신 곳입니다."

"육육은 삼십육이니라."

'육육은 삼십육이니라' 하는 데 있어서는 가타부타 하지 않고 큰절을 올리고 법당을 나오니, 향곡 스님께서도 아무 말 없이 법상에서 내려오시어 조실방으로 가셨습니다.

다음 날, 조실방으로 찾아가 뵙고 여쭈었습니다.

"불안(佛眼)과 혜안(慧眼)은 여쭙지 아니하거니와 어떤 것이 납승의 안목입니까?"

"비구니 노릇은 원래 여자가 하는 것이니라."

"오늘에야 비로소 선사님을 친견하였습니다."

"네가 어느 곳에서 나를 보았느냐?"

"관(關)."

"옳고 옳다."

향곡 스님께서는 이렇게 말씀하시고는 임제 정맥의 법등을 부촉하는 전법게(傳法偈)를 내리셨습니다.

화두가 타파된, 화두가 투과된 깨침의 세계를 표현하신다면
어떻게 말씀하시겠습니까?

하하하. 굳이 표현을 한다면 눈앞의 중중무진한 모든 관문(關門), 태산 같은 관문이 싹 없어지고 진리의 세계가 현전(現前)하게 되는

32

것입니다.

그 눈앞에 현전하는 진리의 세계가 어떤 것인지요?

그것은 화두마다 다릅니다. '조사서래의(祖師西來意)', '불법적적
대의(佛法的的大義)' 등등 화두마다 그 경계가 다 다릅니다.

'향엄상수화' 화두를 투과했음에도 '일면불 월면불' 화두에 막혀
다시 5년 동안 치열하게 정진하셨다고 했는데,
그러면 계속 묘관음사에 계셨습니까?

동화사 선원에서도 살았어요. 스물아홉 살때일 겁니다. 당시 월
산 스님이 동화사 주지로 계실 때인데, 조실로 전강 스님을 모셨
지요. 그래서 내가 용기를 내어 동화사 선원에다 방부를 들이고
한 철 살았습니다. 당시 동화사 선원에는 원로회의 의장이신 종산
스님과 원로의원이신 활안 스님도 같이 계셨지요. 결제 때 전강
스님께서 오셨어요. 수좌들 인사를 받으시면서 법명을 다 물어 보
셨어요. 내 차례가 되어 "진제라고 합니다" 했더니, "네 이름을 많
이 들었다. 향곡 스님 회상에서 공부 잘하는 진제라고 들었지" 하
셨어요.

그 후에 반살림*을 앞두고 전강 스님께서 법문하러 다시 오셨어
요. 그래서 반살림을 이틀 앞둔 날 종산 스님과 함께 조실채를 참

---

* 반살림 : 안거 결제일 3개월 90일 중 절반인 45일이 지나는 날

방하였습니다. 전강 스님께서는 "요즘 수좌들은 문중이나 자기가 신(信)하는 스님만 믿고 패거리를 만드니, 정말 한심한 일이다"라고 하셨어요. 그래서 내가 "스님, 정말 부끄러운 일입니다" 하고 말씀드리니, 다시 전강 스님께서 "우리가 이렇게 만나 공부 인연을 지었으니 탁마를 한번 멋지게 하면 어떻겠느냐?" 하셨어요. 그래서 내가 "스님, 참 좋은 말씀입니다. 그런데 탁마는 좋은데, 한 가지 청이 있습니다. 탁마를 하되 대중들이 다 보는 앞에서 공개적으로 하셨으면 합니다" 하였습니다.

왜냐하면 이 법거량도 조작이 있어요. 그래서 조작 시비할 것 없이 대중들이 보는 앞에서 하자고 제의를 드렸더니, 전강 스님께서 "이 부처님 법은 여래의 비밀 법이기 때문에 단둘이 산에 올라가서 해야 한다"고 말씀하셨지요. 그래서 그 뒷날 저녁 공양 후 혼자서 조실채에 건너가 전강 스님을 참방하여 아주 멋진 법거량을 한 적이 있지요.

조실 스님께 인사를 올리고 나니 어제 하신 말씀을 또 되풀이하셨습니다.

"요즘 수좌들은 문중이나 자기가 신(信)하는 스님만 믿고 패거리를 만드니 정말 한심한 일이다."

내가 "참으로 부끄러운 일입니다" 하고 답하니 전강 스님께서 법을 묻기 시작하셨습니다.

"남전 선사 조실채에 제자인 조주 스님이 들어오니 남전 선사가 말하기를 '어젯밤에 문수보살과 보현보살을 각각 30방씩 때려서 철위산 지옥에다 던졌네' 하였다. 조주 스님이 받아 말하기를 '화상은 누구의 방망이를 맞으시렵니까?' 하고 물었다. 남전 선사가 '왕노사(본인 남전 선사)는 허물이 어디에 있는고?' 하고 되물으니 조주 스님은 말없이 큰절을 하고 나가셨다. 이 문답처를 그대가 일일이 점검해 보게."

말이 떨어지자마자 내가 척척 가닥을 잡아 말씀을 드리니 전강 스님 말씀이 "내가 30년간 조실을 했는데, 이 법문에 답한 이가 아무도 없었다. 금일에 처음으로 이 법문에 답한 이를 만났다" 하시면서 한참을 좋아 웃으셨습니다.

그런 연후에 "다시 또 하나 묻겠네" 하셨지요.

"제가 무얼 압니까?" 이렇게 말씀드리니(여기에는 뜻이 있었습니다. 당신만 묻고 당신 살림을 안 드러내실 듯 하여 한 말씀 드린 것입니다.), 전강 스님께서 말씀하시기를 "젊은 납자가 아니면 제방 선지식의 안목을 누가 점검하겠는가?" 하셨지요. 그래서 제가 "그러시면 스님 물으십시오"라고 했지요.

전강 스님께서는 10년 전 서울 대각사에서 향곡 스님과 법담한 내용을 다시 말하시고는, "그러한 법담이 있은 지 10년이 지난 후에 향곡 스님 밑에서 공부 잘하는 수좌가 왔다 하니" 하시며, 두 번째 물으셨어요. '덕산탁발화(德山托鉢話)'의 암두 스님이 덕산 스님의 귀에 대고 속삭인 그 대문을 들어 말씀하시며 "10년 전에 서울 대각사 큰방에서 '암두밀계의(巖頭密啓意)'에 대하여 향곡 스님이 점검하라 하기에 내가 '일천 성인도 알지 못함이거늘 내가 어찌 알리요' 하였네. 그런 후에 향곡 스님을 한 방망이 때렸던들. 그대가 향곡 스님 같으면 어찌하겠는가?" 하고 물으셨습니다. 내가 방바닥을 한 번 치고 "불시갱도(不是更道)라, 아니니 다시 이르십시오" 하자, 전강 스님께서도 방바닥을 한 번 치셨습니다. 내가 또 한 번 크게 방바닥을 치면서 "아닙니다" 하니 전강 스님께서 "누가 밤에 행하는 사람이 있는 것을 알리요" 하고 나오셨습니다. 그러자 내가 다시 거푸 방바닥을 치면서 "그래 가지고는 덕산 암두의 뜻을 꿈에도 보지 못했습니다" 하고 문을 박차고 나오는데, 전강 스님께서 "수좌, 다시 들어오게" 하고 말씀하셨어요. 하지만 나는 선방으로 돌아와 버렸습니다.

선방에 와서 대중에게 "조실 스님이 '덕산탁발화' 법문도 모르더라" 하니, 대중이 모여서 거량한 자초지종을 듣고자 하기에 자세히 말해주었습니다. 그 당시에 수좌들이 여름 내내 시간만 나면 모여서 말하기를, "북방의 전강 선사와 남방의 향곡 선사의 상(上)씨름 법전(法戰)*을 붙여 밝은 선지식을 의지해서 공부하자" 하는 말이 나왔었습니다. 그런데 내가 이렇게 법거량을 하고 나니 "이제 시기가 도래했다"면서 "내일 반살림에 조실 스님께서 법상에 오르시거든 남방 향곡 스님을 대신해서 진제 스님이 대중이 보는 앞에서 한번 법거량을 해보시게"하고 청하기에 "대중이 원한다면 제가 그렇게 하겠습니다" 했지요.

---

* 법전(法戰) : 최고의 법거량

36

그런데 반살림 날 아침 공양 직후에 주지 스님이 장삼을 입고 선방에 건너 오셔서 대중 스님을 모이게 한 후 말씀하시기를 "조실 스님의 간곡한 부탁이니 오늘은 사부대중이 다 모이는 반살림이라, 누구든지 조실 스님과 법담은 하지 말아 달라 하십니다"라고 청을 하고 가셨습니다.

그리고 사시(巳時)에 전강 스님께서 법상에 오르셔서 말씀하시기를 "요즘 내가 배탈이 나서 기운이 없다. 선방이 잘 되려면 조실은 죽어 나가야 된다. 금당선원에 옛날 운문 도인과 법안 도인과 같은 안목을 갖춘 이가 있다" 이렇게 칭찬만 하시고는 법상을 내려가셨습니다.

그 후 법거량을 했다는 소문이 나니 향곡 스님께서 친히 나를 찾아왔습니다.

젊은 시절이셨는데 대단한 용기셨네요?
젊었으니 그런 용기가 났지요, 하하하.

향곡 스님과의 일화를 좀 더 들려주십시오.
향곡 스님과는 근 10년을 같이 살았는데 참 많은 법담(法談)을 주고받았지요. 향곡 스님께서 열반 4일 전에 제방의 조실 스님들을 찾아다니며 물은 일이 있어요.

임제 선사가 하루는 발우를 가지고 탁발을 나갔는데, 한 집에 가서 대문을 두드리니 노보살이 나오더니 대문을 열고 임제 선사께 대뜸 '염치없는 중'이라며 한 푼도 주지 않았어요. 임제 선사가 '탁발하러 왔는데 어째서 한 푼도 주지 않고 염치없는 중이라 하는가?' 하고 물으니 대문을 왈칵 닫고는 집 안으로 들어가 버렸어요. 그러자 임제 선사는 아무 말 없이 절로 돌아왔지요.

이 대문을 가지고 향곡 스님께서 제방 조실 스님들에게 물었는데 조실 스님들의 대답이 시원치 않았어요.

그래서 해인사 방장 성철 스님께 갔는데, 방장 스님 하시는 말씀이 "고인들이 거기에 대해서 일언반구 말한 바가 없다"고 하셨어요. 그러자 향곡 스님은 "이 무슨 소리야! 고인은 고인이고, 하라면 하는 거지"라고 목소리를 높였어요. 그때서야 방장 스님의 한마디가 나오더라는 거예요. 방장 스님 경계니까 그 정도 나왔지, 다른 이들은 아무도 답하질 못해요.

향곡 스님께서 실망하여 절로 돌아오실 때 제가 해운정사 마당에서 포행을 하고 있었어요. 스님께서 저를 보자마자 '임제탁발화' 법문을 들어 말씀하셨어요. "네가 당시에 임제 선사가 되었던들 뭐라 한마디 하겠느냐?"

들어가서 인사 받고 물어도 될 텐데 마당에 서서 묻는 거예요. 그동안 마음이 흡족하지 않았던 모양입니다. 그래서 내가 "삼십여 년 간 당나귀를 타고 희롱해 왔더니, 금일에 당나귀에게 크게 받힘을 입었습니다〔三十年來弄馬騎 今日却被驢子撲〕" 하고 답하니 "과연 나의 제자로다!" 하시며 파안대소를 하셨습니다.

그게 임종 4일 전의 문답이에요. 이렇게 멋지게 살다 간 분이 바로 향곡 스님이었습니다. 이런 분이 없습니다. 오늘날 산승이 이렇게 있는 것은 향곡 스님의 법 방망이 덕분이라 생각합니다.

참으로 훌륭한 법문이고 좋은 인연이십니다.
이제 화제를 좀 돌리겠습니다.
일반적으로 참선이 대신심·대분심·대용맹심이 있는
상근기자에게나 해당되지 않느냐 하는 의문이 있습니다.

그런 의문을 가질 수도 있는데 이 심성(心性), 즉 마음의 고향이라는 것에는 모든 진리와 모든 덕과 복이 다 갖추어져 있습니다. 이미 다 갖추어져 있는데 '참나'를 알지 못하여 쓰지도 못하고 수용도 못하는 것입니다. 마음의 고향, 심성의 본향에는 천 사람, 만 사람이 동일하게 갖춰져 있으니 일체 차별이 없습니다. 바른 선지식을 만나서 바른 수행을 듣고 바르게 배워서 연마하면 다 됩니다. 아무리 서울이 멀다 해도 한 걸음 한 걸음 걷다 보면 서울에 도착하는 것과 같은 이치입니다.

바른 선지식을 만나서 바른 수행을 닦아 나가면
반드시 된다는 말씀이신가요?

그렇지요. 바른 지도를 받고 한 걸음 한 걸음, 하루하루 바르게 지어가다 보면 언젠가 진리의 고향, 마음의 고향에 이른다는 말입니다.

깨침에 발심이 나서 화두를 참구하려면

어떻게 하는 것이 가장 좋을까요?

바른 선지식, 지도자를 찾아가 바른 지도를 받아야 해요. 참구하는 법, 참선을 지어가는 법을 배워야 합니다. 그것만 바로 받아놓으면 산이든 들이든, 장사를 하든 기업을 하든 관계없어요. 마음으로 지어가는 이 참선 수행법은 언제 어디서든 할 수 있습니다. 오직 화두를 참구하겠다는 마음 하나만 있으면 어디서든 다 할 수 있으니 얼마나 좋습니까!

생업에 바쁜 일반인들은 바른 선지식과 인연이 닿기 힘듭니다.

어떻게 해야 할까요?

우리가 갑부가 되고 아무리 높은 자리에 앉았다 해도 숨 한 번 들이쉬고 내쉬지 못하면 다음 생입니다. 영원할 것 같은 이 생명도, 부귀영화도 언젠가 다 없어지고 말아요. 우리는 항시 그런 허망을 알아야 합니다. 자기 참모습을 발견하는 이 수행에 몰두하면 마음이 편안해지고, 마음이 편안해지면 건강도 유지되고 자비스러운 덕도 행하게 되는 그런 멋진 인생을 보낼 수 있습니다.

스님 법문 중에 '활구(活句)를 참구하고

사구(死句)를 참구하지 말라'는 말씀을 자주 하셨는데,

이때 사구와 활구가 어떻게 다른지 궁금합니다.

활구(活句)는 일천 성인(聖人)의 이마 위의 일구(一句)를 투과해야

하고, 일천 성인의 이마 위의 일구를 뚫고 지나가야 활구 세계라고 해요. 반면 사구(死句)라는 것은 항시 정해(情解)와 정식(情識)이 붙어서 밝은 눈을 열지 못한 경지에 머무는 것을 말합니다.

즉 일천 성인의 이마 위의 일구를 뚫고 지나간 자만이 활구 세계를 알 수가 있고, 밝은 눈을 열지 못하고 정해와 정식에 가려 있으면 사구에 항시 머물러 있다는 겁니다.

그러니까 사구라는 것은 알음알이의 지해(知解)를 말하는 것인가요?

알음알이(知解)가 항상 따라다니고 밝은 눈을 활짝 열지 못한 경계가 사구이지요.

결국 알음알이로 화두를 참구하지 말라는 것인가요?

알음알이로 참구하는 것을 사구라고 한다기보다는 정해, 정식이 항시 따르기 때문에 사구라고 하는 것입니다.

그렇다면 정해(情解), 정식(情識)이라는 것은 또 뭔가요?

알음알이지, 분별식(分別識)이라고도 할 수 있고!

스님께서는 화두 참구 방법을 일러주실 때
2미터 앞 아래에 화두를 두는 게 좋다고 하시는데, 왜 그런지요?

참선할 때 항상 2미터 앞 아래에다 화두를 두게 되면, 상기(上氣)도 피하고 바른 자세가 유지됩니다. 항상 아래에다 두라는 것은 화두가 달아나면 나도 모르게 힘이 들어가거든요. 나도 모르게 용을 쓰게 됩니다. 그렇게 힘이 들어가면 상기가 되어 머리가 무거워서 더 이상 화두를 참구하지 못하게 됩니다. 화두를 참구할 때 항상 생각을 아래에 두어 기가 위로 올라가는 것을 방지하자는 뜻에서 아래에 두라는 거지요.

그리고 2미터 앞에 두라는 것은 바른 자세를 유지하기 위해서입니다. 허리를 곧게 세우고 앉아야 오래 앉아 있어도 피로하지 않고 위장에도 부담이 없습니다. 허리가 굽으면 쉽게 피로하고 위장에도 탈이 생길 뿐만 아니라 혼침(昏沈), 망상에 시달려서 화두를 성성(惺惺)하게 들 수 없습니다. 그러니 허리를 곧게 세워 바른 자세를 유지해야 합니다.

또 앞에다 두라는 것은 앉으나 서나, 가나 오나, 일을 하나, 밥을 하나, 목욕을 하나 화두가 무르익기 때문입니다. 화두를 단전에다 두면 앉아서 할 때는 단전호흡과 같이 장단을 맞추지만 움직이게 되면 단전호흡이 잘 안 되거든요. 그런데 눈앞에다 화두를 두면 가고, 앉고, 눕고, 일을 하고, 산책하는 가운데에도 항상 화두가 순일하게 무르익어지기가 쉽습니다. 그게 제일 좋습니다.

혹시 이 방법은 스님께서 창안하신 건가요?

맞습니다. 내가 창안한 방법이지요. 스님들이 대개 단전에다 화두를 두고 호흡을 내리면서 장단을 맞추라고 하는데, 이 화두 일념 상태는 가고, 앉고, 눕고, 일하고도 항상 흐르는 물과 같이 끊어지지 않고 무르익어야 되는 것이에요. 일념으로 끊어지지 않고 지속되어야 공부가 되는 겁니다.

호흡 장단 맞추려니 화두 일념(一念)이 잘 안 되겠지요. 화두는 일념삼매가 지속되는 게 중요합니다. 화두 일념이 마치 흐르는 물과 같이 끊어지지 않고 일념으로 쭉 흘러가야 합니다.

화두를 2미터 앞 아래에 두되 눈을 꼭 응시할 필요는 없고 생각만 거기에 두면 됩니다. 가령 산책을 하더라도 생각을 2미터 앞 아래에다 두되 눈은 그러지 않아도 되지요.

오늘 내 살림을 다 털어놓는구먼, 하하하.

그렇지요. 일념삼매가 지속되지 않으면 화두 타파가 안 돼요. 육조혜능 선사와 같이 과거 전생에서부터 공부해 온 이는 들으면 척척 열리지만, 그게 쉬운 일이 아니거든요. 일념삼매가 쭉 지속되는 과정이 오면 그때는 진의(眞疑)가 발동되어 보는 것도 잊어버리고 듣는 것도 잊어버리고 앉아서 밤인지 낮인지 모르는 상태가 되는데, 이것이 일념삼매예요. 그렇게 지내다가 흐르고 흘러 며칠이고 계속되다 보면 흐르고 흐르다가 보고 듣는 찰나에 화두가 깨지고 깨치게 되지요.

성철 스님도 화두 참구에서 동정일여, 몽중일여, 오매일여의 과정을 굉장히 강조하셨더군요.

그게 일념삼매예요. 쭉 흘러가는 거지요.

재가 생활인들이 일상생활 속에서
화두 참구를 잘할 수 있는 방법이 있다면 가르쳐주십시오.

항시 가나 오나, 앉으나 서나, 대화를 하거나, 장사를 하거나, 사업을 하거나, 밥을 먹거나, 산책을 하거나, 잠을 자거나 쭉 화두를 간절히 챙기고 의심하고, 의심하고 챙기기를 계속 반복합니다. 그렇게 하다가 진의가 발동이 걸리면 일상생활의 모든 것이 차단되고 화두에 몰두하게 되거든요. 그렇게 진의가 발동되면 아들이고 딸이고, 남편이고 부인이고, 모든 일들을 다 모르게 되어 보고 듣는 것도 다 잊어버리고 시간 가는 줄 모르는데, 그렇게 며칠이 지나는 그런 경지가 오면 비로소 깨치는 겁니다. 아무리 세상이 소중하다 해도 이 일을 해결하는 게 근본이 되어야 합니다.

일할 때는 착오 없이 하고, 차타고, 돌아다니고, 들어오고 나가고, 목욕하고, 쉬고, 그러는 가운데 하면 좋습니다. 집에 들어와서 텔레비전 앞에 앉기보다 바로 앉아서 화두 들고 삼매에 들면 옆에서 아이들이 떠드는 소리도 다 끊어지고 온갖 번뇌 망상을 쉬게 되거든요. 그렇게 매일매일 하다 보면 마음에 평화가 오고 지혜와 복덕이 날로 증장됩니다. 참선이 얼마나 좋은지는 해본 사람만 알 수 있습니다.

참선이 가장 빨리 가는 최상승(最上乘)이란 것은 이해가 되는데,
다른 수행으로는 깨칠 수 없는 것인가요?

염불, 주력, 간경 등으로는 견성하는 게 불가능하지요. 관법(觀法; 위빠사나)은 가능하겠지만 이 또한 쉬운 일이 아닙니다. 하지만 최상승의 경지는 관법으로도 안 됩니다.

선에서 깨침인 돈오(頓悟), 즉 견성에서 돈수(頓修)와
점수(漸修) 논쟁이 있지 않습니까? 그런데 스님 법문에서는
일관되게 돈수가 옳지, 점수라는 것은 돈법(頓法)에 없다고 하시는데
다시 한 번 일러주시죠.

그대로입니다. 선의 돈법에는 점수라는 게 없습니다. 오직 돈오돈수이지요. 돈오돈수는 일념삼매가 지속되어서 향상(向上)의 일구(一句)를 투과해야만 되는 거지요.

이 질문은 좀 외람됩니다만, 향곡 스님께서는 운봉 스님에게
인가를 받으셨잖아요. 그런데 이후에 봉암사에서 도반들과
결사 정진하다가 대오견성 하셨지 않습니까? 그렇다면
이전에 운봉 스님으로부터 인가를 받았다는 것은 무얼 말하며,
이 깨침을 어떻게 이해해야 할까요?

그것은 우리나라 선법이 전해 내려온 후로 그러한 과정만을 거치면서 내려왔어요. 가령 여래선(如來禪)*, 법신변사(法身邊事)*를 견성이라 하며 그 과정만 쭉 전수해 왔다고 봐야지요. 법신의 진리, 여래선의 진리 위에 향상의 일구를 투과하는 것이 있다는 것을 모르고 그 밑의 한 단계를 가지고 견성법을 세워 인증하고 내려왔습니다. 그래서 우리나라에 선법이 들어온 후로 '덕산탁발화' 라는 이 고준한 법문을 검증하고 대중에게 설법한 선사가 아무도 없었습니다.

이렇듯 한 단계 낮은 견성을 가지고 지금까지 내려왔었는데, '덕산탁발화' 라는 법문을 성철·향곡 선사 대에 와서야 알게 되었지요. 그 이전에는 그만큼 대중에게 내놓고 인가를 검증할 만한 선사가 없었어요. 좀 낮은 공부를 가지고 견성을 했다, 인가를 한다 하며 내려왔다고 봐야지요. 예전에는 안목이 한 단계 낮았다는 것을 이해해야 합니다.

---

* 여래선(如來禪) : 범성(凡聖)의 차별이 끊어진 견처(見處)
* 법신변사(法身邊事) : 시방세계가 청정하다는 견처

그러면 그것을 같은 견성으로 봐야 하는 건지요?

그것을 같은 견성으로 볼 수는 없지요. 부처님과 모든 도인이 비밀히 전해 내려오는 그 과정은 향상의 일구 세계를 깨쳐야 하는 것이지, 여래선이나 법신을 경험한다고 되는 것이 아닙니다.

스님께서 말씀하시는 '향상의 일구 세계'라는 것이 무엇인지요?

그게 견성이에요.

향상의 일구라는 것이 바로 무상정등각(無上正等覺)*이고, 견성이고, 정각(正覺)이란 말이잖아요. 그럼 그 아랫단계의 전법이 내려왔다면 부처님의 경지에 미치지 못하는 아라한의 경지를 말씀하시는 것인가요?

아라한의 경지보다는 조금 낮지요.

말씀하시는 향상의 일구라는 것은 무상정등각이고 견성의 세계라고 이해하면 되는 건가요?

그렇지. 향상의 일구를 모르면 견성이라 할 수 없습니다. 그러니까 문답에 착오가 생기는 거지요. 원인이 거기에 있어요.

흔히 '오도(悟道) 후에 보림(保任)* 한다'는 말이 있는데

---

* 무상정등각(無上正等覺) : 가장 완벽한 깨달음
* 보림(保任) : 보호임지(保護任持)의 준말로, 견성한 사람이 그 경지를 잘 보호해 나가는 것을 뜻한다.

돈오, 즉 견성 후에 보림이란 있을 수 없지요?

없어요. 진금(眞金)이 한번 되면 어디 가나 진금 덩어리입니다. 바다 속에 있다고, 거름 속에 있다고 진금이 아닌 것이 아닙니다. 절대 변함없는 것이 진금입니다.

근대 선지식들께서 '보림' 이야기를 워낙 많이 하셔서 거기에 대한 혼돈이 있는 것 같습니다. 이 돈오, 견성에 대한 확실한 표준을 세울 필요가 있는 것 같습니다.

'향상의 일구를 투과하여 알지 못하면 견성이 아니다' 하고 못을 박아야지요. 모든 부처님과 도인, 조사 스님들이 비밀히 전해 내려온 것은 여래선도 아니고 법신도 아니고 '향상의 일구' 라는 것을 딱 정해 놓아야 해요.

부처님께서 열반 직전에 "여래는 한 법도 설한 바가 없다"고 말씀하신 바 있는데, 이게 무슨 뜻인지요?

부처님께서 성불하시고 삼칠일 동안 생각에 잠기어 "내가 법을 설하는 것은 법을 설하지 않고 열반에 드는 것보다 못하다" 그렇게 말씀하셨어요. 그게 첫 말씀인데, 49년 동안 팔만사천 법문을 설하시고도 마지막 열반 직전에 "내가 중생을 위해 팔만사천 법문을 했지만 실로 한 글자도 설한 바가 없다"고 말씀하셨습니다. 진리를 모르면 절대 이 말을 못 하는 거예요. 이 두 마디에 부처님 살림살이가 다 들어있어요.

이 말씀이 향상의 일구와 일맥상통하는 말씀인가요?

관련이 있어요. 삼칠일 동안 깊이 생각하신 것과 마지막에 하신 말씀이 바로 부처님의 위대한 살림살이를 드러내어 보이신 것이죠.

소위 견성했다 하면서 막행막식(莫行莫食) 하는 경우가 더러 있는데, 이 문제를 어떻게 보아야 하는지요?

그것은 모순이 좀 있어요. 후대 중생들에게 업을 짓게 하는 것이니까. 깨친 자기 분상에서는 관계가 없는데 중생들이 업을 짓게 하는 것은 문제입니다. 그것은 아주 잘못된 거예요. 바른 눈이 열렸으면 그렇게 안 하지요.

선의 입장에서 천도재나 구병시식(救病施食)* 같은 중생들의 문제에 대해서는 어떻게 봐야 되는지요?

교계 일각에서는 이것을 기복으로 보고 비판하는 흐름도 있습니다.

그것도 중생의 업으로, 애착이고 집착이지요. 그것도 법력으로 다 가능한 것입니다.

본시 불교는 기복을 좇아서 대승불교로 들어왔습니다. 그런 방편으로 신심과 발심의 문으로 들어오게 하는 것입니다. 그렇게 복을 짓고 법문도 듣고 하면서 대승의 법문으로 들어오는 여건을 만

---

* 구병시식(救病施食) : 환자를 병으로부터 건져내는 의식. 이른바 귀신병이라고 하는 빙의현상에 의해 정신적 · 육체적 장애를 받고 있는 사람들을 위해 하는 불교의식을 뜻한다.

드는 겁니다.

국가든 기업이든 어떤 조직이든 지도자의 역할이 중요한데,

선의 입장에서 지도자들에게 한 말씀 해주십시오.

기업가나 정치인들이나 모든 높은 자리에 있는 이들은 지혜를 가져야 해요. 지혜가 밝지 못하면 사업도 번창할 수 없고, 향상이 없어 그 자리를 유지할 수 없어요. 높은 자리에 있는 사람이 아랫사람을 지도하고 거느릴 혜안이 부족하면 그 자리를 지키지 못합니다.

그래서 모든 지도자들에게 지혜를 밝히는 선 수행, '참나'를 찾는 선 수행을 꾸준히 연마하기를 권합니다. 선을 수행하면 마음의 번뇌와 불행이 제거되는 동시에 지혜가 밝아집니다. 옛 도인도 말씀하시기를 "사람들이 빈한하게 사는 것은 지혜가 짧기 때문이다. 지혜가 있으면 밝은 지혜로서 출세와 복이 다 온다"고 했습니다. 지혜가 없는 사람은 선악을 가리지 못하고 죄를 짓고 업을 짓게 됩니다. 높은 지위에 있는 사람이 지혜가 밝으면 밝은 눈으로 문제의 해결책을 척척 제시하고 지도하니 착오가 없어져요. 모든 사람에게 선도자가 되고자 한다면, '참나'를 밝히는 선 수행을 연마하여 밝은 지혜의 눈을 갖춰야 합니다. 이것이 출세와 행복의 근본이라는 것을 알려주고 싶습니다.

조계종단이 그동안 혼란스러운 모습을 보여주다 보니

일반인들이 불교와 선을 신뢰하지 못하는 경향이 있습니다.

우리 조계종은 수행을 근본으로 하는 종단이므로 자기의 수양을 위주로 일생토록 정진에 성과 열을 다하는 풍토를 조성해야 합니다. 요즘은 세태도 많이 변하고 절집에서도 세속적인 학벌이나 승가의 지식과 학벌을 중 놀이의 축으로 삼아 자기 것인 양 살아가다 보니 그릇된 모습들이 자주 드러납니다. 이러한 것들은 출가 본분사와는 거리가 멀고 바른 수행에 도움이 못 됩니다. 실제로 몸소 뼈에 사무치는 수행을 통하여 정력(定力)을 기르고 모든 업을 녹여 지혜의 안목과 덕을 갖추는 게 우리의 참모습입니다.

우리 불교와 종단이 온 국민, 나아가 세계에서 추앙받기 위해서는 우리 모두가 일생을 수행 정진에 임하여 지혜의 안목과 덕을 갖춰야 합니다. 또한 그러한 선지식들을 종단의 웃어른으로 모신다면 세상 사람들의 시각도 달라질 것입니다. 그리고 후학들도 조계종단의 이러한 수행풍토를 바로 인식하고 참선 정진을 통해 용심(用心)과 수행력을 갖춘다면 종단의 화합과 발전에 큰 원동력이 될 것입니다.

모든 분들에게 이 기회에 한 말씀 전합니다.

인생은, 생명은 찰나지간(刹那之間)이니,

호흡지간에 인생이 있으니,

공연히 밖의 일에 참견하지 말고,

'참나'를 바로 알면 세세생생 행복과 출세를 누리노니,

모든 고뇌와 갈등을 여의고 행복해지고자 할진대,

고뇌와 갈등을 여의고 대안락을 누리고자 할진대,

일상생활 중에 "어떤 것이 부모에게 나기 전 '참나' 인고?

부모에게 나기 전에 어떤 것이 '참나' 인고?"

이것을 모르면 백년을 살고 천하 갑부고 명예를 떨쳐도 소용없

는 것이다.

'참나'가 무엇인고?

일상생활 속에 오매불망 참선 정진에 몰두하기를 기원합니다.

당당하게 살라

혜정(慧淨) 스님

속리산 법주사 혜정(慧淨) 스님

혜정 스님은 1933년 전북 정읍에서 태어났다. 마곡사 대원암으로 출가
하여, 1953년 8월 수덕사에서 금오 스님을 은사로 사미계를 수지하였
다. 1962년 대한불교조계종 출범시 총무원 교무국장을 역임하였고,
1976년 법주사 주지를 지냈다. 조계종 제14대 총무원장을 역임하였으
며, 지금은 법주사 회주, 조계종 원로의원, 법계위원이다. 2004년 5월
해인사에서 조계종 대종사(大宗師) 법계를 품수받았다.

절로 들어가는 숲길이 아름다운 속리산 법주사는, 비록 총림(叢林)은 아니지만 총림 못지않은 역할을 하고 많은 인재를 배출한 곳이다. 정화 이후 금오(金烏) 스님이 주석한 이래 금오문도의 본찰이되었고, 스님의 회상에는 월산(月山), 범행(梵行), 월남(月南), 탄성(呑星), 이두(二斗), 혜정(慧淨), 월주(月珠), 월탄(月誕), 월서(月棲), 정일(正一), 천룡(天龍) 등 기라성 같은 인물들이 배출되었다.

어느덧 금오 스님의 제자 중에서 살아계신 분보다 입적하신 분이 더 많다고 한다. 생존하신 분 중에서 혜정 스님은 참으로 독특한 수행 이력을 가진 분이라는 것을 절집 사정을 잘 아는 분들은 안다. 선(禪)·교(敎)·율(律)을 겸수하시고 법주사 주지를 거쳐 총무원장이라는 사판의 최고 이력까지 지내셨으며, 지금은 법주사회주이자 조계종 원로의원, 법계위원, 계단위원에 추대되셨다. 특히 본사 주지와 총무원장을 지내시고도 해인사, 봉암사, 불국사등 제방 선원에서 용맹정진, 울력, 발우공양, 포살 등 대중과 더불어 수행을 여법하게 하는 분이다.

인터뷰가 있는 날도 여름 안거 결제 중이라 11시에 법주사 큰방에서 선원, 강원 대중과 법(발우)공양을 함께 하셨다. 세납 칠십이 넘은 원로께서 따로 암자에 주석하지 않고 이렇듯 대중과 함께 사시는 것은 쉬운 일도, 흔한 일도 아니다. 사표(師表)란 일상생활 가운데 대중과 더불어 여법히 사는 그 모습 그대로임을 확인한다.

혜정 스님은 인터뷰를 한사코 사양하셨으나 조카 상좌 되는 전 포교원장 도영 스님의 간곡한 청으로 친견이 성사되었다. 법주사 경내 금동미륵대불을 마주 보고 왼쪽에 부처님의 진신사리를 봉안한 사리탑이 있는데, 그 사리탑을 외호하는 사리각에 스님은 30년이 넘게 주석하고 계신다. 법주사에도 진신사리탑이 있는가 의아했지만, 안내문에 따르면 고려 공민왕 때 왕명으로 통도사에서 모셔왔다고 하니 역사적 근거가 명확한데도 미륵대불에 가려 널리 알려지지 않은 듯하다. 또한 사리각은 근대에 금오 스님께서 입적하신 전각이니 더욱 유서 깊은 곳이다.

어린 시절에 서당 훈장이셨던 할아버지의 영향으로
책을 가까이 하시다가 출가하셨다는 이야기를 들었습니다.

그런 게 무슨 필요가 있나요. 내 개인 이야기보다 조금이라도 공부에 도움이 될 이야기를 하는 게 좋겠어요.

출가 전에 마곡사 대원암에서 화두 참구를 하셨고, 당시에 이미 어떤 경계를 체험하셨다고 들었습니다. 그 인연을 좀 들려주십시오.

우리 세대는 민족사의 수난을 그대로 겪고 자랐습니다. 일제 강점기에 나라를 잃은 설움과 6·25전쟁이라는 비극을 겪으며 인생에 대한 고뇌가 컸지요. 전쟁 중에 우연히 불교잡지를 접하게 되었는데, 거기에 이렇게 적혀 있었습니다.

> 생은 어디를 쫓아 왔으며
> 죽음은 어디를 향해 가는가?
> 생은 곧 한 조각의 뜬구름이 일어남이요,
> 죽음은 한 조각의 뜬구름이 사라짐과 같으니라.

이 글귀가 가슴에 와 닿아 사라지지 않았어요. 그래서 방학 때 평소 존경하는 김구 선생이 출가 수행하였던 마곡사로 책을 짊어지고 공부하러 갔습니다. 그렇게 간 곳이 마곡사 대원암이란 곳입니다. 당시 대원암은 참선하는 비구승들이 선방을 하고 있었는데, 그 정진하는 모습에 감동하여 출가하게 되었습니다.

행자로 있으면서 "모든 법이 하나로 돌아가는데 그 한 곳은 어디인고[萬法歸一 一歸何處]?"라는 화두를 타서 참구하였습니다. 입적하신 지선 스님이란 분과 함께 정진하였는데, 밤잠을 잊고 용맹정진 하였어요. "만법은 어디로 돌아가는가?" 화두 참구에 씨름하다 보면 어느 새 날이 밝아 새벽 도량석으로 이어지곤 했어요. 아마도 젊은 기운이 정진력을 북돋웠던가 봅니다.

혜정(慧淨) 스님 57

그러던 어느 날 철야 용맹정진을 하면서 화두를 참구하고 있는데 홀연히 앞벽이 무너지고 둥근 빛이 눈앞에 보이면서 육신이 공중에 붕 뜨는 체험을 했어요. 그 후에도 그런 경계가 몇 차례 더 나타났어요. 그래서 '아, 정말 이 길이 우주의 실상을 깨닫는 길이구나!' 확신하게 되었습니다. 지금까지도 그 평온함과 환희심은 떠나지 않는데, 그때 확실한 발심을 하게 되었죠.

그런데 당시 큰절인 마곡사는 대처승과 그 가족들이 살고 있었고, 대원암이라는 작은 암자는 참선하는 비구승들이 정진하고 있었어요. 그런데 정화운동이 본격화되자 큰절 대처승들이 올라와 참선하는 비구승들을 내몰다시피 하였어요. 그래서 가까운 수덕사로 가게 되었습니다.

당시 수덕사 공부 분위기를 좀 들려주시죠.

수덕사는 근세 선의 중흥조인 경허 스님과 그 제자 만공 스님, 그리고 금오 스님이 계셨던 곳이죠. 그래서 수덕사는 "선(禪)을 하지 않으면 중이 아니다"라는 인식이 배어 있었습니다. 심지어 행자도 참선을 하게 할 만큼 선찰(禪刹)의 이미지가 강했지요. 경전을 연구하거나 현대 학문을 하기보다 오로지 선을 중시하는 가풍을 가지고 있었습니다. 또 선농일치(禪農一致)를 하였습니다. 논밭이 많았고 정진하면서 먹고 살려면 일을 해야 하는 것은 당연한 일이었죠. 당시에는 조실로 금봉 스님이 계셨고, 벽초 스님, 금오 스님, 비구니 김일엽 스님 그런 분들이 계셨지요.

처음 수덕사에 가보니 마곡사보다 당우가 훨씬 작더라고요. 듣던 것과는 달랐어요. 저녁에 도착하여 어떤 허름한 농군 같은 분이 방사를 챙겨주기에 무심코 하룻밤 지내고 다음날 여기에 벽초 스님이라고 계시다던데 인사를 좀 드려야겠다고 했더니 어제 뵙지 않았느냐고 하데요. 그제야 '어제 농군 같은 분이 벽초 스님이었구나' 싶더라고요.

벽초 스님은 농사와 일이 본업이었다고 할 정도로 일을 많이 하신 분입니다. 그러면서도 선기(禪機)가 남다르셨어요. 가령 산 위로 무거운 돌을 지고 나르다 잠깐 쉴 때 지나던 신도들이 "아휴, 스님들이 저렇게 무거운 돌을 지시니 힘드시겠다" 하였는데, 벽초 스님께서 이렇게 말씀하셨어요.

"아, 당신들은 평생 더 무거운 것을 이고 다니지 않소? 그게 뭔지 알아요? 바로 허공이요."

그 정도로 일상에서 선기가 절로 풍겼어요. 또한 수덕사의 실질적인 주인이었습니다.

그런 수덕사 가풍 덕분에 저도 행자생활 2년 동안 농사일을 참 많이 했습니다. 그러면서도 화두를 챙겼어요. 지금 젊은 분들은 아마 잘 믿지 않는 분도 있을 거예요. 그러나 당시 수덕사에는 그게 당연한 일상이었고 누구나 그렇게 했습니다.

지금 한 가지 기억이 나는 것은 율사로 널리 알려진 일타 스님의 속가 아버님께서 출가하시어 법성(法性)이라는 법명을 받으시고 정진하고 계셨어요. 남들과 같이 예불하고 쟁기질하고 그러셨어요. 그분은 손재주도 좋으셨는데, 어느 날 제게 나무로 깎은 죽비를 하나 만들어주셨어요. 지금도 간직하고 있는데 저기 저 죽비입니다.(죽비는 스님 방 모서리 벽에 얌전히 걸려 있다.)

수덕사에서 일을 그렇게 많이 하시면서도
화두를 늘 챙기셨던 건가요?

그럼요. 화두 공부는 좌선보다 행선(行禪)이 더 힘이 있습니다.

은사이신 금오 스님 이야기를 좀 해주십시오.

금오 스님은 첫인상이 달마도에서 본 달마 스님 같았습니다. 눈이 부리부리하시고 체격이 건장하셨죠. 힘이 장사였는데, 수덕사 대중방에서 벽초 스님과 씨름을 겨룰 정도로 쌍벽이었습니다. 저의 사형되시는 월남 스님께서 금오 스님을 은사로 하라고 권유하여 인사를 드렸는데 뵙는 순간 '이분이야말로 나를 이끌어주실 스승'이라는 확신이 들었습니다.

금오 스님께서는 첫째도 참선, 둘째도 참선, 오로지 참선을 강조하신 분입니다. 산내 대중이 한자리에 모여 울력을 할 때 행자가 좌선하느라고 안 나와도 예외를 인정해주실 정도였지요. 항시 참선을 하시고 도량을 아끼고 대중을 위하셨어요. 가령 빨래를 널어놓았는데 소나기가 오면 스님은 대중 빨래를 먼저 걷으시고 제일 마지막에 당신 빨래를 걷으셨어요. 대중을 위하는 마음이 늘 한결같으신 분이셨지요. 그러면서도 한편으로는 매사에 엄하셨습니다.

60

당시에는 철이 없어서 그랬겠지만, 은사 스님의 은혜를 잘 몰랐어요. 입적하신 지 30여 년이나 되는데 이제야 그 은혜가 한이 없다는 생각을 자주 합니다.

수덕사 이후에 어디로 가셨습니까?

제가 출가할 당시는 정화운동이 본격화되어 전국 사찰 중에 평온한 곳이 많지 않았습니다. 수덕사는 극히 예외였던 곳입니다. 금오 스님께서 정화의 전면에 나서시어 저도 따라서 정화의 행동대 역할을 하게 되었습니다. 1962년 통합종단이 출범하였을 때 총무원 교무국장 소임을 맡은 후 근 20년 가까이 이런저런 소임을 보느라 제대로 공부할 기회를 갖지 못했습니다.

지금 생각해 보면 당시 정화운동을 한다 하면서 제대로 공부하지 못한 것이 늘 아쉽습니다. 일제에 나라를 빼앗겼을 때 태어나 6·25전쟁의 비극을 겪었고, 곧이어 승단 정화를 하면서 사찰과 종단의 정법을 회복하고 수행 종풍을 되살리기 위해 노력한다고 했지만, 그 과정에서 소위 '정화세대'는 제대로 공부할 기회를 갖지 못한 한계가 있습니다.

그런데 어찌 보면 우리 세대가 어떤 역사적 몫을 짊어졌던 것 같아요. 일제 강점기에 대처제도가 확산된 상황을 타개하고 부처님의 정법과 한국불교의 전통을 복원하려면 누군가 희생하지 않을 수 없었던 것이 아니었던가, 그런 생각을 해봅니다. 그런 의미에서 정화의 바탕 위에 지금 종단이 발전하고 있고, 전국의 총림과 선원에서 선풍이 활성화될 수 있게 된 것이 아니었던가 싶습니다.

스님께서 70년대 중반에 법주사 주지를 하시면서

법주사를 일대 혁신하시고 총무원장 소임까지 맡게 되신

것으로 알고 있는데, 그 이야기를 좀 해주시죠.

떠밀려 하게 된 일이지만, 지금 생각하면 다 후회되는 일이고 아쉬움만 남지요. 사찰이나 종단이 발전하려면 미래의 비전을 가지고 발전을 이끌어갈 수 있는 인재가 양성되어야 합니다.

70년대 중반 주지 소임을 맡았을 때 법주사 강원에 새바람을 불러일으켰지요. 강원에 동국대 교수를 비롯하여 이름 있는 분들을 외래 교수로 초빙하였고, 불교교리 · 불교사 · 산스크리트어 · 빨리어 · 영어 · 심리학 · 비교종교학 등 내외전을 망라한 교과과정을 도입하였어요. 그리고 율반, 포교반, 외국어반, 편집반, 염불반, 미화반 등 6개 자율반을 편성해서 지원하기도 해 반향이 컸어요. 그래서 전국에서 강원 학인이 가장 많았어요. 그땐 참 신바람이 났었지요.

그렇게 나름대로 열심히 살고 있는데 당시 종정 서옹 스님이 서울로 올라오라고 해서 가보니 총무원장을 맡으라는 거예요. 제가 어떻게 하느냐고 못 한다 사양하고는 당시 문중의 어른이셨던 월산 스님께 말씀드리니 스님께서도 맡으라고 하시더라고요. 그래서 어른들께서 하시는 말씀이라 거역할 수 없어 맡게 되었지요. 이왕에 해야 한다면 좀 제대로 해보자고 인재양성에 원력을 세우고 승가교육개혁을 구상하였는데, 당시에는 그 자리가 무슨 일을 할 수 있는 자리가 아니라서 아주 힘들었습니다. 당시 이야기를 하려면 하루 종일 해도 끝이 없을 겁니다. 그러니 그 애긴 이 정도로 하지요.

원장 소임 내놓고는 어디로 가셨는지요?

월산 스님이 조실로 계신 불국사 선원으로 갔어요. 초심(初心)으로 돌아가 모든 것이 내 잘못이다 그렇게 보고 새 출발 하는 심정으로 참회도 하고 정진도 하려고 선방으로 갔습니다. 불국사 선원에서 다섯 철을 나고, 다시 해인사로 가서 두 철을 지내고, 봉암사·수덕사 선원 등을 다녔습니다.

해인사에선 성철 스님을 모시고 종정을 지내신 혜암 스님과 함께 정진했습니다. 보름마다 포살법회를 하였는데 저와 일타 스님이 번갈아가며 주관했지요.

해인사 선방에 있을 때 성철 스님을 뵐 기회가 있었는데, 그분은 철저한 선승(禪僧)이셨습니다. 백장청규(百丈淸規)*를 비롯한 선의 전통을 철저히 계승하고자 하셨지요. 선(禪)과 교(敎)를 겸수(兼修)하셨고, 그렇게 가르치셨어요. 일반에 알려진 '책을 보지 말라'는 것은 발심하여 선을 본격적으로 하는 수좌에게나 해당되는 말이지요. 평소에는 교학을 철저히 알아야 선을 잘할 수 있다고 가

---

* 백장청규(百丈淸規) : 중국 백장회해(百丈懷海) 선사가 지은, 총림에서 수행하는 스님들의 생활규칙

르치셨습니다.

또 성철 스님은 본분사가 아닌 일, 즉 세속 일에는 일체 거리를 유지하셨지요.

한번은 명절에 인사드리러 갔더니 웬 검은 양복 입은 이들이 서성대고 있어요. 누군가 했더니 청와대에서 심부름 왔는데 1980년대 군사정부에 참여해 달라고 왔다더군요. 당시는 정권의 힘이 무소불위였는데도 스님은 일체 참여하지 않았습니다. 서울에 아예 가질 않으셨으니까요. 성철 스님은 외국에도 한 번 가지 않으셨던 것으로 기억합니다. 무명옷 입고, 검정고무신 신고, 당신이 있어야 할 곳이 산이라는 의식이 명확한 분이었습니다. 외부의 온갖 유혹을 뿌리치고 일생을 살기가 쉽지 않은데, 성철 스님이야말로 한국불교의 큰 공로자이시죠.

그리고 총림의 청규를 늘 되새기셨어요. 초하루, 보름날에는 포살법회를 정기적으로 했어요. 아주 철저했기 때문에 해인사 선방에는 공부할 사람만 왔지요. 그러니 정진 분위기가 흐트러지지 않았지요. 그게 다 성철 스님의 지도 덕분이에요. 성철 스님은 근세의 대선지식이라 생각합니다.

암자나 토굴에서 공부하신 적은 없으신가요?
암자나 토굴 생활도 제법 해봤지요. 월출산 상견성암(上見性庵)에서 3년, 부여 금지암(金池庵)에서 1년 정도 있었습니다. 제 경우는 토굴에서 공부가 제법 되었어요.

64

그런데 토굴 수행을 하려면 먼저 대중 선방에서 참선하는 기틀을 완전히 잡아 공부에 익숙해진 후에 해야 합니다. 고삐를 당기지 않아도 소가 저절로 가는 것처럼 말이죠.

선원에서는 전 대중이 규칙적으로 수행하기 때문에 게으름을 피울 수 없다는 장점이 있습니다. 또 도반들이 열심히 정진하는 모습을 보고 신심이 고취되기도 하고, 조실 스님의 법문과 탁마를 통해 발심과 정진을 다잡을 수 있지요. 반면 토굴이나 암자 수행은 전심전력 공부에만 집중할 수 있지요. 대중 선원에서와 같은 규칙적인 생활에 구애받지 않고, 외경계에 마음이 산란해지지 않고 오로지 화두 참구에 전념할 수 있는 것이 토굴 수행의 장점입니다.

그런 점에선 대중 선원에서 공부 기틀을 완전히 다진 수행자는 토굴에서 집중 수행을 하는 것도 아주 중요한 과정이라고 봅니다. 다만 초심자가 바로 토굴로 가는 것은 경계해야 합니다.

스님께서도 참선을 하시다가 어떤 체험을 하셨다고 했는데, 참선을 하다가 그런 경계를 체험하면 어떻게 해야 하는지요?

참선을 열심히 하다 보면 누구나 그런 경계를 보게 되지요. 그런데 자칫 잘못하면 삿된 길로 빠지게 되므로 그런 것은 경계하고 말로 표현하지 않는 게 좋습니다. 우리가 목적지에 가는 동안 갖가지 풍경을 볼 수 있지만, 거기에 마음이 홀려서 목적지를 잃어버린다면 그보다 어리석은 일은 없을 겁니다. 이와 마찬가지로 견성성불(見性成佛)로 가기 위해 참선을 하다 보면 여러 가지 체험을 하게 되는데, 이는 정각(正覺)과는 거리가 먼 말변지사(末邊之事)입니다. 이것을 분명히 알아야 합니다.

다만, 초심자의 경우 그렇게 체험한 경계가 신심을 북돋워주고 정진력을 배가시켜주기도 합니다. 실제 제 경우도 그렇고, 적지 않은 스님들이 그런 경계를 체험하여 참선이 좋다는 확신을 하는 경우가 많습니다. 뭐든지 자기가 체험해 보는 것이 제일 좋지요.

아무튼 참선 도중에 체험하는 어떤 경계도 무시하고 화두 관문이 타파되는 확철대오(廓徹大悟)로 나아가야 합니다.

스님께서는 선·교·율 삼학(三學)을 두루 겸수하신,
종단에서 드문 공부 이력을 가진 분입니다.
스님께서는 선과 교의 관계를 어떻게 보시는지요?

교학을 먼저 공부한 뒤에 참선하는 것이 바른 과정이라 생각합니다. 나의 경우 참선에 매료되어 출가하였지만, 본격적으로 수행하기 전에 법주사 강원에서 사교와 대교를 보았습니다. 경전이야말로 신심을 확고하게 하고, 간혹 바깥 경계로 말미암아 마음이 흔들릴 때 다시 초발심으로 돌아오게끔 하는 힘이 깃들어 있는 문자사리(文字舍利)입니다. 경전을 보는 것과 보지 않은 것은 이정표를 보고 길을 가는 것과 이정표 없이 길을 가는 것에 비유할 수 있지요. 이정표를 보고 가면 방황하는 일은 없을 겁니다. 경전에는 왜 수행해야 하며 어떻게 수행해야 하는지, 중생의 근기에 따른 각양각색의 수행 방법이 상세하게 설해져 있습니다. 경전에 담긴

66

부처님 말씀의 요체는 결국 마음을 찾아 깨침을 이루어 중생을 구제하라는 것이므로, 경전을 먼저 공부해서 수행 의지를 확실하게 다진 수행자는 그만큼 방황을 덜하고 이탈하는 일이 드물다는 것입니다.

대중 선원에서 정진하실 때 재미있는 에피소드가 있으면
좀 들려주시죠.

해인사 선원에서 철야 용맹정진 때의 일인데, 대부분 3~4일 동안 잠을 자지 않고 정진하다 보면 졸음 때문에 갖가지 일이 벌어집니다. 장군죽비를 내리치는 입승 스님에게 "졸지 않았는데 왜 때리느냐"며 대드는 이도 있고, 화장실에 가서 조는 이도 있지요. 수마(睡魔)가 참으로 큰 장애입니다.

그렇게 일주일 동안 잠 안 자고 용맹정진 한 다음 날 40리 길을 포행해도 끄떡도 하지 않는 수좌들의 기상이 훗날 크나큰 힘이 됩니다. 업으로 뭉쳐진 육신, 편안함만을 갈구하는 육신을 다잡아서 일주일 동안이나마 확실히 끌고 가는 동안 공부 자세가 확고해지고 자신감과 용기가 나지요. 그렇기에 수많은 선지식들이 처절한 고행을 통해 육신을 조복(調伏) 받고 정진력을 길러 마침내 큰 깨달음을 성취하였을 것이라 생각합니다.

지금 선원에서 정진하는 후배들을 위해 한 말씀 해주시죠.

내가 뭐 그런 말을 할 자격이 있나요. … (아무 말씀 하지 않으시려

하여 "종단의 원로로서 어찌 하실 말씀이 없겠습니까?" 거듭 권하자) … 출가
는 자진해서 합니다. 남이 하라 해서 하는 경우는 없지요. 출가 수
행자는 어떤 경우라도 출가의 본분을 잊지 말아야 하지요. 결제,
해제를 구애 받지 말고 늘 화두를 놓지 말고 열심히 정진해야 합니
다. 그게 부처님과 조사 스님들의 가르침이고 길입니다. 그 길을
열심히 가길 바랍니다.

종단 법계위원과 계단위원으로 위촉되어 계시면서
법주사 율주로 수계산림의 전계사로서
수계식 때 늘 하시는 말씀이 있으시면 좀 들려주시죠.

계를 설할 때마다 그런 얘기를 합니다. 계(戒)는 하나의 윤리도
덕에 입각한 그런 계가 아니라 생사해탈을 할 수 있는 정진이다.
계행(戒行)이 바로 바르게 성불로 이어지는 정진이다. 열심히 정진
하라 합니다. 계·정·혜 삼학이 하나여야 합니다. 계를 지키는
것이 본분입니다. 계도 마음을 깨치는 성불의 길이고 하나가 되는
길입니다.

요새 비구니 스님들 사이에서 비구니 팔경계와 관련하여 계를
수정해야 한다고 하는 분이 있다는데, 그건 참 잘못 안 것이에요.
계는 부처님 당시부터 전해 내려오는 절대적인 기준이에요. 물론
당시에도 더러 고치는 일이 있었죠. 그런데 고치더라도 원문은 그
대로 두고 그 옆에다 수정하는 것을 추가해 왔어요. 그런데 요새
아예 고치자고 하는 말이 있는 모양인데 그래선 안 됩니다. 계행

이 바로 수행입니다.

선종에서는 '우리는 본래 부처다'라고 합니다.

스님께서도 자주 말씀하시는 것으로 아는데, 이 뜻을 좀 풀어 주시죠.

그건 누구나 다 알고 있잖아요. 우리가 출가해서 성불에 이르는 길은 여러 가지가 있습니다. 참선만이 유일한 길은 아니잖아요. 간경, 염불, 주력, 위빠사나, 지계 이런 것이 모두 성불로 가는 길이죠. 다만, 참선이 가장 빨리 가는 수승(殊勝)한 길이라는 것을 역대 조사들이 검증하시고 말씀하셨던 것이죠.

부처님이나 역대 조사님들께서 한결같이 하시는 말씀이 누구에게나 불성(佛性)이 있다고 했습니다. 누구에게나 부처님 성품이 있다는 것입니다. 그런데 그 불성이 오염이 되고 삼독심(三毒心)에 가려서 탁해진 것입니다. 비유하자면 보름달이 구름에 가려지면 보이지 않듯이 우리 불성도 삼독심에 오염이 되면 가려져 보이지 않게 되는 것입니다. 그러나 그 불성 자체는 본래 그대로 있습니다. 다만 번뇌 망상이 구름처럼 가리고 있어 보지 못할 뿐입니다. 그래서 구름이 걷히면 본래의 보름달이 드러나듯이 번뇌 망상을 걷어내면 본래 있는 불성이 그대로 드러나게 된다는 것이 본래성불(本來成佛)의 뜻입니다.

내가 본래 부처라는 것은 이처럼 있는 그대로가 본래 부처라는 말입니다. 이것은 내가 뭘 창조하는 것도 아니고 본래 있는 그대로가 부처라는 것이니, 이것을 참선을 통해서 다시 발견하는 것,

다시 찾아 완성하는 것입니다. 그게 견성이고 성불입니다. 그러니 '본래 부처'라는 말은 평등하고 원만하고 차별이 없는 세계인 불성자리를 뜻하는 것입니다. 그 본래 부처인 자리는 일체가 평등하여 어떤 차별도 용납하지 않습니다. 모든 것을 있는 그대로 인정하고 존중하여 협조하고, 동체대비심(同體大悲心)으로 하게 되는 것이죠. 그 안에서는 갈등이 있을 수 없습니다. 그래서 우리는 본래 부처라는 것을 믿고 깨치기 위해 수행하는 것이죠.

수행과 포교, 소임에 대하여 어떻게 보아야 하는지요?

출가 수행자의 본분은 수행입니다. 수행의 목표는 깨달음이고, 그 외 다른 목표가 있다면 그것은 바로 가는 것이 아닙니다. 그 깨침으로 가는 길에 승가가 있고 그 승가 안에 소임이 있는 것입니다. 선방에 가서 정진하는 분은 바로 가는 깨침을 위해 화두를 일심으로 참구해야 하고, 그 외 원장이나 종회의원·부장·국장·주지 소임이란 것도 자기가 수행해야 할 시간을 희생하는 머슴으로 생각해야 합니다. 원주나 머슴이 되어 공부하는 스님들을 위해서 봉사하고 외호하면서 수행하고 복을 짓는 것입니다. 그래서 수행하는 스님을 위해 봉사하고 도와주는 외호 대중의 소임으로 이해해야지, 그것을 특권이나 명예로 생각해서는 안 된다고 생각합니다.

포교도 마찬가지입니다. 원래는 성불해서 전법하는 것이 바람직하지만, 그렇게 하기 어려우니 수행하면서 포교를 해야지요. 우리 불자의 양대 목표가 수행과 포교 아닙니까? 그러니 수행하면서 포교하고 포교하면서 수행해야 하는 것이죠. 절에서 수행자들이 여법히 수행하는 것을 있는 그대로 보여주는 것도 간접적인 포교가 됩니다. 또 말로써 부처님의 가르침을 설명해주어야 부처님 법이 좋을 줄 알테니 그것도 열심히 해야 합니다. 그런데 포교사가 법을 설하면서 자기 지식이나 자랑하고 이름을 알리려 하면 안 됩니다. 그것은 자기 이념과 포교에 대한 개념이 잘못 잡힌 것입니다. 나는 부처님의 심부름꾼으로 부처님 법을 제대로 모르는 사람에게 바른 법을 가르쳐주어, 세상 사람들이 그 법을 듣고 신심이 나서 그 힘으로 더 당당하게 잘 살아가도록 하는 것이 포교입니다. 이 점을 분명히 알아야 합니다.

스님, 마지막으로 한 마디 일러주십시오.

종교를 절대시, 신비시하면 많은 피해가 옵니다. 종교는 내가 바르게 잘 살기 위한 하나의 수단입니다. 그 이상도 이하도 아니라는 바른 개념을 정립하여야 합니다. 종교를 통해서 내가 행복해지고 가족이나 이웃, 그리고 인류 전체가 더불어 잘 사는 사회가 되도록 해야 합니다. 종교적 가르침을 통해서 나와 남을 위해 대승보살행을 할 수 있어야 합니다. 가령 경제난이나 정치적 혼란에 직면하면 그 어려움을 해결하는 지혜를 발휘할 수 있어야 합니다. 또 부처님께서 말씀하신 교법과 사상에 기초하여 그 어려움을 극복할 지혜뿐 아니라 힘과 용기를 낼 수 있어야 합니다. 이렇듯 어떤 경우에라도 평상심을 견지하고 향상하는 복된 삶이 될 수 있는 지혜와 힘을 불교에서 찾고 배워야 합니다.

종교를 형이상학적으로 이해하고 관념적으로만 받아들여 머리로만 그렇게 생각하고 행동이나 실천은 전혀 따라가지 않는 경우도 큰 병입니다. 아무리 사소한 것이라도 종교를 배우고 이해하면 일상생활 속에 도움이 되고 나와 남이 모두 향상되는 그런 자세로 받아들여야 합니다.

특히 불자들 중에는 샤머니즘적이고 니힐리즘(허무주의)적인 경향이 많습니다. 이런 것은 경계하고 극복해야 합니다. 부처님 말씀은 영원한 진리로 바른 삶의 길을 제시하셨고 과학적인 가르침이라는 것을 알아, 그것을 자기 생활에 원용할 수 있도록 해야 합니다. 아무리 불교를 많이 배운다 하더라도 그것을 생활 속에 활용할 수 없다면 아무런 가치가 없습니다. 그것은 종교의 가치, 종교의 존재 이유를 망각한 것입니다. 현재를 사는 우리가 이 시간, 나 자신의 삶에 적합하도록 최선을 다해서 활용하는 것이 바로 종교입니다.

그런데 오늘날 불교를 잘못 받아들이고 있는 것은, 첫째 스님들이 잘못 포교를 하고, 둘째 신도들이 샤머니즘적이고 니힐리즘적으로 받아들이는 경향이 있어서 그렇다고 봅니다. 그렇게 되어선 안 됩니다.

인간사회가 존재하는 한 부처님의 가르침은 영원할 것입니다. 영원한 진리이기 때문이죠. 그래서 불자는 당당하고 신나는 삶을 살 수 있어야 합니다. 언제 어디서나 당당하게 살아야 합니다.

그리고 저는 꼭 참선만을 주장하고 싶지 않습니다. 경 볼 사람은 경을 보고, 염불할 사람은 염불을 하고, 주력할 사람은 주력을 해도 무방합니다. 참선을 비롯한 모든 수행이 다 최고의 인격을 체득하는 것, 이게 바로 불교의 목적이에요. 그래서 마음이 부처라는 것을 명심하고 매사에 성실히 당당하게 살아간다면 어떤 어려움도 극복할 수 있는 지혜가 나올 것입니다.

누구나 다 본래 부처다

고우(古愚) 스님

경북 봉화 금봉암 고우(古愚) 스님

고우 스님은 1937년 경북 고령에서 태어나, 스물다섯 살에 김천 청암사 수도암에서 법희 스님을 은사로 출가하였다. 청암사 강원에서 고봉 스님에게 수학하였고, 양산 묘관음사 선원에서 첫 안거 이래 일생을 수선납자의 길을 걸어왔다. 1970년 전후에 봉암사 주지를 맡아 선원을 재건하여 오늘날 조계종 종립 특별선원의 기틀을 마련하였다. 전국선원수좌회 공동대표를 지냈고, 《간화선-조계종 수행의 길》 편찬을 주도하였다. 지금은 조계종 원로의원이며, 경북 봉화 금봉암에 주석한다.

고우 스님은 태백산 깊은 산중 암자에서 홀로 정진하시는 분이라 불과 몇 년 전까지도 세상에서 그 존재를 아는 이들이 많지 않았다. 그러나 이제 스님은 한국 선승禪僧을 대표하는 분으로 알려지고 있다.

스님은 언제나 웃으신다. 늘 편안하시다. 소탈하고 소박하다. 격이 없다. 그래서 파격이다. 파격은 평상심으로 통한다. 평상심은 조사선의 본래 모습이다.

그래서 스님을 뵈면 조사선의 정수를 보는 듯하다. 그런 고우 스님을 뵙고 인생과 선에 대하여 물었다.

스님, 먼저 출가 인연을 좀 듣고 싶습니다.

나는 장좌불와나 용맹정진 같은 치열한 공부 경험도 별로 없는 아주 평범한 중입니다.

스물다섯 살에 김천 청암사 수도암으로 출가했습니다. 조상들은 경북 성주에서 오래 사셨지만, 제 조부 대에 성주에서 가까운 고령으로 이사하시어 거기에서 태어났어요. 젊어서 폐병이 들어 절에 요양하러 왔다 출가하게 되었습니다. 남들처럼 발심 출가는 아니에요. 되도록 산 속 깊은 절을 찾다가 청암사 위 수도암으로 출가하게 되었지요. 당시 수도암에는 제 은사이신 법희 스님이 주지로 계셨습니다.

강원에서 공부하신 얘기를 좀 해주시죠.

출가한 다음 해에 당시 대처승들이 살고 있는 청암사를 정화하여 고봉 스님을 모시고 강원 공부를 배웠어요. 우룡 스님이 주지와 사집(四集) 중강(강사)을 겸하셨고, 고산 스님이 총무를 하셨지요. 학인은 20여 명이 되었습니다.

그 후에 직지사로 가서 관응 스님에게 강을 배우다 스님께서 용주사로 가게 되어 따라가 《대승기신론》을 배웠습니다. 그때는 고무신이 다 닳아 구멍이 나도 신고 다닐 정도로 절 살림이 어려웠지요. 그러나 환경이 어려워도 공부는 열심히 했던 기억이 납니다.

우연한 기회에 오대산 월정사에서 탄허 스님에게 《장자》〈재물론〉 강의를 열흘 동안 들은 적이 있어요. 교재가 없어 스님께서 흑판에 분필로 적으시면서 강의를 하셨는데, 교재를 보지도 않고 다 외워 쓰시더군요. 그래서 "어쩌면 그렇게 머리가 좋으시냐?"고 물었더니 "글을 보더라도 300번은 봐야 한다"고 하셨어요. 명석하기도 하셨지만, 엄청난 노력을 하신 것이죠.

그리고 상주 남장사와 예천 명봉사에서 혼해 스님으로부터 2년 가까이 《금강경》과 《원각경》을 배웠어요. 혼해 스님은 6·25전쟁 무렵에 해인사 주지를 하신 분이에요. 젊어서 참선을 하시어 득력 하신 분인데, 강의도 잘 하셨지요. 저는 스님께 독강으로 배웠습니다.

혼해 스님은 강의 방식이 특이했습니다. 《금강경》을 강의하더라도 그냥 문장을 풀이하는 게 아니라 가령 "부처님께서 가사를 입으시고 발우를 들고 마을에 가시어 차례로 걸식하시고 발을 씻고 자리를 펴고 앉으셨다"는 대목이 나오면 "이 말씀에 부처님의 법문이 다 담겨 있는데, 이것이 무슨 뜻인지 아는가?" 하고 물었어요. 강의보다는 문답과 토론 위주의 교육 방법을 쓰셨어요. 그런 문답에 상당한 시간을 할애하셨어요. 보통은 강사 스님들이 문장을 새기고 사상을 주입하는 식으로 가르치는데, 혼해 스님은 스스로 생각해서 답을 찾도록 하셨어요. 지금 생각해 보면 문자에 얽매이지 않고 그 뜻을 이해할 수 있도록 이끌어주신 것이죠. 그래서 나는 '아, 참선하신 분 강의는 뭔가 다르구나!' 하는 것을 느꼈어요. 그래서 참선하고 싶은 발심이 더 났어요.

《금강경》과 《원각경》을 배우고 난 다음에 《화엄경》을 보기로 했는데, 스님께서 경을 구해 놓으라 하시고는 외출하셨는데 한 달을 기다려도 오지 않으셨어요. 그래서 향곡 스님이 계시는 묘관음사로 가서 선방에 방부를 들였습니다. 나중에 혼해 스님께서 범어사 강주로 가셔서 제게 오라는 연락이 왔는데, 그때는 이미 발심이

나서 참선할 때니까 안 갔습니다.

사교(四敎)를 마치고 곧 바로 선원으로 가셨다면,
화두는 누구에게 뭘 받으셨는지요? 당시 안거 분위기도 궁금합니다.

《금강경》을 공부하고 나서 참선을 해야겠다는 발심이 났어요.
1965년 스물아홉 살이었습니다. 향곡 스님이 조실로 계시는 양산
묘관음사 선방으로 갔습니다. 나는 첫 안거 때 하루 14시간씩 좌
선을 했어요. 첫 안거부터 그렇게 오랜 시간을 앉고 나니 그 뒤부
터 어디를 가더라도 앉는 데는 자신감이 생기더군요. 묘관음사에
서는 4~5년 간 모두 다섯 철 정도 살았어요.

화두는 향곡 스님에게 "마음도 아니고, 부처도 아니고, 한 물건
도 아닌 이것이 무엇인가?〔不是心 不是佛 不是物 是什麽〕" 하는 '이뭣
꼬?' 화두를 받았습니다. 스님은 소참법문(小參法門)*을 많이 하셨
어요. 당시에는 어려웠는데 요즘 생각해 보니 그 법문이 아주 귀
중했습니다.

당시 묘관음사에는 입승으로 활안 스님, 기성 스님이 같이 정진
했어요. 활안 스님은 그 전에 수도암에 기도하러 오셨을 때부터 알
고 있어 무척 반가워하셨고 잘해주셨습니다. 비구니 스님들도 계
셨는데, 지금 경주 흥륜사 선원장이신 혜해 스님이 같이 있었어요.
당시만 해도 선방은 보살님들과 같이 앉았어요. 물론 어간에는 스

---

* 소참법문(小參法門) : 아침, 저녁 공양시간이나 차를 마시면서 하는 법문

님들이 앉았고요. 아래 토굴에서 비구니 스님들이 정진했지요.

하루는 묘관음사에 해인사 지월 스님께서 오셨어요. 열흘 정도 머물다 가셨는데 향곡 스님이 아주 깍듯이 모시더군요. 조실 스님 방에서 같이 주무시고, 겸상하셔서 공양을 같이 하셨어요. 우리에게 '복수용(福受用)하지 말라' 하신 말씀이 기억에 남아요. 대중과 달리 특별히 값진 것을 사용하지 말라는 가르침이죠.

지월 스님과 관련해서 유명한 이야기를 하나 하면, 해인사에서 선원 수좌와 강원 학인이 축구를 하는데 스님께서 운동장 한가운데로 가셔서 공을 부여잡고는 엉엉 우셨답니다. 수행자들이 공부하지 않고 허튼짓한다고….

계율에 엄격하시면서도 남에게는 항상 자비로 대하셨어요.

지월 스님은 '하심제일(下心第一)', '자비보살의 화신'으로 불릴 정도로 수행과 생활이 일치하신 분입니다. 언제 누구를 보아도 합장해서 90도로 허리를 굽혀 절하셨어요. 행자나 어린아이를 봐도 그렇게 똑같이 절을 하고 존댓말을 쓰셨어요.

지월 스님은 한국불교 수행자의 모델이라 할 수 있습니다.

문경 희양산 봉암사에 선원을 재건하여 오늘날
조계종 종립 봉암사 특별선원의 기틀을 마련하신 걸로 알고 있습니다.
그 이야기를 좀 들려주시죠.

1968년 무렵입니다. 문경 김용사 선원에서 열 명 가까운 대중이 같이 공부하다가 우리도 부처님 당시와 같이 승가공동체를 만들어 보자는 결사 취지로 봉암사에 가게 되었어요.

당시 봉암사에는 선방이 폐쇄되어 없었습니다. 그래서 우리는 봉암사를 부처님 법대로 수좌 대중이 원융살림을 하는 수선 결사 도량으로 만들기로 결의하였습니다. 그때 저와 법련 스님·법화 스님·지유 스님·법진 스님·영명 스님이 먼저 들어갔고, 나중에 정광 스님·무비 스님·적명 스님 같은 분들이 오고가고 했어요. 지금 봉암사에는 백련암의 법련 스님과 수좌 적명 스님이 계시네요.

첫 주지는 지금 범어사 조실 지유 스님이 맡으셨습니다만, 실제 일은 총무인 제가 많이 했어요. 처음 들어갔을 때는 대중방도 없어 각방에서 각각 정진했어요. 마흔 살 되는 해 범어사에서 한 철 살고 오니까 저에게 주지를 하라 해서 안 한다고 도망갔더니 대중들이 얼렁뚱땅 서류를 꾸며 승적도 만들고 주지 임명장까지 받아놓았어요. 하는 수 없이 주지를 맡게 되었죠.

주지 소임을 맡고는 대중이 한 데 모여 정진할 선원 지을 궁리를 했습니다. 봉암사는 신도도 별로 없는 산중 도량이라 불사할 형편이 안 돼 고심하던 차에 쌍룡그룹의 김석원 회장이 들러 하룻밤 자고 갔어요. 그 이튿날 뭐 도와줄 것이 없냐고 묻기에 선방이 필요하다고 했더니, 선방 짓는 데 얼마면 되냐고 하기에 세상 물정을 몰라 한 천만 원이면 되지 않겠냐고 그랬죠. 그 후에 천만 원을 인편으로 보내왔어요. 그 돈으로 당시 봉암사에 가장 필요했던 선원을 넓게 지었어요. 그렇게 봉암사에 선원을 새로 지어 한 데 모여서 정진하게 되니 비로소 법도도 서고 정진 분위기가 갖춰졌습니다.

봉암사 조실을 오래 하셨고 종정을 지내신 서암 스님과
각별한 인연이 있으신 걸로 알고 있는데요.

1966년 서른 살 때인가, 서암 스님과 첫 인연을 맺었어요. 서암 스님이 1965년 12월 도봉산 천축사 무문관 결사에 들어갔으나 중간에 문경 김용사 금선대로 오신다는 얘기를 듣고 몇몇 스님들과 김용사에서 기다렸다가 같이 찾아뵈었어요. 그 후 해제가 되면 금선대로 찾아가 스님을 모시고 살았어요. 같이 살았고 어디 가실 때 모시고 가고 해서, 제가 서암 스님 상좌라고 아는 사람도 많았어요.

서암 스님은 《서장》을 많이 보라고 가르치셨어요. 현대교육을 받아 현대 감각이 있으셨고, 생활 법문을 하시는 분이었습니다. 법문이 쉽고 유머 감각도 있어서 아주 재미있었어요. 자상하시고 누구에게나 존대말을 하셨어요. 심지어 저한테도 하대를 안 하셨어요.

서암 스님은 어려서 일본에 유학하시고 혼자 자취를 많이 하셔서 그런지 밥을 잘 하셨어요. 그땐 불 때서 밥을 지을 때니까 제가 밥 한다고 불 때면 저리 가라 하고 손수 밥을 하셨어요. 당신이 전문가라고….

서암 스님은 생활을 통해서 불교를 가르치셨어요. 농사짓고 밥하고 바느질 하면서도 공부하는 법을 가르치셨어요. 요즘은 그런 가풍이 사라져 가는 것 같아 아쉽습니다.

나는 별로 내세울 만한 공부 경험이 없어요. 그렇지만 평생 참선을 해왔는데 그 이야기를 안 하면 절밥만 축냈다 할 터이니 한마디는 해야겠지요.

나는 깨달음이라 하기엔 그렇고, 두 차례 좋은 경험이 있었어요.

한 번은 1971년인가 서른다섯 살 때, 상주 심원사에서 지유 스님·대효 스님과 셋이서 정진할 때였어요. 당시에 두 분이 큰방을 쓰시고 작은 방에서 제가 거처했는데, 따로 정해 놓은 시간은 없지만 각자 새벽이면 일어나서 정진했어요.

하루는 아침에 좌선을 하고 있는데 불현듯 "무시이래(無始以來)…"하는 구절이 떠오르더니 '그 무시이래가 비롯함이 없는 아득한 옛날이 아니라 바로 지금 이 순간이구나!' 하는 시간과 공간을 초월하는 강한 느낌이 왔어요. 엄청나게 환한 느낌이 와서 기분이 너무 좋았지요. 그래서 《서장》을 찾아 살펴보니 그 전에는 이해 안 되던 대목이 화두 빼고는 다 이해가 돼요. 화두도 이젠 시간 문제라는 생각이 들었죠. 그때는 그게 아주 좋았어요. 지금 생각해 보면 공에서 공을 여의었어야 했는데….

그 후 1985년 봄일 겁니다. 각화사 동암에서 혼자 공부할 때였어요. 큰방에서 정진을 하다가 좀 쉬려고 누웠는데 탁자 위에 부처님이 보이는 거예요. 죄송해서 일어나 지대방으로 가서 누우려는데 《육조단경(六祖壇經)》이 눈에 들어 와요. 무심코 펼쳤는데 〈정혜불이품(定慧不二品)〉에 이런 대목이 보여요.

정과 혜가 하나 되더라도 비도(非道)다.
하나가 되어 통류(通流)해야 한다.

'통류(通流)'라는 말을 보는 순간에 강렬한 충격이 왔어요. '백척간두진일보(百尺竿頭進一步)*라는 말이 비로소 이해가 되었습니다. 그 후 선어록을 보니 막힘이 없었어요. 확철대오는 아니고 지견(知見)이 조금 열렸다고나 할까요.

이 경험이 내가 중노릇 하는 데 큰 힘이 되었습니다. 부처님의 깨달음 세계에 대한 가치와 의미는 세상의 어떤 것과도 비교할 수 없음을 알았고, 부처님의 제자라는 자부심이 나를 그렇게 행복하게 했습니다. 참된 행복이 무엇인지 알았고, 어떻게 살아야 모두 함께 더불어 인간답게 살아가는 길인지 알게 되었습니다.

그 후 전국선원수좌회의 전신인 선남회 활동을 하셨고,
1988년 선화자법회도 주도하셨다고 들었습니다.

선화자법회(禪和子法會)의 본래 명칭은 '제1차 전국선화자 수련

---

* 백척간두진일보(百尺竿頭進一步) : 백척이나 되는 장대 위에는 '부처다-중생이다' '나다-너다' '선이다-악이다'는 분별이 존재하지 않는다. 일체가 초월된 평등한 자리로 말이나 글로도 표현할 수 없는 자리이다. 그 자리에서 한 걸음 더 내딛는 것을 말한다.

법회' 였지요. 해인사에서 3박 4일 동안 했는데 수좌를 중심으로 500~600명이 모였지요. 공부 열기가 대단했어요. 취지는 수좌들이 해제 때 모여 사상 정립을 위해 선어록 공부를 하자는 것이었지요. 나하고 적명 스님이 중심이 되어 법회를 준비했습니다.

수좌 대표들이 당시 종정인 성철 스님을 찾아가 무슨 공부를 하면 좋을지 물었어요. 스님께서는 "참선하려는 수좌들은 먼저 사상 정립이 필요하다. 사상 정립 없이 참선을 하기 어렵다"고 강조하시면서 《육조단경》을 추천하셨어요. 사상 정립이란 말은 《육조단경》을 통해서 먼저 정견을 세우고 공부(참선)하라는 뜻입니다. 우리가 종정 스님께서 강의해주시면 좋겠다고 했더니, 몸이 안 좋다 하시면서 서옹 스님께 부탁드려 보라 하셨어요. 그래서 지금 종정이신 법전 스님과 같이 서옹 스님이 계신 수국사로 찾아가 부탁을 드렸는데 처음에 응락하셨다가 나중에 몸이 안 좋아 취소하셨지요. 그래서 다시 서암 스님께 부탁드려 강의해주셨어요.

이 선화자법회는 1988년 윤 6월 21일에서 24일까지 해인사에서 열렸어요. 500명이 넘는 수좌들이 모였는데 다들 놀랐지요. 방사는 선열당과 선방을 사용했는데 수좌 아닌 분들도 많이 왔어요. 현수막도 만들고 규찰대도 조직해서 공부 기간에는 아예 마을에 내려가지 못하게 했어요. 대회 기간 동안 정말 한 명도 마을에 내려가지 않았어요. 주민들이 놀랐답니다.

그런데 구참 수좌들은 참여하지 않아 겉으로는 대성공이었지만, 내용적으로는 실패라 생각했어요. 원래 매년 할 계획이었는데 흐지부지 되었어요.

불교란 무엇입니까?

불교란 부처님의 가르침이죠. 부처님은 깨달은 분입니다. 그럼 뭘 깨달았느냐? 우주 만물의 존재원리를 깨달은 분입니다. 이 우주만물의 존재원리가 바로 연기(緣起)입니다. 그래서 불교에서는 누구나 존재원리를 깨달으면 부처가 됩니다. 부처는 고유명사가 아니라 보통명사예요.

그런데 선종에서는 이것을 좀 달리 봅니다. 깨달아야 부처가 되는 것이 아니라, 우주 만물이 모두 이미 깨달아 있다는 것입니다. 이것을 본래성불, 본래 부처라 합니다.

그래서 누가 나에게 "불교가 무엇입니까?"라고 물으면, 저는 "양반이 왜 상놈이 되려고 노력합니까?"라고 되묻습니다.

우리는 본래 부처입니다. 《화엄경》에 보면 부처님께서도 "깨달고 보니, 일체 중생이 모두 지혜와 덕상을 다 갖추었지만, 번뇌 망상에 가려 그것을 보지 못하고 있구나!" 하신 대목이 나옵니다. 모든 중생이 본래 부처인데, 몰라서 부처로 살지 못하고 있다는 것입니다.

그러니 "불교란 무엇이냐?"라고 묻는 것은 청와대에 앉아서 "서울이 어디냐?"고 묻는 격이고, 물속에서 물을 구하는 격입니다. 그래서 옛 조사 스님들께서 누가 와서 뭐라 물으면 두들겨 패고, 할(喝), 방(棒)을 날리는 겁니다. '착각에서 깨어나라', '너 자신

고우(古愚) 스님 87

을 바로 보라'는 것이죠.

결론적으로 선종은 '본래성불'의 입장입니다. 모든 중생은 본래 부처입니다. 중생과 부처가 따로 없습니다. 부처다—중생이다, 망(妄)이다—진(眞)이다, 나다—너다 등 무엇으로든 나누면 선(禪)도 아니고 불교도 아닙니다. 일체가 연기로 존재합니다. 이것이 있으므로 저것이 있고, 저것이 없어지면 이것도 없어집니다. 하나[一]가 여럿[多]이고, 여럿[多]이 하나[一]입니다. 우주 만물은 나뉘어 있는 게 아니라 하나로 이어져 있습니다.

그래서 본래 부처입니다. 이것이 불교이고 선입니다.

우리가 본래 부처임을 깨닫기 위해, 착각에서 깨어나기 위해 선문답과 화두 공부를 하는 겁니다.

부처님께서 연기를 깨달아 부처가 되었고,

연기가 불교의 핵심이라 하셨는데, 연기에 대하여 설명해주십시오.

부처님께서 깨달은 것이 연기의 법칙입니다. 부처님께서 연기를 깨닫고 자주 말씀하셔서 연기는 부처님이 처음으로 만든 것이라 생각할지 모르나, 연기란 결코 부처님께서 만든 것이 아닙니다. 부처님이 세상에 나시기 전에도 연기법은 있었고 부처님이 가신 뒤에도 그대로입니다. 그래서 부처님께선 "연기법이란 내가 만든 법이 아니라 본래 있는 법이다" 하셨죠.

연기도 후대에 와서 부파불교가 '법(法)' 연구를 활발히 하면서 18부파, 20부파로 나뉘어져 여러 가지 해석이 나오게 됩니다. 업감연기(業感緣起)*와 삼세양중인과설(三世兩重因果說)이 여기에서 나왔죠. 그래서 연기를 있다 없다로 해석하게 됩니다.

이때 용수보살이 《중론》을 지어 부처님의 중도연기(中道緣起)*를 회복시켰습니다. 대승의 핵심이 '중도연기'입니다. 《금강경》, 《반야심경》의 핵심이 중도연기, 즉 공(空)입니다. 가령 '집'이란 것도 실상 집이란 실체가 없습니다. 목재와 벽돌 등 건축자재 하나하나의 조합으로 구성된 것입니다. 다 뜯어 놓고 보면 모든 것의 조합이지 집이란 독립된 실체는 없는 것이죠.

선종은 부처님의 근본 가르침인 중도연기를 가장 정확히 계승한 종파입니다. 부처님께서 깨달은 법은 곧 연기입니다. 이 연기가 보편적 진리고, 사실이고, 현실입니다. 이에 위배되는 것은 허구고, 허상입니다. 이를 철저히 깨는 것이 선종입니다. 그래서 할, 몽둥이 세례가 다반사인 거죠. 임제 선사의 활발발한 선풍이 여기에서 유래합니다. 연기는 진리에 바탕한 필연입니다. 우주 만물의 존재 자체가 연기입니다.

흔히 중도라고 하면 세속에선 진보–보수의 중간,
이쪽저쪽이 아닌 중간으로 생각하기 쉬운데요.

중간도 초월해야 합니다. 중간이 중용(中庸)이고 중도라고 하는

---

* 업감연기(業感緣起) : 존재원리를 모르고 중생들이 업으로 살아가는 것을 말한다.
* 중도연기(中道緣起) : 존재원리를 이해하고 그에 맞게 행동하면서 살아가는 것을 말한다.

분이 있는데, 그렇지 않습니다. 불교의 연기와 무아를 이해하면 중도를 바로 알 수 있습니다. 무아와 연기를 이해해서 일체 만물이 실체가 없고 서로서로 의지해서 존재한다는 것을 알면, 이쪽저쪽에 집착하지 않고 양쪽을 다 초월할 수 있습니다. 즉 무아를 이해하면 저절로 초월이 됩니다. 이렇게 초월한 자리는 허망하고 아무것도 없는 것이 아니라, 서로서로 의지하여 존재하는 사물의 본래 모습을 바르게 보아 어디에도 집착하지 않고 행위를 하게 됩니다. 이것을 중도라 할 수 있습니다.

그래서 이 중도를 이해하면, 모든 것이 평등하다는 것을 알게 됩니다. 즉 황새의 긴 다리와 뱁새의 짧은 다리가 그대로 평등하고, 부자와 가난한 자도 그대로 평등하다는 것을 알아 어디에도 걸림 없이 자유자재할 수 있습니다.

모든 것이 서로서로 의지하고 통일되어 있기 때문에 '무아'라면 '나'라는 '자아'란 없다는 뜻입니까?

모든 것이 그렇습니다. 우주 만물은 여러 재료가 모여 형상을 이루고 있습니다. 집이란 것도 독립된 실체가 없습니다. 집을 이루는 구성 요소들이 모여 집이 된 것입니다. 그러니 크고 좋은 집과 작은 집도 서로 평등합니다. 그래서 불교에서는 이것을 실체가 없다고 보아 무아(無我)라 합니다.

과학 이론을 예로 들어 볼까요? 예전에 과학자들은 이 우주의 가장 작은 물질 단위를 원자라 했지요? 그런데 지금은 그 원자 속에도 중성자와 양성자, 그리고 전자가 모여 있다고 말하지요. 최근에 와서 과학자들이 이것을 더 분해해 보니 퀘크라는 더 작은 물질로 구성되어 있다고 합니다. 아마 기술이 더 발전하면 더 작은 개체가 있을 겁니다. 현대 물리학에서도 여러 물질이 복합되어 한 물질을 이루고 있다고 봅니다.

불교에서는 이 세상에 홀로 독립되어 존재하는 것은 없다고 봅니다. 또 세상 만물은 서로서로 의지해서 존재한다고 말합니다. 이것을 연기라 합니다.

이것을 우리 인간에 비유해서 보면, 과학에서는 인간의 육체도 60조의 세포로 이루어져 있다고 하더군요. 현대 과학이 발전하면서 세포의 수도 밝히고, 유전자 지도도 그려내고 있습니다. 우리 인간의 몸이라는 것도 결국 60조의 세포가 모여 이루어진 것입니다. 그런데 60조 세포 중에 어느 것을 나라고 할 수 있을까요? 결국 나라는 것도 고정불변하는 실체가 없습니다. 서로서로 의지해서 존재할 뿐입니다. 그래서 불교는 이것을 연기, 무아라 말하는 것입니다.

그렇다면 말이 나온 김에 불치병 치료를 위한 동물의 장기 사용과 인간의 복제 등에 관한 불교의 입장을 듣고 싶습니다.

불교의 입장이라기보다는 제 개인적으로 볼 때, 불치병으로 고통 받는 이들을 위하여 치료 목적으로 사용한다면 그것은 크게 나쁘지 않다고 봅니다. 지금도 눈에 보이지 않는 미생물을 인도적이든 비인도적이든 약으로 많이 쓰고 있습니다.

그런데 이것이 인간의 이기심으로 악용되거나 군사 목적으로 이용된다면 대재앙이 올 것입니다. 과학의 발달에 앞서 인간 심성에 종교적·윤리적 기반이 있어야 합니다.

선종에서는 본래성불, 본래 부처라고 하셨는데요.
그렇다면 굳이 수행할 것이 없지 않습니까?

부처님의 가르침은 시각과 본각이라는 두 가지로 이해할 수 있어요. 시각(始覺)은 '중생이니 닦아서 부처 된다'는 것이고, 본각(本覺)은 '우리가 본래 부처다'하는 겁니다. 이와 같이 본각과 시각은 출발지점이 다르지만, 구경성불(究竟成佛)은 똑같습니다.

시각에서 출발해서 본각 자리에 도착하면 '아, 내가 속았구나! 본래 내가 부처였는데…'합니다. 깨달음이란 우리가 이미 완성되어 있다는 사실을 확인하는 것입니다. 이것이 본각의 입장이지요.

제가 강조하는 것은 시각은 내가 중생이라는 것을 인정하니까, 근기도 따지고 우열로 나누고 병도 있고 약도 있게 됩니다. 그러나 본각의 입장에선 근기도, 우열도, 병도, 약도 본래 없다는 것입니다. 이 입장에 철저한 것이 선(禪)입니다.

'그런데 왜 우리는 깨닫지 못하고, 부처로 살지 못하는가?'이게 궁금할 겁니다. 우리가 본래 부처인데도 부처임을 모르는 것은 착각에 빠져 있기 때문에 그렇습니다. '내가 있다'는 착각에 빠져 나의 본래 모습을 보지 못하는 것입니다. 즉 본래 부처라는 태양은 항상 빛나지만, '내가 있다'는 번뇌 망상의 먹구름에 가로막혀 햇빛을 볼 수 없는 것입니다. 그래서 번뇌 망상의 먹구름을 걷어내면 저절로 태양이 빛나듯이 본래 부처의 모습을 보게 되는 겁니다.

그래서 우리가 본래 부처라는 것을 이해하고 확신하는 사람은 그 본래 부처자리가 얼마나 가치 있는 자리인지 아니까, 분명한 목표의식을 가지고 더 열심히 재미있게 공부할 수 있어요. 이것을 모르고 본래 중생이니까 닦아서 부처가 되어야 한다고 하면 벌써 둘로 나뉘어져 간극이 있고, 점차(漸次)가 있어 훨씬 힘들게 공부하게 됩니다.

그래서 내가 부처라는 것을 이해하여 확신하고 닦는 것이 훨씬 빠릅니다. 여기서 닦는다는 말은 착각과 꿈에서 깨려고 나를 비워가는 것을 말합니다. 착각과 꿈에서 깨기만 하면 바로 본각자리, 본래 부처가 되는 겁니다.

이것이 조사선(祖師禪)의 정체(正體)입니다. 조사선은 본각에서 조금만 어긋나면 할 하고 몽둥이질을 해서 자각하게 합니다. 조사선에서는 점차(漸次)나 차제(次第)를 용납하지 않고 철저히 본각만을 법(法)으로 봅니다.

선종 이외에 다른 수행법은 거의 시각(始覺)의 입장입니다. 우리는 중생이고 병들어 있다, 상근기-하근기가 따로 있다고 하지요. 그러나 선은 그런 시각을 부정합니다. 본래 부처자리에서 보면 '중생이 닦아서 부처가 된다'는 말도 전부 착각이고 거짓말입니다. 부처에게 부처 되라고 말하는 격이니까요.

우리는 본래 부처입니다. 본래 부처자리로 돌아가기 위해 착각
과 꿈을 깨려고 노력하는 것이 바로 수행입니다.

그러면 돈오돈수와 돈오점수에 대한 스님의 견해를 말씀해주십시오.

깨달음의 기준에 관한 것인데요. 깨달음, 즉 확철대오하면 더
닦을 것이 없다는 것이 돈오돈수(頓悟頓修)입니다. 깨달은 다음에
더 닦을 것이 있다는 것이 돈오점수(頓悟漸修)죠. 이 둘은 견성의
기준이 다릅니다.

앞에서도 이야기했지만, 제가 《육조단경》의 〈정혜품〉을 보고 어
떤 경계를 체험하고는 '백척간두진일보(百尺竿頭進一步)'가 이해되
었어요. 그동안 돈오점수가 맞다고 생각했는데 이것을 깨닫고 비
로소 돈오돈수를 제대로 알게 되었어요.

간화선 지침서인 《서장》과 《선요》에 대혜 스님과 고봉 스님 같
이 깨달은 분들은 한결같이 "주관과 객관이 하나 된 상태, 즉 은산
철벽(銀山鐵壁)에 이르러 그것을 투과해야만 견성이다"라고 분명
돈오돈수를 말씀하십니다. 《서장》에도 돈오점수를 말씀하시는 대
목이 극히 일부 나오지만, 전체적으로 보면 돈오돈수 사상입니다.
그래서 이 은산철벽의 자리에만 머물러 있으면서 도를 깨쳤다 하
거나 주관과 객관이 아직 벌어진 상태에서 견성했다 하는 것은 아
주 잘못된 것입니다. 이런 사람은 스스로도 망치고 다른 사람도
잘못 이끌고 갈 위험이 있어요.

그런데 《육조단경》에 보면, '법무돈점(法無頓漸)'이 나와요. '사

람에게는 돈과 점이 있으나 법에는 돈과 점이 없다'는 것입니다.
사실 본각자리, 즉 본래 부처자리에서 보면 무슨 돈오돈수니 돈오
점수가 있겠어요? 본래 부처인데요. 어쩔 수 없이 말한다면, '몰록
닦여져 있고, 몰록 깨달아져 있다'고 할 수 있겠지요.

그래서 저는 '무돈무수(無頓無修)'라 말합니다. 본래 부처의 입장
에서 보면, 닦을 것도 없고 깨칠 것도 없다는 것입니다. 은산철벽
을 투과해서 자유자재하게 작용하면 확철대오한 것인데 그 후에
다시 닦을 것이 없어요.

또 《선요》에 "무심(無心)이 도(道)냐, 평상심(平常心)이 도(道)냐?"라
는 말이 나오는데, 은산철벽을 투과한 다음에 나오는 사고나 모든
행위는 전부 도예요. 평상심이 도인데, 다시 닦을 것이 뭐 있겠어요.

은산철벽을 투과해서 깨치는 방법에 대하여 좀 더 설명해주십시오.
불교의 목표는 견성성불 하는 것입니다. 부처가 되는 것이죠.
그런데 선에서는 본래 부처라 하니 이미 깨달아 있다는 것이죠.
다만, 착각으로 바로 보지 못하고 있으니 그 착각을 깨는 깨달음
이라는 관문이 분명히 있어야 합니다.

깨달음에는 순간 깨침과 참구 깨침이 있어요. 두 깨침 모두 은
산철벽을 투과해야만 확철대오를 합니다. 순간 깨침이 상근기 깨
침이라 한다면, 참구 깨침은 하근기 깨침이라 할 수 있겠지요. 조
사어록에 보면 선지식이 한마디 일러주면 바로 깨치는 장면이 많
이 나오지요? 그게 순간 깨침입니다.

그런데 우리는 바로 깨치지 못하니까 참구를 합니다. 《서장》과 《선요》에 보면, "간단 없이 정진하라", "밑그림을 그려 놓아두고 그것을 자꾸 본을 떠라" 합니다. 화두를 참구하라는 말인데요, 그 밑그림이 바로 우리 본래 모습인데 지속적으로 본을 뜨다 보면 밑 그림과 하나 되어 산고양이가 뛰어나온다고 해요. 하나가 될 때까지 끝없이 지속적으로 화두 참구를 해야 합니다.

불교가 현세에 어떤 이익을 줄 수 있는지요?

과거, 현재, 미래도 초월하는 것이 부처님 법입니다. 중도연기로 세상을 살면 매일매일이 좋은 날입니다. 부처님께서는 경계에 끄달리지 않고 현실을 있는 그대로 보고 적응하는 소극적인 면이 있는가 하면, 때로는 잘못된 관습과 제도를 철저히 타파하는 적극적인 면이 있었습니다. 사성계급을 없애고 평등을 실천하였고, 전쟁을 막기 위해 몸소 세 번이나 행동하셨죠. 잘못된 것에 대해선 철저한 개혁자였습니다. 요즘 말하는 편가르기식의 물리적인 개혁이 아니라 평화적인 연민으로 개혁한 것이죠. 다 함께 더불어 잘사는 좋은 방향으로 바꿔 나가려 한 것이죠. 철저히 공동체에 이익을 주는 방향으로 개혁하였다는 것을 알아야 합니다.

불교를 흔히 인과법이라 하는데, '인과'란 무엇입니까?

인(因)과 연(緣)이 합해서 과(果)가 되는 거죠. 흔히 '선인선과(善因善果) 악인악과(惡因惡果)'라고 하지요. 인과 연이 다 연기입니다.

연기로 보면 실체가 없어 선인선과 악인악과도 초월해 있습니다. 부처님 법, 즉 중도연기로 보면 선과 악을 초월한 절대선이 지속될 수 있습니다. 이것이 생활이 되면 인과를 초월해서 매일매일 좋은 날이 됩니다. 《금강경》에서도 내가 무아인 줄 알고 선행을 하라고 고구정녕히 말씀하고 있습니다.

요즘 우리 사회가 이혼이 증가하고 계층 간의 갈등도 극심해지고 있는데, 이것도 연기를 이해한다면 달라질 겁니다. 또 세계 모든 국가의 국방비를 합하면 굶어죽는 사람들을 모두 살리고도 남을 것입니다. 이런 것도 가치관이 잘못되었기 때문에 벌어지는 일들입니다.

내 안에서 그런 상대적인 것을 떠나 절대적인 선, 지극히 아름다운 마음을 찾아야 합니다.

요즘 우리나라뿐만 아니라 세계적으로도
티벳불교의 달라이라마 스님의 가르침이 널리 전파되고 있습니다.
여기에 대하여 한 말씀 해주십시오.

몇 년 전에 달라이라마 스님과 만나 세 시간 정도 이야기해 본 적이 있습니다. 그런데 티벳불교보다 한국불교가 법을 더 깊이 봅니다. 그분들이 개인적으로 실력이 없다는 게 아닙니다. 우리 불교가 법을 깊이 보는 이유가 있습니다. 우리는 조사선의 전통을 계승하여 왔기 때문입니다. 같은 선을 하더라도 일본의 선은 의리(義理, 논리)에서 나오고 있습니다. 그래서 사다리선*이라고 합니다.

그래도 이 조사선 불교, 부처님의 근본사상을 가장 잘 계승하고 있는 것이 한국불교입니다.

그런데 이렇게 법을 깊이 보는데도 우리는 틱낫한 스님이나 달라이라마 스님만큼 존경을 못 받고 있습니다. 그 이유는 언행일치가 되지 않아서 그렇습니다. 수행과 생활이 일치하면 그분들과는 비교도 안 될 것입니다.

수행을 가지고 이야기하더라도 동남아불교는 수행이라는 방편 수단에 자기 인생을 맞추고 있습니다. 그걸 통해서 해탈을 하고 성불을 해야 하는데, 그걸 벗어나지 못하고 거기에 맞춰 오랫동안 머무르면 형식화·고정화·박제화 될 염려가 있습니다.

그런데 우리 선은 그것과 차원이 다르지요. 한국불교는 수행 방편에 생활을 맞추는 것이 아니고, 일상생활에 선과 불교가 스며들게 해서 이 생활과 선이 하나가 되도록 하고 있습니다. 그래서 우리는 깨닫기만 하면 생사(生死)가 둘이 아니고, 출가가 둘이 아니며, 어느 곳에서 어떤 일을 하든지 자유자재하고 평화로워집니다.

생활을 통해서 불교를 찾아야 합니다. 옛 선지식들께서는 생활을 떠나서 불교를 찾는 것은 토끼뿔을 구하는 것과 같다고 간절히 말씀하셨습니다.

자유자재하고 활발발한 불교가 한국불교이고, 선입니다. 한국불교의 선은 세계적입니다. 이 점에 대해선 자부심을 가져도 좋습니다.

---

* 사다리선 : 단도직입하여 단박 깨치는 돈오선이 아니라, 사다리를 올라가듯이 한 단계 한 단계씩 올라가는 참선을 말한다.

저도 누가 보내줘서 간단히 살펴보았습니다. 그런데 그 책에 나오는 이야기는 한국불교 입장에서 보면 깊이가 없습니다. 그 책은 화를 다스리는 이야기더군요.

한국불교는, 부처님의 바른 불교는 화가 안 나야 합니다. 《아함경》에 나오는 이야기인데요. 부처님에게 외도(外道)가 찾아와서 막 욕을 합니다. 욕을 하는데도 부처님이 아무 반응이 없으니 더 화가 나 마침내 부처님 얼굴에 침을 뱉어요. 부처님은 꿈쩍도 하지 않고, 그냥 "다 했느냐?" 묻기만 합니다. 그러자 그 외도는 워낙 부처님이 태연하니까, 겁이 나서 스스로 물러갔습니다. 그런데 옆에 있던 제자 아난이 외도가 떠나자마자 화가 나서 부처님에게 말합니다. "부처님, 저는 겨우 참았습니다. 왜 가만히 계십니까?" 그러자 부처님이 어이가 없다는 표정으로 아난을 쳐다보며, "아까는 욕하는 사람을 연민했는데, 지금은 너를 더 연민하노라" 하셨습니다. 그 사람은 그래도 감정에 충실하게 행동하는데, 너는 앞에서는 꾹 참았다가 뒤에서 화를 내니 더 위선자가 아니냐 하신 것이죠.

그런데 여기에서 부처님은 정말 목석 같이 전혀 반응을 안 했느냐? 그게 아닙니다. 반응을 했습니다. 우리는 아난처럼 누가 날 괴롭히면 증오심이나 미움으로 반응하는데, 부처님은 연민으로 반응합니다. 자비(慈悲)라고 할 때 '비(悲)'가 바로 연민입니다. 그런데 연민이라고 해서 상대방을 깔보고 업신여기는 것이 아니라 서로 평등한 입장에서 연민하는 것입니다.

　그러면 평등한 입장에서 연민하려면 어떻게 해야 하느냐? 우리는 본래 부처라는 겁니다. 너와 내가 손톱만큼도 차이가 없이 평등하다는 것이죠. 우리의 존재원리는 손톱만큼도 차이가 없이 똑같은데, 네가 착각에 빠져 미움을 일으키니까 그게 불쌍하다는 것입니다. 그래서 평등하게 연민해야 합니다.

　그러니까 화를 안 내는 것이 불교입니다. 화를 다스리는 것, 삭이는 것과는 차원이 다릅니다.

　오늘날 많은 불자와 국민들이 우리 종단의 갈등을 보고
　종단과 스님들에 실망하는데,
　여기에 대하여 어떻게 설명해주어야 하나요?

　절대선을 추구하는 것이 개인의 삶뿐만 아니라 가정과 사회 차원으로 확산되고 실천되어야 합니다. 승단이 바로 그런 이념으로 모여 사는 곳입니다. '나'를 없애고 '무쟁(無諍)'의 삶을 사는 곳입니다. 이 지구상에 이처럼 고매한 이상과 장구한 역사를 가진 공동체는 승가공동체밖에 없습니다. 그런 의미에서 승가는 인류의 보배입니다. 참으로 소중한 것이죠. 본래 부처님께서 뜻하신 교단의 이상은 그런 것이었죠. 저는 이런 공동체 정신은 국가 경영이나 기업 경영의 모델로도 손색이 없다고 생각합니다. 불교의 승가공동체 정신을 잘 연구해서 이를 사회와 세계에 확산시켜 나가면 대립, 갈등, 투쟁, 전쟁이 없어지리라 생각합니다.

그런데 정작 한국의 승가공동체인 우리 종단은 지금 여러 가지 문제를 안고 있습니다. 왜 그럴까요? 불교를 모르기 때문입니다. 모든 것을 밖에서 찾고 있습니다. 몸은 승단 안에 있어도 마음은 세속의 가치를 추구하고 있습니다. 이해관계를 중심으로 사고하고 행동하니 갈등이 끊이질 않습니다. 그래서 기득권을 유지하려는 측과 그것을 확보하려는 측이 갈리게 되고 서로 다투게 되는 거죠. 이것은 불교가 아닙니다. 그래서 우리 종단이 부끄럽게 된 것 입니다.

그런데 이것을 자꾸 가리고 없는 것처럼 해서도 안 됩니다. 그러면 문제 해결이 요원해지잖아요. 문제의 치부를 드러내야 합니다. 그렇게 했을 때 문제의식이 싹트고 이를 해결하기 위한 바른 흐름도 나타날 것입니다.

제 생각으로는 스님들부터 가치관을 전환해야 합니다. 권력, 물질, 명예를 추구하는 것은 집착하는 경계에 끄달리는 것입니다. 가치관을 바꿔서 내 안에서 찾아야 합니다. 부처님 법, 중도연기를 바로 알면 그 자리가 영원한 자유고 절대선이라는 확고한 인식이 필요합니다. 그래서 이해관계로 다투고 갈등하는 것은 불교가 아니라는 것을 분명히 알려줘야 합니다.

승단 안에 본분납자들의 모임인 선원수좌회가 바른 가치관과 수행으로 승단의 변화에 기여해야 하는데, 어쩔지 모르겠습니다. 승가공동체 정신을 복원하는 데 모범도 보이고 모델이 되어야 할 것이라 생각합니다. 또 제방에서 좋은 생각을 가지고 잘 사는 사람도 늘어나고 있습니다. 이런 흐름이 대세가 된다면 종단도 좋아질 겁니다.

개인적인 입장에서 보면 출가와 재가의 관계가 높낮이가 있는 것처럼 느껴지는데, 사실은 안으로 가치를 추구하는 입장에서 보면 그건 아니죠. 《금강경》에 갠지스 강의 모래알 수만큼이나 많은 보배로 보시하더라도 부처님의 연기를 이해하고 내면을 전환하여 매일매일 좋은 날로 만드는 것만 못하다고 했습니다. 또 그것을 알고 남에게 알려주는 복이 더 많고 더 훌륭하다고 했습니다.

그래서 승가의 개인 잘못을 보지 말고 부처님이 말씀하신 공동체, 승가의 정신, 불·법·승 삼보로 보아야 합니다. 그러면 문제될 게 없습니다. 그리고 시간과 공간을 초월하여 매일매일 좋은 날인 사람들에게 승가다, 재가다 하는 상대 개념이나 분별이 뭐가 있겠습니까? 그래서 승가를 개인 차원이 아니라 공동체 정신, 즉 법의 실현자로 보라는 것입니다.

재가 입장에서도 내면의 가치를 추구하는 공동체가 더 가치 있다고 보는 시각을 가져야 스스로도 그것을 추구하지 않겠습니까? 그러니까 재가자도 내면의 가치를 추구하는 공동체에 귀의해야 하는 거죠. 승가공동체가 그런 가치와 이념으로 존재하는바 그것을 삼보로 보고 귀의하자는 거죠.

그런데 재가자가 그것을 높이 보지 않으면 발보리심을 내겠습니까? 자기 수행을 위해서도 필요한 거죠. 그래서 부처님께서도 보물 보(寶)자를 붙였어요. 그만큼 보배로운 겁니다. 그 가치를 알면 그만큼 수행에도 도움이 되고, 수행에 도움이 된다는 것은 그만큼 행복해질 수 있는 가능성이 많아진다는 의미입니다.

오늘날 현대인의 대부분은 직장에서 시간을 보내고 있습니다.
그 속에서 상처를 주고받고 어려움에 직면하는 경우가 많습니다.
이럴 때 직장생활을 잘 할 수 있는 방법을 가르쳐주십시오.

부처님이 깨달은 연기를 이해하게 되면 자기 하는 일에 대해서 가치와 의미를 발견합니다. 요즘 직장인 다섯 명 가운데 네 명은 자기 직장에 불만을 갖고 있고, 할 수 없이 다닌다는 통계가 나왔더군요. 그러니까 직장인의 80%가 먹고 살기 위해 하는 수 없이 다닌다는 말인데, 이건 참 불행한 삶이잖아요. 저는 그것을 보고 '아! 직장인들이 일하면서 참으로 많은 스트레스를 받고 사는구나! 세계에서 양주가 가장 많이 팔리는 나라가 한국이라던데 그게 다 이유가 있었구나. 그렇게 스트레스를 받으니까 폭탄주를 만들어 마시고 그러는구나.' 그런 생각이 들었습니다.

밖으로 모든 가치를 추구하면 '월급이 적다', '승진이 안 된다' 등 여러 가지 밖의 조건을 가치 기준으로 삼습니다. 그런데 내면으로 가치를 추구하는 사람이라면 자기 일이 얼마나 의미가 있고 가치가 있는지를 깨달을 겁니다. 직업에는 천하고 귀한 것이 없습니다. 실체가 없다는 그 자리, 공이라는 그 자리를 이해하게 되면 비교를 안 하게 됩니다. 실체가 없는 공심(公心)으로 일을 바라보면 그 일에 대한 가치와 의미를 발견하게 됩니다. 그렇게 되면 서로 협조하고 타협하면서 보람과 즐거움을 느끼게 됩니다.

그것을 발견한 사람은 직장에서 자기와 의견이 대립되는 사람도 연민의 대상으로 여기게 됩니다. 그러면 불이익을 받은 것도 억울한데 화까지 내서 내가 나를 구박하고 학대하는 어리석은 짓은 하지 않을 것입니다.

지금과 같은 무한경쟁시대에 승진하려고 애쓰고, 온갖 불법적인 수단을 다 동원해서 목적을 성취하고, 상대를 꺾으려고 하면 정말 피곤하고 스트레스를 받는 거죠. 그런데 자기 일의 가치와 의미를 발견하고 직장 생활을 하게 되면 그 사람은 무한향상(無限向上)을 하게 됩니다. 그래서 그 분야의 전문가가 되고 주위에서 인정도 받고 무한히 자기 발전하면서 더불어 잘사는 사람이 되는 겁니다. 무한향상하는 사람이 많아야 좋은 직장이 되고, 좋은 사회가 되고, 훌륭한 국가가 됩니다.

그러므로 우리가 중도연기를 이해하는 것, 상대 개념에서 절대 행복으로 가는 것, 이것이 굉장히 중요한 겁니다. 실체가 없다는 것, '색이 곧 공이다(色卽是空)'라는 자리에 가면 둘이 하나가 되는 것이고, 평등한 자리이기 때문에 비교하지 않게 되는 것이죠. 평등한 그 자리는 비교하는 마음이 없어짐과 동시에 아주 밝은 지혜가 나옵니다. 그래서 초기불교에선 지(智)가 생겼다, 혜(慧)가 생겼다, 광(光)이 생겼다, 명(明)이 생겼다, 그렇게 말합니다. 그런데 대승에서는 '지혜광명이 생겼다'고 한번에 말해 버립니다.

선종에서 '산이 물이 되고 물이 산이 된다'는 것은 더불어 살아가야 하는 이유를 말하는 것이고, '산은 산이고 물은 물이다' 하는 것은 개인 개인이 자기 하는 일에 가치를 찾고 무한향상하는 독립된 모습을 말하는 것입니다. 독립됨과 더불어 원융무애하여 활발발하게 중도적인 삶을 살게 합니다. 선은 특정인의 전유물이 아닙니다. 모든 존재에 보편되어 있고 모든 일에도 보편되어 있어 시공을 초월해서 영원합니다.

오늘날 한국 불자들에게 깊이 스며 있는
기복신앙의 한계와 대안에 대하여 말씀해주십시오.

기복신앙을 통해서 그 기도가 성취되었다 해도, 그 행복은 어디까지나 상대적인 행복입니다. 행복과 불행이 계속 교차 반복되는 겁니다. 부처님이야말로 상대적인 행복은 다 가졌던 분 아닙니까? 그런데도 부처님은 그 왕자의 지위를 버렸잖아요. 그 이유가 무엇인가요. 그분은 시간과 공간을 초월한 절대 행복을 찾으셨던 거죠. 절대 행복을 추구하려면 자기 내면의 가치를 추구해야 합니다. 안에서 가치를 찾게 되면 밖의 것도 다 수용하면서 절대 행복으로 가는 겁니다. 밖의 것을 포기하는 게 아닙니다. 그게 절대 행복입니다.

부처님 당시에 수닷타 장자가 있었습니다. 그는 재산이 굉장히 많은 부자였는데 부처님께서 무아·무소유를 강조하시니까 부처님께 "재산을 어떻게 하면 좋습니까?" 하고 여쭙습니다. 그러자 부처님께선 "너는 더 가져도 좋다"고 하셨습니다. 수닷타는 한역

하면 급고독(給孤獨)입니다. 소외되고 외로운 사람에게 보시를 잘 하는 사람이란 뜻입니다. 남을 위하는 것이 자기를 위하는 것이고, 자기를 위하는 것이 남을 위하는 것이란 것을 잘 알고 있기 때문에 더 가져도 좋다고 한 것입니다.

부처님께서 무소유를 강조하셨다고 모든 것을 버리라고만 하신 게 아닙니다. 부처님께서 말하는 절대 행복은 시간과 공간을 초월해서 지속되는 행복이니까, 그것을 찾으라는 것이죠. 생로병사까지 진리로 보고 해탈할 수 있는 행복 말입니다.

현대인들이 불교를 체계적으로 공부하려면
어떻게 해야 하는지요?

정견(正見)을 세워야 합니다. 정견이란 중도연기로서 모든 것을 이해하는 시각을 말합니다. 팔정도(八正道)에서 정견이 맨 앞에 놓여 있습니다. 정견이 없으면 나머지는 하나도 안 됩니다. 그러니까 팔정도도 정견으로 시작해서 정견으로 끝난다고 봐야 합니다. 정견이 생겨야 연기, 무아, 공에 대한 이해가 생겨납니다. 중도연기에 대한 이해를 바탕으로 나를 포함한 모든 존재를 이해할 수 있습니다.

그래서 우리가 깨달음 자리에 가기 위해선 부처님이 본 연기관(緣起觀)으로 존재원리를 보고 이해해야 합니다. 이해를 하고 그것이 좋은 줄 알고, 그것을 체득하는 것이 수행입니다.

부처님이나 선지식이 살아 계신 시대에는 그분들이 모델 역할을 했어요. 부처님을 보고, 선지식을 보면, '아! 나도 저렇게 되어야 하겠다'고 생각하죠. 그런데 그런 선지식이 없는 시대에는 법에 의지할 수밖에 없습니다. 법에 의지하려면 이해를 해야 되거든요. 사람 모델을 보고 하는 것도 이해는 이해입니다. 사람을 보고 나도 저렇게 되어야겠다, 저렇게 되어야 한다는 '저렇게'가 바로 이해죠. 이것이 부처님이 발견한 법의 내용입니다. 사람을 보고 이해하든지 법을 보고 이해하든지 이해한 것이 정견(正見)인데, 정견을 세우면 가치관이 바뀝니다. 가치관이 바뀌면 세상의 모든 고통으로부터 해탈하게 되는 것입니다.

현대사회에서 그렇게 살면 불이익 받고, 바보 취급 받고, 왕따 당한다고 생각하는 사람들이 많습니다. 그런데 그것은 정견이 갖춰져 있지 않기 때문입니다. 정견을 바로 갖춘 사람은 지혜로우니까 눈앞의 이익을 보는 게 아니라, 멀리 보고 널리 보고 공동의 이익을 위해서 행동합니다. 개인도 이익 되고 남에게도 이익 되니 모두에게 이익 되는 거죠. 그것이 확대되면 시간과 공간을 초월하여 아상·인상·중생상·수자상 없이 정말로 인간답게 가치 있게 살게 되는 거죠. 그런 사람이 사회생활을 하면 정말 잘 살 수 있고, 그 집단에서 리더 역할을 할 수 있는 겁니다.

불교는 어찌 보면 자기를 사랑하는 방법을 배우는 종교입니다. 자기를 사랑하는 것이 남을 사랑하는 것이고, 또 남을 사랑하는 것이 자기를 사랑하는 것입니다.

바로 보는 것이 정견입니다. 정견을 세워 가치관을 바꿔야 합니다.

참선을 이야기하려면 하루 종일 이야기해야 하지만, 예를 들어 봅시다.

"무엇이 불법(佛法)입니까?"

"똥막대기다."

여기에서 똥막대기라고 일러줘서 그 사람이 깨달았다면, 그럼 똥막대기라 일러준 선지식이 있고, 깨달은 사람이 있잖아요. 이 두 사람은 멀쩡한 맨살을 긁어 상처를 낸 것과 같아요. 즉 똥막대기라 일러준 선사도 괜히 맨살을 긁어 상처를 만든 것이고, 물어서 깨닫는 사람도 그와 같다는 것, 이것이 선입니다. 앞에서 이야기한 '양반이 상놈이 되려고 하는 것' 과 같은 겁니다.

이 일구(一句)의 세계, 선은 모든 존재에 보편되어 있어 진리이고 삶이고 사실이고 본래 모습입니다. 그런데 일반 사람들이 이해하는 참선은 열심히 노력해서 깨닫는 세계, 즉 제 이구(二句)의 세계입니다. 제 이구의 세계에서도 순간적으로 깨치는 사람과 긴 시간이 필요한 사람의 두 가지 유형이 있습니다. 순간에 깨치는 사람은 선사가 베푸는 방편에 바로 계합하는 영리한 사람입니다. 똥막대기라 하는 데서 '탁' 깨쳐 버립니다. 상근기죠.

그런데 긴 시간이 걸리는 사람은 그게 안 되니까 '이게 뭐지?' 하고 의심하기 시작합니다. 선사가 똥막대기라 했을 때는 의심하라고 준 것이 아니라 바로 깨치라고 준 겁니다. 그러니까 조사 입장에서 부득이 해서 어쩔 수 없어 그렇게 하는 겁니다. 절대 의도는 아닙니다.

그런데 흔히 "화두는 의심하기 위해서, 정신통일 하기 위해서 참구한다"는 사람은 참선 근처도 못 간 사람입니다. 분명히 동기가 다릅니다. 결국 의심하기 위한 의심이 되기 때문입니다.

화두란 무엇인가요?

화두(話頭)는 한자로 말할 화(話)자와 어조사 두(頭)입니다. 그냥 말에 대한 가치를 나타내는 추상명사입니다. 공안(公案) 또는 고칙(古則)이라고도 하죠.

어떤 사람들은 화두와 공안을 다르다고 구별하는 모양인데, 묻는 곳에 답이 있고 답하는 곳에 물음이 있으니 구별할 필요가 없습니다. '마른 똥막대기다', '뜰 앞의 잣나무다' 하는 것은 깨치라고 말한(話) 것뿐이에요.

우리가 일상에 쓰는 말은 이분법의 상대적인 말입니다. 있다-없다, 너다-나다, 가다-오다, 좋다-나쁘다, 선-악 등등. 그런데 '뜰 앞의 잣나무다' '똥막대기다' 하는 말은 상대적인 말을 초월한 절대적인 말이거든요. 이 절대적인 말을 통해서 우리는 바로 깨달으면 됩니다. 단, 모든 존재 구조가 그러하기 때문에 그 구조에 맞은 말을 한 것뿐입니다.

공안도 공과 사를 초월한 공(公), 고칙도 시간과 공간을 초월한 고(古), 화두도 있다-없다를 초월한 말(話)입니다. 모두 같은 소리입니다. 그래서 그 말을 통해서 우리는 바로 깨달으면 됩니다. 그

110

런데 깨치라고 제시하는데 못 깨치니까, 하는 수 없이 의심하게 되는 것이죠. 그렇게 하는 것도 둔근기들에게는 깨치게 하는 방법이니까 그냥 놔두는 겁니다. 의심하라고 준 것이 아니라는 것을 분명히 알아야 합니다.

그런데 그냥 놔두면 또 잘못될까 봐 《선요》에서는 "숙맥(菽麥)도 모르고 노랑(奴郎)도 모르는 놈이 하는 짓입니다"라고 했어요. 숙맥은 콩과 보리도 못 가리는 것, 노랑은 신랑과 종을 못 가리는 것을 말합니다. 그러니까 의심하는 것은 숙맥도 모르고 노랑도 모르는 놈이 하는 짓이라는 것이죠.

그러니 선종은 철저히 상대 개념을 벗어나서 절대 그 자리에서 모든 것을 보고 행동하고 말하는 겁니다. 숙맥도 모르는 공부를 하면서 내가 최상승 공부를 하고 있고 최고 근기다 하면 그런 의식 구조에서는 목과 어깨에 힘이 들어가게 되죠. 그런 수행자가 많이 있잖아요. 공부하기 위한 공부, 의심하기 위한 의심은 안 됩니다.

참선은 '내가 있다'는 착각을 깨는, 자꾸 비워 가고 놓고 쉬는 공부입니다. 물에 비친 달을 건지듯이 말입니다.

그러면 일반인들이 직장에서 일을 하면서도
화두를 들고 수행할 수 있는지요?

처음 화두 공부를 할 때는 나라는 주관과 일이라는 객관이 많이 벌어져 있으니 어렵겠죠. 그런데 자꾸 공부를 하다 보면 나와 일이 하나가 되듯이 일과 화두와 내가 하나가 될 수 있습니다. 깊이 들어가면 일하면서도 화두를 들 수 있습니다.

이것이 불교 삼매의 특색입니다. 다른 종교는 삼매에 들면 모든 행위가 정지됩니다. 심지어 모든 생리작용도 정지되지만, 불교 삼매는 모든 행위를 하면서도 화두를 들 수 있습니다. 왜냐하면 우리가 성성적적(惺惺寂寂)*을 공부하기 때문에 가능한 겁니다.

언젠가부터 '간화선의 위기'라는 표현이 등장하며 '선지식의 부재' '중생과 유리된 참선 수행'에 대한 비판이 적지 않게 있습니다. 이에 대한 스님의 의견을 듣고 싶습니다.

현대인이 앓고 있는 병의 근본 원인은 이기심입니다. 나에 대한 집착에서 모든 문제가 파생됩니다. 어느 시대든 형태만 다를 뿐이지 시간과 공간을 초월하여 모든 괴로움의 원인은 이기심에서 생깁니다. 이기심은 자기에 대한 집착에서 나오는 것이죠. 옛날에는 윤리도덕이 강조되던 시대라서 조금 덜했지만, 자본주의사회에서는 더 병이 깊어지고 있는 것이죠. 전쟁도 다 이기심 때문에 일어나는 거잖아요. 이런 문제의 원인을 파악하고 대처할 수 있는 대안을 우리가 내놓을 수 있다면 간화선의 위기가 올 턱이 없죠.

선이란 우리 삶의 본질입니다. 이것은 모든 생명에 보편되어 있

---

* 성성적적(惺惺寂寂) : 적적성성(寂寂惺惺)과 같은 말이다. 성성적적은 마음의 본래 모습이다. 성성(惺惺)은 마음이 밝고 초롱초롱하게 깨어 있는 상태를 말하며, 적적(寂寂)은 번뇌 망상이 일어나지 않는 마음 상태를 말한다. 화두 참구를 바르게 하는 것을 성성적적이라 하는데, 화두를 밝게 또렷또렷하게 의심해 들어가면 자연히 번뇌 망상이 쉬게 된다.

습니다. 그래서 모든 사람이 반드시 이해해야 하고 수행하는 삶을 살아 자기 안에 마음의 평안을 찾고, 세상도 평화롭고 평등하여 즐겁게 사는 세상이 되어야 합니다. 이것은 특정인만 할 것이 아니라 생명을 가진 사람이라면 다 그렇게 살아야 하는 것입니다.

그런데도 간화선에 위기가 왔다면 일차적으로 참선하는 스님들에게 책임이 있습니다. 스님들은 그런 가치관을 이해하고, 그렇게 살겠다고 서약하고 살아가는 승가의 일원이니까요. 선을 전문으로 하겠다는 스님들이 그 가치를 제대로 알고 생활화하지 못하니 일반인들은 더 알 수 없는 것이겠죠. 이것은 우리가 반성해야 합니다.

그러나 이 간화선의 위기라는 것은 전체의 입장에서 봐야 됩니다. 선이란 모든 존재에 보편되어 있기 때문에 특정 계층의 위기가 아니고, 인류 전체의 위기로 보아야 합니다.

그러므로 제가 생각하는 대안은 우선 승가가 가치관을 전환하여 그 전환된 가치관을 추구하는 승가공동체로 복원하고, 정말 수행과 교화의 본분사에 일로매진하는 아름다운 수행공동체를 통하여 인류에 이익을 주는 모범을 보여주면서 대안을 제시하고 설득해 나가야 한다는 것입니다. 우리 스님들부터 가치관을 전환하여 그런 삶을 살아야 합니다. 우리가 이렇게 사니 정말 좋다, 이 길이 평화롭고 행복한 길이다라는 것을 보여주어야 할 것입니다.

근래 위빠사나가 많이 보급되어 확산되고 있습니다.
간화선 입장에서 위빠사나 수행법을 어떻게 보시는지요?

조사선의 특성은 부처와 중생을 나누지 않는데, 위빠사나는 진(眞)과 망(妄)이 있고 부처와 중생을 나눕니다. 선종은 철저히 진리에 입각해서 수행체계를 만든 겁니다. 달이 있고 달을 가리키는 손가락이 있는데, 선종은 달에 의거한 종파고 손가락에 의거해서 만든 것이 위빠사나라는 것이죠. 선종은 상대를 초월한 절대 자리에서 하는 수행법이고, 위빠사나는 상대적인 입장에서 하는 수행법이라고 볼 수 있습니다.

그래서 조사선은 최상승선이라고 합니다만, 절대 자리에서 보면 자타, 우열, 귀천이 없는 최상승이 보편되어 있기 때문에 최상승입니다. 깨달음에서 위빠사나는 점진적이고 선종은 돈오적입니다. 이 말도 또 부정하는 것이 조사선입니다.

일반인 사이에 요즘 수행에 대한 관심과 분위기가 확산되고 있습니다. 불자들도 간화선, 위빠사나, 아빠타, 동사섭, 마음수련 등 다양한 수행법 사이의 관계나 우열에 대해서 담담해합니다. 전통 선의 입장에서 한번 정리해주시면 고맙겠습니다.

서양쪽 이야기를 들어 보면, 그동안 그들은 물질이나 과학이 발전하면 행복해질 거라고 생각했는데 그것이 인류를 더 불안하게 하고 공포에 떨게 만들고 있다, 행복을 가져다주는 게 아니라는 인식이 확산되고 있다고 합니다. 그래서 서양 사람들이 인간의 내면세계에서 해결책을 찾기 위해 동양 종교와 수행에 관심을 가지고 있다는 거예요.

우리 사회도 계속 불안하고 경제 위기와 사회 갈등이 날로 가중되니까 행복의 조건을 내면세계에서 찾게 되는 거죠. 어떻게 하면 마음의 평안을 얻을 수 있을까 하고 수행에도 관심을 가지는 것입니다. 이것은 좋은 현상입니다.

그런데 이럴 때 절대 행복의 길, 정법(正法)으로 바로 가야 하는데 그런 흐름에 편승해서 호구책을 삼는 나쁜 흐름도 나오게 되는 겁니다. 수행이 상품화되는 거지요. 그런 나쁜 흐름에 빠진 피해자도 엄청나게 많습니다. 그런데 신흥종교만이 문제가 아니라, 기성종교도 그런 흐름이 없지 않아요. 그게 문제입니다.

어찌 보면 지금은 수행법의 혼란기라고 볼 수 있습니다. 그럴수록 지혜롭게 선택해야 합니다. 수행이 상품화되는 게 제일 큰 문제입니다. 정법(正法)도 상품화하면 사법(邪法)이 되어 버립니다.

불교 수행은 쌓고 얻기 위해 하는 게 아니고 자기를 버리고 비우기 위해서 하는 겁니다. 이것이 정말 중요합니다. 그게 철저히 되려면 중도연기를 이해하여 정견을 갖추고 발심해서 바른 수행을 해야 합니다.

경쟁 위주의 삶이 질서가 되고 있는 현실에서
불자라면 어떻게 살아야 할까요?

앞서도 말씀드렸듯이 '무한향상'의 자세가 필요합니다. 정견을 세우고 발심하면 자기 하는 일의 의미와 가치를 알게 됩니다. 그러면 거기에는 경쟁심이 없습니다. 자기가 하는 일이 가치 있고 의미 있으니까 그냥 즐겁고 열심히 하게 되는 겁니다. 그러니까 무한향상이 가능하지요.

무한경쟁 하는 삶은 잘못된 삶의 방법입니다. 그것은 상대적인 입장에서 삶을 사는 거죠. 상대가 있으니까 계속 대립, 갈등, 투쟁이 끝나지 않는 겁니다. 불교에서 말하는 연기관으로 정견을 세워 발심하면 절대적인 삶을 살 수 있습니다. 상대를 초월한 절대적인 삶을 살면 남에게도 도움이 되고 자기도 덕이 되는 그런 절대 향상으로 가는 삶이 됩니다.

그러니까 상대의 문제가 아니라 내가 문제입니다. 이런 말이 있습니다. "지혜로운 사람은 경계를 없애지 않고 자기를 없애는 입장에서 삶을 살고, 미련하고 어리석은 사람은 자기는 그대로 두고 경계를 없애려고 노력하는 사람이다." 경계가 하루에도 천 개, 만 개나 될 텐데 그걸 다 없애려면 지쳐서 자기가 죽게 됩니다. 그걸 그대로 두고 자기만 없애면 다 없어지잖아요. 이런 삶은 생사도 초월해서 매일매일 좋은 날이 될 것입니다.

한국사회가 갈등이 심화되고 북한과 미국, 중국,
일본 사이의 갈등도 상존하는 등 어려운 상황으로 가고 있습니다.
불교사상의 입장에서 이런 난국을 해결할 수 있는 가르침을 주신다면?
이것도 마찬가지입니다. 정견을 세우고 발심해서 무한향상의 입장에서 사회의 모든 문제를 적극적으로 해결하려고 노력해야지요. 안 되는 걸 자꾸 밀어붙여 더 대립하고 갈등을 심화시키는 것도 지혜가 없는 거죠. 때로는 참고 적응할 줄도 알고 강약도 조절해 가는 지혜가 필요합니다.

예를 들면 북한 핵문제도 적대감으로 대할 것이 아니라, 하나된 입장에서 평등하게 대해야 하는 거죠. 하나 된 입장에서, 평등한 입장에서, 또 적대감을 걷어낸 입장에서, 증오심 없이 연민의 정으로 그들을 보면서 그들이 바른 길로 가도록 해야 합니다.

그러면 무한정 그렇게 유화적으로 해야 하는 것이냐? 부처님은 어떻게 하셨을까요? 부처님도 유화적으로 하시면서, 또 한편으로 위엄으로 대하는 방편을 사용하셨어요.

서산·사명 스님도 전쟁에 참여하셨잖아요. 그것도 자비입니다. 가령 서산·사명 스님이 이순신 장군과 다른 점은, 이순신은 그 바탕에 충효사상이 있습니다. 이순신 장군의 충효사상은 우리 나라 우리 국민, 남의 나라 남의 국민을 나누어 상대적인 입장에서 전쟁을 했죠. 반면 서산·사명 스님은 민족과 국가를 초월하고 상대를 초월하여 전쟁을 했습니다. 그러니까 같은 전쟁이라도 연민과 자비가 바탕이 되어 한 것과 상대 개념에서 피아를 나누어 적대감과 증오심으로 한 것은 내용이 다릅니다.

사회에서도 문제가 발생할 때, 가령 정부가 정책을 잘못하고 독재를 한다고 할 때 그걸 적개심으로 증오심으로 대할 것이 아니라 하나 된 입장에서 평등한 시각에서 연민으로 대해야 합니다.

그렇게 하면 불교는 무조건 순응하고 적응하고 유화적으로 하는 것으로 이해할 수도 있는데, 그것만이 불교가 아닙니다. 또 어떻게 보면 불교가 늘 정권에 협조적이었죠. 하지만 그것만이 아닙니다. 그때그때 상황에 따라서 강온을 쓰되 바탕은 항상 자비로 해야 합니다. 어떤 방법으로 하느냐는 그때 상황에서 가장 적합한 방법으로 자비로 연민으로 하는 것이 불교입니다. 부처님도 당시 인도의 사성계급제도가 잘못되었다고 완전히 혁명하셨잖아요.

인간사회에는 개인 업(業)도 있지만, 공동 업도 있고 시대 업도 있습니다. 가끔 개인 업도 보지만 공업(共業)을 보게 됩니다. 우리나라의 공업은 집단 이기심이 제일 문제입니다. 흔히 지역 갈등·계층 갈등·남북 갈등 등으로 나타나는데, 본질적으로는 집단 이기심·개인 이기심에서 나온 것입니다. 이것이 있는 한 국가는 발전할 수 없고 사회가 안정될 수 없습니다. 집단 이기심을 공동 이익을 위하는 의식으로 바꾸어 나가야 합니다.

흔히 불교를 '비폭력 자비의 종교'라고 하는데 폭력을 사용하지 않는 것이 비폭력이 아닙니다. 자비로 하는 게 비폭력입니다. 밖의 모양이 아니고 그 정신, 즉 공·무아의 정신이 중요하죠. 일체 차별이 떠난 그 자리, 평등한 자리, 그 정신이거든요. 그러면 거기에는 상대가 없는 자리잖아요. 상대가 없으니까 공허하고 허무한 자리가 아니고, 그 상대가 없는 그 자리가 공동의 이익을 위하는 공동체의식의 그 자리입니다. 나도 잘 되고 남도 잘 되는 그런 지혜가 거기서 나옵니다. 공동의 이익을 위해서 수단으로 그렇게 하는 것이 아니고, 우리의 존재원리가 그렇게 되어 있으니 그렇게 살지 않으면 안 된다는 것입니다.

118

스님, 전에 부시 대통령이 선(善)을 위해

이라크와 전쟁한다고 한 거 같은데요….

선(자비)을 이용하면 더 나쁜 사람이죠. 부시 대통령은 그런 것이 아니라 힘으로 테러에 대응하겠다는 거죠. 예를 들어 나한테 테러라는 불이익을 주니 그 테러라는 가능성을 없애기 위해서 그들과 그 집단을 없애겠다는 것이잖아요. 그러니까 상대편이 불이익을 준다고 같이 대항하는 것입니다. 남이 나를 화나게 했다고 나도 같이 화를 내게 되면 결국은 자기를 학대하고 구박하는 것입니다.

이런 악순환을 일으키며 사는 사람을 나는 '부시형'이라고 합니다. 부시형, 그것이 일반 세계의 대응논리고 삶이죠. 그게 상대적인 입장에서 사는 삶입니다. 이데올로기 갈등, 종교 갈등, 인종 갈등, 민족 갈등 이런 것이 모두 상대적인 입장에서 나오는 것이죠.

우리가 말하는 절대적인 삶의 입장이라면 자비와 연민으로 공동의 이익을 위하여 최선을 다하는 삶이 될 것입니다.

마지막으로 한 말씀 해주십시오.

그러니까 좋다-나쁘다, 선이다-악이다가 반복되는 상대 세계가 아니라 절대선의 세계로 가서 경계에 끄달리지 않고 시간과 공간을 초월하여 매일매일 좋은 날을 만드는 길로 가야 합니다. 그 길은 참선만 있는 게 아닙니다. 봉사를 통해서도 가능합니다. 육조 스님이 그렇게 하셨습니다. 육조 스님이 출가 전에 당신 어머님에게 극진한 봉사를 하셨어요. 출가해서는 다시 대중을 위해 열심히 봉사하시다가 밤중에 오조홍인 스님 방에서 결국 《금강경》 구절을 듣고 깨달았어요. 육조 스님이 참선만 하셔서 깨친 게 절대 아닙니다.

불교 공부는 자기를 비우는 것입니다. 세상 사람들은 무엇을 쌓는 것이 행복인 줄 아는데, 그건 상대적인 행복입니다. 불교에서 말하는 무아의 행복은 행·불행이 교차하는 행복이 아니라 시간과 공간을 초월하는 절대적인 행복, 영원한 행복입니다. 자기를 비우면 지혜와 자비가 드러나 영원한 자유와 행복의 길로 갈 수 있습니다.

누구나 다 본래 부처입니다. 착각에서 깨어나면 본래 부처입니다.

불공은
자신의 참회가 기본

우룡(雨龍) 스님

경주 남산 함월사 우룡(雨龍) 스님

우룡 스님은 1932년 일본에서 출생하였다. 1947년 해인사 고봉 스님을 은사로 출가하여 1963년 김천 청암사 강원에서 고봉 스님으로부터 전강을 받았다. 화엄사·법주사·범어사 강원 강사를 역임하였고, 쌍계사·통도사·직지사·수덕사 등 제방 선원에서 수행하였다. 지금은 경주 함월사에 주석한다.

우룡 스님은 선교(禪敎)를 겸수하시고 법문 잘하는 것으로 제방에 이름이 높으신 분이다. 언젠가 해인사에서 학인 스님들에게 법문하시는 것을 우연히 들었는데 사뭇 감동적이었다.

　스님을 뵈려고 울산 학성선원으로 연락드렸더니 경주 함월사에 계신다 하여 그리로 찾아뵈었다. 함월사는 경주 남산 삼릉 부근에 자리하고 있다. 10여 년 전 허름한 민가를 구입하여 절로 조성하였는데, 지금은 50여 평이 넘는 법당 불사를 마무리하였다.

　법당을 참배하고 스님께 삼배의 예를 올리니 맞절을 하신다. 스님께 공부 이야기를 여쭙고 기록하여 알리려 한다고 하니 "나는 세속으로 말하면 이미 은퇴한 사람이고, 종단 주변으로 물러난 지도 오래되었는데 나 같은 사람에게 뭘 들으려고 해요" 하셨다.

　"스님 공부에 대하여 여쭙고 배우려는 것이오니 부디 후학들을 위하여 사양치 마십시오. 공부에 관하여 격의 없이 이야기하는 것은 좋은 일이 아니겠습니까?" 하고 간곡히 말씀드리니 슬며시 미

소지으셨다.

"절은 부처님에게 절을 하거나 불공을 드리거나 제사를 지내기 위해서 오는 자리가 아니고 각각 가슴의 응어리를 풀러 오는 자리다. 가족 사이에도 가슴의 응어리가 있으면 집안에 불화가 생기고, 싸움이 생기면서 온 집안이 흐트러지고 깨지는 사건이 벌어진다. 특히 아버지, 어머니 그리고 지금 우리가 죽을 때 가슴의 응어리가 남아있으면 내 아들, 내 손자, 내 증손자가 사업을 하든 공부를 하든 아무것도 안 된다. 그렇게 무서운 게 가슴의 응어리다. 이 자리는 그런 가슴의 응어리를 풀러 오는 자리다. 이 자리에 모이신 분은 남녀노소 할 것 없이 서로 가슴의 응어리 얽힌 것 터놓고 어떻게 하면 풀어질까 그런 대화를 나누는 자리이다. 그래서 나는 이렇게 해서 풀어 봤으니 당신도 풀어 봐라, 이런 이야기를 주고받으며 가슴의 응어리를 푸는 자리다. 가슴의 응어리가 다 풀어진 사람을 해탈한 사람, 벗어난 사람이라고 할 수 있다."

만약 가슴의 응어리를 풀지 못하면 우리 자신은 물론 내 아들 내 손자가 편하지 못해요. 이 자리는 그런 것을 서로 이야기하며 푸는 자리이고, 스님에게도 의논해 보고 부처님의 경을 의지하는데, 부처님의 경이 결국 응어리 푸는 걸 이야기했지 않았나 하고 말을 바꾸지요. 근본 무명(無明) 때문에 망상으로 업이 생긴다고 이름 붙이지만, 결국 그게 가슴의 응어리다 이거예요.

《화엄경》, 《원각경》, 《금강경》이 다 가슴에 응어리 푸는 걸 이야기한 것으로, 불교 경전이라고 합니다. 무슨 경에서는 가슴의 응어리를 이렇게 풀라고 했다, 무슨 경에서는 가슴의 응어리를 이렇게 풀라고 했다, 이런 대화를 나누며 응어리 푸는 곳이 절이라는 자리고 법당 자리입니다. 가슴의 응어리란 빛깔도 모양도 소리도 냄새도 없는데, 그걸 이름을 바꾸어서 마음이라고도 하지요.

가슴의 응어리가 수십 가지 수백 가지가 되는데, 막상 이걸 제거하려고 하면 물질처럼 보이는 것도 아니고 어디에 담겨 있는 것도 아니고 제거할 방법이 없어요. 그러니까 결국 절에 오면 부지런히 염불하십시오, 주력이라도 부지런히 하십시오, 화두를 부지런히 하십시오 하는 겁니다. 그런데 사실 목적이 거기에 있는 게 아니고, 가슴의 응어리를 푸는 데 목적이 있는 겁니다. 염불이든 주력이든 화두든 집중해서 똘똘 뭉쳐 나갈 때 나도 모르는 사이에 내 가슴의 응어리가 하나둘씩 풀어져 없어집니다. 그래서 염불 하십시오, 주력 하십시오, 화두 하십시오 권하는 겁니다.

옛 노인들이 묘한 비유를 하셨어요. 불교 수행은 잃어버린 비단 짐을 찾기 위해서 망부석을 두들기는 것과 같다 그러시거든요.

옛날에 비단장수 한 사람이 장에 비단을 팔러 가는 길에 풀밭에서 잠시 쉬다가 깜박 잠이 들었어요. 그런데 깨서 보니 비단이 없어진 겁니다. 그래서 고을 원님에게 가서 진정서를 냈습니다. 원님이 비단장수에게 묻습니다. "네가 거기에서 잘 때 아무도 없었느냐?" "네, 없었습니다. 그저 망부석 하나만 서 있었습니다." 그러자 원님이 망부석을 체포해 오라고 명합니다.

원님이 망부석을 잡아다 재판을 한다는 소문이 나자 이를 구경하기 위해 온 마을 사람들이 한자리에 모였어요.

망부석을 끌어다가 이름을 대라, 주소를 대라고 하니까 대답을 합니까? 그러자 원님이 "저놈이 입을 열 때까지 쳐라" 하고 명해요. 구경꾼들이 이 광경을 보고 큰소리로 웃으며 원님을 비웃었어요. 그러자 원님은 법정 모독죄라고 해서 웃은 사람들을 모두 가두고 비단 한 필씩 가져오면 그 사람들을 풀어주겠다고 합니다. 그러고는 포졸을 시켜 사람들이 가지고 온 비단에 그 이름을 적은 꼬리표를 달아 놓게 했습니다. 순식간에 비단 수십 필이 모였지요.

원님이 다시 비단장수를 불러서 잃어버린 비단을 찾게 합니다. 비단마다 달려 있는 꼬리표로 비단의 출처를 확인하다 보니까 도둑을 잡았어요.

염불이다, 화두다, 참선이다, 기도다 하는 수행법도 결국은 잃어버린 비단을 찾기 위해서 망부석 두들기는 짓입니다. 참선하는 것도 엉뚱한 짓이고, 염불하는 것도 엉뚱한 짓이고, 기도니 주력이니 하는 것도 엉뚱한 짓이에요. 그 목적이 다른 데 있다 이거예요. 잃어버린 비단 짐을 찾듯이 결국 깨달음의 나라로 가는 것이죠. 때문에 가슴의 응어리를 풀기 위해서는 화두든 염불이든 기도든 주력이든 절이든 해야지, 다른 방법으로는 가슴의 응어리를 풀 방법이 없습니다. 그런데 이게 궁극적인 목적은 아니라는 거지요. 벗어나기 위해서, 해탈하기 위해서, 깨달아 부처가 되기 위해서지요. 하지만 뿌리는 결국 가슴의 응어리니까, 그것을 풀기 위해서 그렇게 할 수밖에 없는 것입니다.

그러면 포교란 결국 깨달음으로 나아가는 수행을 통해서
응어리를 풀어주는 것이라는 말씀이군요.

그렇지요. 깨닫게 하기 위해서 염불도 시키는 거지요. 그런데 힘든 것은, 부지런히 해야 하는데 잘 안 하려고 하니 그게 문제입니다.

한 가지 예를 들면 울산에 사는 어떤 보살님이 계셨습니다. 이분은 누구에게든 이겨야 돼요. 절에 오셔서 염불을 하든 주력을 하든 정말 열심히 하셨어요. 그런데 이분 남편은 성당에 다녔어요. 언젠가 남편에게 그 이유를 물었더니 "저는 부처님의 가르침이 싫은 게 아닙니다. 내 마누라하고 잠시라도 떨어져서 있고 싶어서 마누라가 다니는 절에 안 가고 성당에 다닙니다" 하는 겁니다.

그 보살님이 연세가 많아 혼자 지내시기 불편하니까 서울에 사는 따님이 모시고 갔어요. 그런데 보살님이 조계사에 가겠다고 딸에게 여비를 달라고 했대요. 그러니까 딸이 하는 말이 "엄마! 엄마는 절에 다닐 자격이 없어요. 엄마가 수십 년 절에 다녔는데 마음가짐이 고쳐졌어요? 행동이 고쳐졌어요? 말이 고쳐졌어요? 엄마 같은 사람이 절에 다니면 불교인 전체를 모독하는 거예요. 엄마 같은 사람 절에 다닐 자격이 없어요. 엄마가 다른 데 놀러가신다면 내가 얼마든지 차비를 드리겠는데, 절에 가신다고 하면 십 원도 못 드려요" 했답니다.

이렇듯 불교인은 말로만 하지 실천하는 사람이 드물어요. 내가 늘 당부하는 말이 법당에 와서는 무릎 꿇지 않아도 되니, 내 가족한테 삼배를 하라는 거예요. 법당에서는 조심하면서, 우리 집이라는 법당에 계시는 내 가족에게는 고함지르고 짜증내고 신경질내고 삿대질하느냐. 차라리 법당에서 고함을 지르고 삿대질을 해라. 우리 집이라는 법당에 계시는 내 가족이라는 부처님 앞에서는 그렇게 하면 안 된다고 내가 늘 부탁을 해요.

내 가족에게 아침저녁으로 '내가 당신에게 잘못한 것 참회합니다. 용서하십시오. 건강하시고 당신이 바라는 모든 일이 순탄하십시오' 하는 축원을 하면서 삼배를 하고, 하루 세 끼 밥 먹을 때마다 합장하는 것은 불교인이라면 최소한 기본적으로 실천해야 하지 않겠습니까. 이것도 실천 못 하는 사람이 무슨 경 읽었다, 어떤 절에 가서 어떤 스님 법문 들었다가 무슨 소용입니까. 나는 이런 이야기를 하면서 신도들을 자극하고 못되게 꾸지람을 하지요.

어쨌든 불교는 말보다 실천이 앞서야 합니다.

그런데 대부분의 절에서는 그냥 염불하고, 기도하고, 불공 드리고, 절에 열심히 다니라고 하지 않습니까?

스님 자체가 책을 덜 봤고 수행이 덜 되었다는 것이 가장 큰 문제예요. 자꾸 불교를 뭘 얻으려고 하는 쪽으로 이야기하는데, 스님들이 먼저 반성해서 고쳐야지요. 그리고 스님이 부지런히 하면서 체험해 보면 '아! 이렇구나' 하고 신도들에게 '하세요' 라고 할 수 있고, '하면 이렇게 됩니다' 하고 안내해줄 수 있습니다. 그런데 책에 의지해서 쉽게 익힌 중노릇을 하는 스님들은 신도들에게 그만큼 감화를 못 줍니다. 자신이 안 해봤으니까 자신이 없고, 신도들에게도 실천 씨앗을 심어주지 못하게 되는 겁니다.

열반하신 광덕 스님이 상좌들에게 늘 하루에 두 번씩, 오전에 한 번 오후에 한 번 머리를 쓰다듬어 보라고 시켰답니다. 머리를 쓰다듬어 보면 내가 머리 깎은 중이라는 것을 알 수 있을 것이고, 내가 중노릇을 잘하고 있는지 반성하는 계기가 됩니다. 그렇게라도 스스로를 채찍질해야 하는데 너무 안일하게 넘어가 버려요.

불교의 근본 목적은 남을 도와주는 데 있습니다. 입으로는 무슨 경에 보살이 어떤 행을 했다는 소리는 잘하면서 막상 자신이 실천하지 못하는 것이 조계종단의 가장 큰 단점이라고 해야 할까요, 잘못이라고 해야 할까요.

스님의 젊은 시절 공부 이야기를 들려주시면
후학들에게 생생한 도움이 될 것 같습니다.

그저 앞도 뒤도 없이 부지런히 했어요. 화두는 안 했고 주력하고 염불쪽으로 부지런히 하면서….

어떤 주력을 하신 겁니까?

그 무렵에는 육자 주력을 했지요. "옴 마니 반메 훔" 여섯 글자.

6·25전쟁 무렵만 하더라도 해인사 예불은 각 전각 예불하는 분들이 따로따로 했어요. 지금처럼 대웅전에 한 데 모여 한 게 아니에요. 해인사 대웅전 예불은 노전 스님과 노전 스님 시자들 두세 분이 아침, 저녁 예불하고 사시마지를 했지요. 대중은 자기가 거처하는 방에서 예불하는 그런 풍속이 있었어요.

나는 그때 궁현당에 거처하면서 아침저녁으로 법당마다 돌아다니면서 예불을 드렸습니다.

겨울 어느 날이었습니다. 새벽 3시에 일어나서 강원이 있는 현당 큰방에서 예불을 마치고 대웅전·장경각에 예불하기 위해 대웅전 계단에 올라섰는데, 하늘과 땅이 없습니다. 물질세계가 없어요. 몇 천만 리 그저 훤한 세계가 보입디다. 그러니까 눈앞에 대적광전과 그 앞쪽으로 가려진 산도 없고 들도 없고 아무것도 없어요. 그저 훤한 황금색 밝은 평야처럼 느껴졌어요. 그 평야 끝에서 빨갛게 "옴 마니 반메 훔"이라는 여섯 글자가 지평선에 걸쳐서 솟아오르는 것이 보였어요. 그 여섯 글자를 앞뒤 아무 생각도 없이 쳐다봤어요. 그러니까 시간도 공간도 잊어버리고 딱 떨어져 버린 세계예요. 나는 그 시간이 굉장히 길게 느껴졌는데 실제로는 얼마 안 된 것 같아요. 뒤따라오던 도반이 예불 하러 안 가고 우두커니 서서 뭐 하냐고 내 등을 툭 쳐서 본정신으로 돌아왔지요. 깜깜한 세계 이쪽에 대웅전도 있고, 저쪽에 산도 있고, 들도 있고, 집도 있고…. 그게 결국은 어떻게 이야기하면 공의 세계를 체험했다고도 할 수 있을까요?

주력을 열심히 하시다가 대웅전 계단을 올라서는 순간에 체험하신 거네요?

그런 현상이 나타난 겁니다. 또 한번은 그 무렵이에요. 지금 해인사 들어가다 보면 길상암이라는 암자가 있는데, 그 암자 뒤에 썩은 나무들을 모아 놓은 곳이 있습니다. 그 근처에 불이 나 불을 끄러 갔어요. 그때는 어려서 산불 경험이 없으니까 앞장서서 불을 끈다고 뛰어가다가 불 속에 갇혀 바닥이 온통 숯 덩어리인 곳에 떨어져서 몇 바퀴 굴렀어요. 그리고 나서 불 속에서 이쪽에서 저쪽으로 건너갔는데, 어른 스님들이 "아이가 죽었다. 아이 죽었다" 소리를 지르시고 계셨어요. 그때 내가 저쪽에서 "저, 괜찮습니다" 하고 소리를 질렀지요. 다른 데는 다친 데가 없고 손만 약간 데어서 한 달 정도 고생한 기억이 있습니다.

해인사 약수암 비구니 노스님들이 "네가 부처님을 믿는 신심이 있으니까 그 속에서 안 죽고 살았다. 앞으로도 신심을 놓치지 말고 부지런히 해라"라고 격려해주셨어요.

또 한번은 6·25전쟁 때 해인사에 인민군이 후퇴하면서 한 달 정도 머물렀어요. 그 한 달 동안에 내 또래들이 다 붙들려 가는데, 그 사람들과 같은 자리에 있었던 나에게는 가자는 사람이 없었어요. 나를 쳐다보고 가면서도 따라오라는 이들이 없어요. 혼자 우두커니 앉아서 "관세음보살"을 지극정성으로 했을 뿐이에요.

이런 데에 확신이 섰습니다. 그 무렵부터 내가 사람들에게 "확신을 갖고 해봐라. 하면 된다. 해라! 해라!" 강조하기 시작했지요.

"'관세음보살'을 지극 정성으로 하면 불에 들어가도 타지 않고 물에 떨어지지 않는다"는 부처님 말씀에 확신이 서면서 부처님의 경은 틀림없는 말씀이라는 확신이 섰습니다.

또 한번은 6·25전쟁 직후일 거예요. 청화 보경사 서운암에서 기도를 하면서 또 이상한 세계를 체험했지요. 그때는 능엄주 100일 기도를 했어요. 새벽 2시간, 오전 2시간, 오후 2시간, 저녁 2시간 기도하면서 4분 정근을 했어요. 나머지 시간은 자유스럽게 다니면서도 마음의 끄나풀은 풀지 않았어요. 그런데 70일 쯤 지나면서 이상한 일들이 벌어졌어요. 30리, 40리 바깥의 동네 일이 눈에 환하게 보이고 집집마다 대화가 내 귀에 들어오더군요. 아침 식전에 아이가 반찬이 없어서 투정부리다가 두들겨 맞는 것까지 다 보고 듣고 했어요. 집집마다 전부 내 눈에 다 비쳐요.

그리고 그 무렵에는 내가 사람들 앞에 서면 플라스틱처럼 그 사람의 몸을 꿰뚫어 봐요. 뼈마디까지 봐요. 그러면 저 사람의 어디에 병의 뿌리가 생겨서 지금 어디가 아프다는 것이 다 보여요. 그리고 풀이건 나뭇가지건 씹어 먹여요. 그러면 당신 아픈 거 낫소, 그렇게 말하면서 처방도 하고 그랬습니다.

그러면서 착각이 벌어지는 거지요. 앞도 뒤도 모르고 기도에 전심해야 되는 걸 알면서도 자꾸 그쪽으로 호기심이 갔어요. 그러다 보니 본업이 등한시되어 100일까지 시간은 갔는데 더 나아가진 못했죠.

그리고 그 다음 해에 자랑하고 싶어 도인이 있다고 알려진 상주 갑장사 금봉 스님한테 찾아갔습니다. 그런데 그 도인 스님이라고 하는 분이 체험하고 사는 세계가 내가 체험하는 세계보다 못한 거 아니냐고 자랑했더니 금봉 스님이 죽인다고 달려들더군요. "네가 중노릇을 하는 놈이냐, 천하의 마구니놈. 너 같은 놈 살려두면 너 하나뿐 아니라 다른 사람 망친다"면서 막 칼을 들고 멱살을 잡고 그러셨어요. 그리곤 "내 곁에서 떨어지지 말고 있어라. 네가 지금 집착이 되어서 처음 시작할 때보다 더 안 떨어질 거다" 하고 꾸지람하셨어요. 그래서 100일 동안 거기에 붙들려 있었어요. 스님께 "아무것도 생각하지 말아라. 염불이고 뭐고 하지 말아라"라는 호통도 들었습니다.

그때 그렇게 놓쳐버리고 난 다음에는 지금까지 그냥 이대로 사는 거예요. 그런 세계가 있었습니다. 지금 생각하면 참 아쉬워요. 그때 내가 정신 차리고 금봉 스님께 묻고 그랬어야 했는데, 내가 도인이 됐다고 착각했으니, 참…. 그래서 내가 신도님들이나 젊은 스님들에게 기도를 해라, 염불을 해라, 화두를 해라, 늘 부탁합니다.

부처님이 이룬 세계에서는 남을 도와줄 수 있는 신통이 생기게 되는데, 종점까지 가는 중간에 벌어진 장난에 떨어지면 신체를 망칩니다. 그럴 때 그 중간에 일어난 세계에 집착하면 안 됩니다. "중간에 이런 걸 체험하게 된다. 절대 속으면 안 되고 집착해서도 안 된다." 그런 소리를 굉장히 강조하지요.

그런데 그런 경계는 화두를 하든지 주력을 하든지 기도를 하든

지 다 체험하는 겁니다. 조금씩 다르긴 해도 거의 그런 장난에 걸려서 휘말리고 흔들리게 됩니다.

그러면 어떻게 말해줘야 하는지요?

신도들에게 미리 이야기를 해줘도 병통을 만들고, 이야기해주지 않아 멋대로 공부를 하다 보면 당신들이 힘이 들고 망치고 이러지도 저러지도 못합니다. 그래서 내가 미리 부탁드리는데, 이게 결국은 공부를 방해한다는 것을 알아야 합니다. 이런 고비에 흔들리지 말아야 하는데, 무의식중에 병통이 자꾸 공부를 둔하게 만들고, 걸림돌이 되거든요.

그래서 옛 노스님들이 공부할 때는 반드시 선지식을 가까이 해서 공부해야 한다고 하셨어요. 그런데 젊은 분들은 절이나 굴을 만들어 혼자 공부를 하면 자기가 가장 잘하는 걸로 착각하는 것 같아요. 그런 자리에 가서 게을러 엉뚱한 데로 빠지면 중노릇도 아니고, 자기는 공부 잘한다고 하지만 엉뚱한 쪽으로 가버리는 경우가 많습니다.

혼자서 공부하면 위험하니
선지식을 가까이 모시고 공부하라는 말씀이군요.

공부하다가 도중에 어떤 경계를 보게 되는데, 그걸 긍정해서 받아들이면 완전히 일시적으로 가버리거든요. 공부하는 이는 선지식을 가까이 모시고 꾸지람을 받으며 공부하는 것이 가장 중요하고 바른 법인데, 혼자서 다 해버리거든요. 애를 쓰다가 어떤 걸 느끼면 '아! 좋은 현상, 좋은 경지를 느꼈다. 체험했다'고 긍정으로 받아들이면 잘못된 쪽으로 가버립니다. 그래서 어떤 공부를 할 때는 많이 하신 분 곁에 있으면서 자주 묻는 것이 가장 안전한 방법입니다.

그런 경계가 나타나더라도 부정하고
화두가 타파될 때까지 계속 나아가야겠네요.

화두가 타파된다는 것도 잘못하면 착각하거든요. 공부했다는 것을 경험해서 하다 보면 아무것도 없어졌다 이거예요.

화두가 안 들리고요?

없어져 버렸다 이거예요. 그런 걸 무기(無記)로 빠진다고 봐야 되겠지요. 애써서 하다 보면 분명히 화두가 해결된 것은 아닌데 화두도 없어져 버리고, 생각도 움직임도 아무것도 없이 편안히 앉아 있게 됩니다. 그건 주로 무기로 빠졌다고 봐야 할 것 같아요. 그런 분들이 많아요. 그러면서 당신이 공부를 바로 한 것처럼 여기는 무기라는 것이 참 편안하거든요. 무기란 내 몸을 잊어 버리고 시·공간도 잊어 버리게 됩니다.

스님들도 그런 분들이 계시니 재가자는 더 말할 것이 없어요. 이때가 위험한 고비인데 그럴 때마다 선지식을 찾아가서 자꾸 질문하고 꾸지람을 들으면서 공부해야 합니다. 멋대로 하다 보면 착각의 세계에 빠져 버립니다. 차라리 망상을 피우고 있을지언정 무기에는 떨어지지 말아야 합니다.

그 이후 어떻게 되셨는지 궁금합니다.

그 후는 전부 다 버렸지요. 그때 내가 어른들에게 질문을 안 드리고 자꾸 혼자 하다 보니까 신경이 날카로워지면서 옆에 사람들이 나에게 "미쳤다"는 소리를 하니 그때 전부 다 버렸어요. 그래서 중간에 공부가 완전히 중단이 되고 잘못된 거지요. 그때 어른들께 질문을 드리고 공부 길을 잡아서 했어야 하는데….

그 이후는 은사이신 고봉 스님한테 와서 그대로 시간만 흐른 거지요.

선방으로도 가고 강원에도 있고, 그렇게 왔다 갔다 하면서 지냈는데 언제나 그게 병이 되더군요. 선방에 가서 앉아 있으면서 지난 날 공부할 때 체험한 경계가 나타나지 않으니까 자꾸 답답하면서 그쪽이 옳은 일이 아니냐 하는 망상도 있었어요. 그때는 완전히 앞도 뒤도 없이 화두 쪽으로 몰두해야 하는데, 내가 선지식을 찾아가지 않았고 어른들에게 질문을 안 드렸으니까 어른들도 나를 몰라주시고, 그러면서 내 공부가 중간에 완전히 흐트러진 거지요.

당시 스님께서 질문을 드리지 않은 이유가 있을 것 같은데요.

그 무렵에 나는 어른들에게 이런이런 것을 체험을 했습니다 말씀드리고 향상했어야 되는데, 그만 내가 버리면서 관심을 안 갖고 살다 보니까 잘못된 거지요.

그런데 1990년대 초인가, 1980년대 말인가 구미 금강사에 철우 스님이 계셨어요. 철우 스님은 밀양 표충사 어른인데 열여섯 살부터 정진하면서 그때부터 묵언하신 선지식이셨어요. 철우 스님을 뵙고 지나간 일들을 말씀드렸더니 웃으면서 "자네도 식광(識光)은 경험했네 그려" 하시고는 당신이 열여섯 살 때 체험한 이야기를 해주신 적이 있어요.

식광이 뭔지요?

팔식(八識)* 고비가 넘어가서 식광이라는 세계가 나타나는데, 그 세계에 가면 지나간 이야기가 떠오르지요. 전생 인연이나 전생 일을 알아맞히기도 하고 보는 힘도 생기고….

식광을 보았다는 게 지견(知見)이 열렸다는 것과 같은 것인가요?

그렇게 보면 안 되겠지요. 간단하게 평하려면 그런 소리를 붙일 수도 있지만, 식광을 보았다고 지견이 열렸다는 소리는 아니죠.

그러니까 편하게 여러 가지 얘기를 하는데 해오(解悟)라고 하지 않습니까? 《수심결》의 가장 골자가 돈오점수(頓悟漸修)인데, 보조 국사 이후에 우리나라의 어른들 수행 방법이 돈오 후에 점수입니

---

*팔식(八識) : 여덟 가지 인식 작용을 이르는 말. 안식(眼識), 이식(耳識), 비식(鼻識), 설식(舌識), 신식(身識)의 오식(五識)과 의식(意識), 말나식(末那識), 아뢰야식(阿賴耶識)을 이른다.

다. 나는 또 그 풀이를 이렇게 해요. "확실한 신심(信心) 착한 신심
이 자리잡힐 때가 해오(解悟)고, 다시는 흔들리지 않는 신심이 정립
될 때를 돈오(頓悟)라고 붙인 것이다."

요새 보면 선방 쪽에 스님이 돈오면 그만이지 점수가 무슨 필요
가 있느냐 그래서 보조국사를 오히려 공부를 모르는 분, 공부를
안 하는 분이라고 평합니다.

그러나 경허 스님이 보조국사의 《수심결》과 보조국사의 어록을
보고 보조국사가 못 깨친 어른이라고 평을 했다가, 몇 년 후에 당신
이 보조국사를 잘못 평했다는 걸 알고 송광사 조사당에 가서 보조국
사 영탱 앞에 일주일 간 참회기도를 했다는 일화가 있습니다.

처음 듣는 얘기지만 중요한 얘기인데요.

유명한 일화입니다.

그러면서 우리도 이야기하지요. "본분상에 있어서는 돈오뿐이
지 거기에 무슨 점수가 필요하냐. 하지만 후천적으로 볼 때는 점
수라는 것은 한평생 수행 그대로 점수다. 우리나라의 어른들이 전
부 가장 이상적인 수행 방법으로 택한 게 돈오 후에 점수하는 방법
이다." 그래서 확실한 신심, 다시는 흔들리지 않는 신심을 정립할
무렵이 돈오고 해오인 것입니다.

그런 설명은 제가 처음 듣는데요.

그러니까 성철 스님은 본분사의 입장에서 이야기하신 것이지,

후천적인 수행에서 이야기한 것이 아닙니다. 그걸 이해해야 하는데, 젊은 분들이 잘못 알아듣고서 돈오돈수면 그만이지 점수가 무슨 필요가 있느냐 하는데, 《능엄경》에도 그 말이 나오거든요.

"이치인 즉 돈오라 깨닫는 순간 다 이루어진다. 사(事)에서는 그렇게 되지 않는다[理則頓悟 乘悟疊消 事非頓除 因次第盡]."

이치인 즉 깨닫는 순간 다 해결이 되지만, 사(事)상의 문제는 그렇게 되지 않는다. 사상의 이해, 사상의 공부이지요. 마음이든지 모든 행이 그렇습니다.

본분사의 입장과 분별세계의 입장이 다를 수 있다는 건가요?

얼마든지 말을 붙일 수 있거든요. 이치는 당장 끝나거나 아차 싶은 순간에 해결이 되는데, 후천적인 문제는 당장 해결되지 않고 차츰차츰 해결이 된다는 풀이가 되거든요.

그러니까 보통 "입차문래(入此門來) 막존지해(莫存知解)"라고 했을 때 "이 문에 들어오면 알음알이 지혜를 두지 말라." 이 말은 바로 여기에서는 털끝 하나도 용서가 안 된다, 그러니까 거기에는 아무 시시비비도 용납할 수 없다는 겁니다. 결국은 선천적인 문제에서는 아무 걸릴 것도 없고 본래 번뇌 망상 머무를 자리도 없지만, 후천적인 문제에 대해서는 당장 그렇게 되지 않으니까 차츰차츰 노력해서 제거할 수밖에 없습니다. 그러니까 본분사 선천적인 데에는 번뇌 망상 붙을 일도 없고 번뇌 망상이 일어난 일도 없는데, 후천적인 번뇌가 생겨 붙은 다음에는 차츰 노력하여 없애야

140

한다는 말이 되겠지요.

지금 돈·점 문제를 가지고 논쟁이 많습니다.
제가 성철 스님《백일법문》을 읽어 보고 녹음된 법문을 들어 보니
성철 스님은 돈오를 견성·성불·정각·무상정등각·구경각으로
보아야 한다고 하시더군요.

그러니까 성철 스님의 말을 잘못 이해하면 젊은 수행자들이 그르칠 수 있는 거지요.

외람됩니다마는 돈오를 정각·무상정등각·견성으로 보면,
돈오하게 되면 부처가 되는 건데, 부처가 된 경지에서
더 닦을 것이 있다는 것은 맞지 않다는 얘기를 하시더라고요.

그렇지요. 성철 스님 본분사에서는 그 말이 필요하지요.

어쨌든 보조국사 이후에는 전부 그 방법이 이론적이든지 체계적이든지 수행에 있어 타당하고, 그것은 한국불교계에 거의 뼈마디가 되어서 내려왔지요.

그러니까 쌍계사 진감국사 비문을 보더라도 스님이 중국에서 깨치셨지만 이쪽에 오셔서 피나는 후천적인 수행을 겸하셔서 완전히 법을 이루셨다는 그런 구절이 나와요.

돌아가신 서울대 철학과 교수 박종홍 선생이 가장 자랑한 게 보조국사의 돈오점수거든요. 이게 한국의 철학이라는 거예요. 전부 중국 사람 찌꺼기이고 중국 사람들이 한 소리인데, 보조국사의 이

사상은 한국의 철학이라고 평하셨어요. 다른 나라 본뜨지 말고 다른 나라 것을 하지 말고 한국의 철학을 내세우라고 하면 이것밖에 없다고 하셨거든요.

보조 스님이 돈오점수를 이야기했을 때의 돈오는 해오로 이해해야지 구경각으로 이해하면 안 된다는 말씀이신가요?

한국불교계에 아무도 그 자체를 바로 증오(證悟)*로 본 분이 없어요. 예부터 '보조국사의 돈오라는 것은 해오지 증오는 아니다'라는 게 한국불교의 정설로 되어 있는 겁니다. 그러니까 내가 (돈오점수에서 돈오를) 확신이다, 다시는 흔들리지 않는 신심의 정립이다라고 한 것도 그런 맥락입니다. 요즈음 선방 스님들 전부가 증오로 보지만, 그것은 해오지 증오가 아닙니다.

그렇다면 성철 스님께서 보조 스님의 돈오점수에 대해서
보조 스님이 잘못했다고 하는 것조차도
문제가 있는 지적일 수 있겠는데요?

성철 스님이 이야기하는 돈오라는 것은 완전히 부처님이 되신 다음의 차원을 이야기하는 것이지, 근래 수행의 차원에서 이야기하는 것이 아닙니다.

---

* 증오(證悟) : 마지막에 이해하고 실천하고 하나가 된 깨침

그런데 《백일법문》을 보니까 거기에서는 보조 스님께서
결사 당시에 〈결사문〉이나 《수심결》에 나오는 돈오관과
입적 직전에 나온 저술, 그리고 열반하신 이후에 나온 저술 사이에
변화가 있었다고 하시면서, 입적 후에 나온 저술은 돈오에 대한
잘못된 시각이 완전히 바로 잡혔다고 말씀하시더군요.

그것은 오히려 보조 스님 제자 되는 진각국사의 저술이라는 주장도 있습니다. 하지만 그걸 보조 스님의 어록이라 하더라도 입적한 이후에 나온 저술에 바로 잡혀 있는데, 그 앞에 나온 저술은 보조 스님이 아직 안목이 열리기 전에 지은 저술이라 그런 문제가 있다는 것이죠.

그래서 보조 스님의 이야기를 가지고 경허 스님조차도 초기에는 보조 스님의 안목이 안 열렸다고 하셨다가 나중에 송광사 조사전에 가서 참회기도를 올리신 거지요. 요즘 젊은 세대는 덮어 놓고 자기가 체험해 보지 않고 말로만 하니까, 보조 스님의 말도 정확하게 이해 못 하고 아무렇게나 말하는데 안타까운 일입니다.

그런데 화두는 어느 분에게 받으셨는지요?

은사인 고봉 스님에게 "是甚麼(이뭣꼬)?" 화두를 받았어요. 그런데 앞서도 말했듯이 나는 화두 공부가 큰 진척이 없었어요. 그것은 화두의 고리가 맺혀야 되는데 맺히질 않아 늘 갈팡질팡했지요. 그리고 주력하고 염불하다 체험한 것이 자꾸 생각나서 화두 공부가 진척이 없었어요.

결론적으로 말씀드리면, 선방을 다닌다고 무슨 의미가 있는 것도 아니고 강원을 다닌다고 의미가 있는 것도 아닙니다. 그저 꾸준히 노력하는 그것뿐입니다. 달리 길이 없습니다. 어느 하나라도 지속적으로 놓지 말고 꾸준히 밀고 나가면 뭔가 소식이 옵니다. 노력하지 않으면 체험할 수 없지요.

저는 통도사 극락암, 수덕사, 정혜사, 동화사 금당선원, 직지사 천불선원, 쌍계사 서방장 선방 등등을 다녔습니다. 그 시절 선방 이야기야 며칠을 해도 끝이 없겠지만, 역시 금봉 스님이 수덕사 조실로 계실 때 생각이 나네요.

만공 스님 열반 후에 수덕사에서는 산내파와 산외파가 조실 문제 때문에 약간의 갈등이 있었어요. 산외파의 대표자는 고봉 스님이고, 산내파 쪽은 벽초 스님 등이 이쪽 계통이셨죠. 금봉 스님이 조실 자리에 계셨는데, 주로 산문 밖에서 포교하셨던 산외파에서는 인정하지 않았지요. 그래서 수덕사 선방의 방함록 기록을 못할 때도 있었어요.

당시 재미있는 일화가 있는데, 금봉 스님이 조실로 계시면서 사태가 심상치 않아서 잠깐 자리를 피해야 할 사건이 벌어졌거든요 금봉 스님이 벽초 스님에게 "벽초! 이사를 가야겠는데 타고 가야 될 말이 없네" 하시니까, 벽초 스님이 "말은 여기 있습니다만, 타실 수 있을지 모르겠네요" 했어요. 벽초 스님이 성이 마(馬)씨거든요. 옛 어른들은 당장 쫓겨 가게 된 마당에도 그런 대화를 주고받을 수 있을 만큼 여유가 있으셨어요.

스님! 금봉 스님 외에 선지식으로 모셨던 분이 또 계십니까?

저는 주로 통도사 경봉 스님을 가까이에서 모셨지요. 우리 스님인 고봉 스님은 납자들을 눈에 불꽃이 튈 만큼 무섭게 꾸지람을 하셨고, 안 되면 몽둥이까지 치셨지요. 반면 경봉 스님은 늘 조용한 말씀으로 다루어주셨기 때문에 어려서부터 우리 스님의 불꽃 튀는 교육에 익숙해진 우리로서는 경봉 스님 회상에서는 그만 맥이 풀어진 상태가 되어서 큰 진전은 없었다고 생각이 돼요.

그때 통도사 극락선원에서 정진하시면서
재미있는 에피소드도 많았을 것 같은데 좀 들려주시죠.

극락선원은 결제철이 되면 거사님, 보살님들이 오시곤 했어요. 주로 비구들이 많았지만 거사님, 보살님도 계시고 해서 늘 30~40명은 계셨지요.

어느 동안거 때 종정을 지내신 혜암 스님께서 입승하실 무렵, 한 철을 용맹정진 하자는 의견과 가행정진 하자는 입장이 엇갈려 대중공사까지 한 일이 있었습니다. 입승이셨던 혜암 스님께서 당신 체험으로 "장좌불와(長坐不臥)가 효력이 있다. 잘 것 없이 죽어라고 밤낮으로 용맹정진 하는 쪽으로 하자"는 의견을 내셨고, 철웅 스님 등 몇 분은 "하루 종일 멍청하게 졸고 있는 것보다는 두 시간 자고 나머지 시간이라도 또렷하게 앉아 있는 가행정진이 낫다"고 주장하면서 그해 겨울에 약간의 갈등이 있었지요. 오래 가진 않았지만, 살림 중에 조금 충돌이 있었던 기억이 나네요. 다 공부를 잘하자는 얘기였죠.

선방이라고 하는 곳이 가끔 엉뚱한 사건이 벌어져요. 선방은 때가 묻지 않고, 그렇기 때문에 사람들이 함께 모이면 팔십 된 노인이나 이삼십 된 사람이나 똑같이 어린아이처럼 되죠. 그래서 엉뚱한 일이 벌어지기도 합니다.

대구 동화사 선방에서 철웅 스님이 죽비를 잡고 있을 때였어요. 어느 여름날 점심 공양 후 잠시 쉬고 있는데 어떤 스님이 화장실 갔다 오더니 "화장실에 긴 짐승이 나왔다"며 소리쳤어요. 그러자 "보자! 보자!" 하면서 대중들이 모였는데 밑도 끝도 없는 장난이 벌어진 거예요. "좋은 일이 생겼다. 서울 총무원장에게 보내자." "이거 먹고 생각 고치라고 보내자." "그래 보내자! 보내자!"

아무 고의성도 없고, 앞뒤도 없는 그런 장난이 벌어졌어요. 나이를 불문하고 재밌다고 동참해 버리는 거죠. 누군가 어디 가서 큰 분유통을 가져왔고, 거기에 그 짐승을 넣은 후 뚜껑을 닫아 창호지로 봉하여 조계사에 보냈어요.

수좌들이 왜 그러셨어요? 이유가 있었을 것 같은데요?

앞도 뒤도 없이 장난으로 뱀 나왔다고 하는 통에 그런 장난이 벌어진 거지요. 편지도 썼는데, 철웅 스님이 썼죠. "다른 사람 말이라고 하면 안 믿을 테니까 대구 대남한약방의 여동명 거사가 보낸 약이라고 하면 믿을 거다." 그래서 대구 한약방에서 보낸 걸로 해서 조계사의 총무원장 스님 앞으로 보냈어요. 원장 스님이 소포를 뜯어 보고 기겁을 하셨겠죠.

그렇듯 선방이라는 곳은 대중들이 한 데 모여 있으니 아무 계획도 없고, 앞뒤도 없이 누군가의 말 한마디에 모두 "좋다, 좋다" 하여 사건이 벌어질 수 있어요.

웃지 못할 사건이 또 생각이 나네요. 정확히 언제인지 모르겠지만 극락선원에서 있었던 일이에요. 저녁 7시에 입선(入禪)하면 8시 반이나 9시 되면 "국수 삶아 먹자" 합니다. 밤에 국수를 삶아 먹고 나면 배가 불러 앉아 있을 수가 없어요. 그러면 판치는 사람이 지금 통도사에 계시는 ㅁ 스님이에요. 이분은 출가 전에 가수 되려고 남인수의 판을 사다가 익히신 스님인데, 노래를 참 잘 하셨죠. 또 지금은 입적했습니다마는, 경봉 스님의 상좌인 벽산 스님이란 분은 마을에 계실 때 동네 대항 무슨 노래자랑에서 자기 동네가 우승을 못 하면 화가 나서 밥도 안 먹던 분이었어요. 이 스님은 춤을 잘 추셨죠. 그리고 총무원장 경선에 나가셨던 ㅈ 스님은 성량이 풍부해서 외국의 명곡이나 가곡을 잘 부르셨어요. 그러면 누군가가 점수 따려고 큰방 노장님한테 고자질하는 사람이 있어요. 노장님의 날벼락이 떨어지는 거지요. "공부하러 온 거지, 너희가 먹고 놀려고 하느냐. 그러면 차라리 집으로 가거라."

선방이라는 곳이 딱딱한 정진만 하는 곳 같지만, 때로는 재미있는 장난도 벌어지고 그런 자리입니다.

화두를 하든 염불을 하든 주력을 하든, 마음이라고 해야 될까 빛깔도 모양도 소리도 냄새도 없는 그것을 단속하고 그걸 주춧돌로 해서 살아야 하는 것이 중이에요. 그것만 명심하면 되지 다른 것이 있습니까? 어쨌든 말도 문자도 필요 없는 것을 기둥으로 삼아 사는데, 늘 명심해야 하는 것은 《능엄경》 마지막 장에 '변마(辨魔)' 라고 나옵니다. 색(色)·수(受)·상(想)·행(行)·식(識)을 오온(五蘊)이라고 하지요. 오온을 다시 세분해서 색의 10가지 수를 다 합하여 50가지 마구니의 일이 있습니다. 여기에 걸리면 전부가 마구니라는 이야기가 되는데 '50변마' 라고 해요. 그것을 자주 보면서 내가 어디 잘못에 걸려 있지 않은지 점검해야 합니다.

남방불교의 위빠사나 쪽으로 가면 자기가 매일 공부를 점검하여 내가 어느 차원까지 도달했는지 스스로 자기 향상을 가늠할 수 있어요. 그런데 우리나라의 선방 쪽에 오면 그런 게 없어서 공부가 제자리걸음인지, 앞으로 가는 건지, 뒤돌아가는 건지 알 수 없습니다. "한국 불교계에도 선방 쪽에 위빠사나처럼 그런 제도든지 뭔가가 있었으면 좋겠다" 하는 소리를 하는 분이 더러 있어요. 그런데 이것은 경전을 가까이 하지 않기 때문입니다. 남방 사람들은 철두철미하게 경전 위주로 경전 상에 나타난 그것을 표준으로 자기 향상을 점검하는데, 한국 스님들은 경책을 너무 멀리합니다.

50변마사를 늘 가까이 하면서 반성하면 지금 내가 공부 길이 바로 서고 있는지, 잘못된 길로 가고 있지 않는지 다 점검할 수 있습니다. 이걸 모르고 남의 나라에서 한다고 하니까 그쪽 공부 방법을 부러워하고 우리의 공부 방법을 부정합니다. 그런 어리석음에 빠지지 않았으면 좋겠습니다.

그러면 《능엄경》에 나오는 '50변마' 항목을 잘 정리하면
하나의 지침이 되어서 강원이든 선원이든 율원이든 포교현장이든
지침을 할 수 있겠네요.

봉선사에 운허 스님이 한글로 자세하고 알기 쉽게 풀이해서 강의해 놓은 《능엄경》이 있으니까 그걸로 자기 점검을 할 수 있는 거지요.

근래 종단에서 불교 수행법을 조사해 보니까 의외로
간경 수행에 대해서 체계적으로 정리가 안 되어 있는 것 같습니다.
스님께서 생각하시는 평소 간경 수행 방법을 소개해주십시오.

《능엄경》을 볼 때는 내가 아라한이 되어서 부처님과 내가 직접 문답한다는 생각을 하고, 《금강경》을 볼 때는 내가 수보리가 되어서 부처님과 내가 직접 대화하는 자세가 되어야 합니다. 경전을 2,500년 전 부처님과 수보리의 문답이라고 본다면 경전을 보는 보람이 전혀 없습니다. 《금강경》을 볼 때는 내가 바로 수보리가 되어 부처님에게 질문을 하고, 부처님의 질문이 나에게 떨어지고, 내가

150

어떻게 대답해야 할까를 생각하면서 경을 봐야 합니다. 내가 바로 당사자가 되어 그 시간에, 그 공간에, 그 자리에 서서 직접 내가 이렇게 질문한다는 입장에서 경을 봐야 합니다.

보통 불교 수행 하면 참선, 기도, 염불, 주력, 간경
이렇게 말하지 않습니까?
이렇게 말할 때 '기도'라는 것은 불교에서 어떤 수행인지요?

주로 의타적인 수행 방법이 기도겠지요. 예를 들어 관세음보살님의 힘을 빌어서 깨우쳐 간다, 도움을 얻어서 깨우친다, 이런 방법이 주로 기도겠지요. 그런데 내 체험으로는 두 조각이 되어서는 안 되고 하나가 되어야 합니다. 주관과 객관이 하나가 되어야 합니다. 부르는 나와 부처님이 따로 있으면 바른 공부 방법이 아닙니다. 주력을 하든 염불을 하든 기도를 하든 주관과 객관이 하나가 되어 똘똘 뭉쳐서 그대로 전진해야지, 주관과 객관을 나누면 공부가 흐트러지고 까딱하면 잘못된 길로 가게 됩니다.

저희들이 보통 말하는 기도라는 용어는
염불과 주력을 포함하는 것이죠?

그렇지요. 불교 전체의 수행 방법을 기도라는 이름으로 표현해요. 그러니까 화두하는 사람은 화두대로 밀고 가는 것이고, 염불하는 사람은 염불대로 밀고 가는 것이고, 주력하는 사람은 주력대로 밀고 가는 것이지요. 어쨌든 수행 전체를 기도라는 의미로 "부

지런히 기도하십시오. 부지런히 기도하십시오"라고 표현하되, 내 마음은 화두대로 밀고 가고 있습니다.

주력은 정신을 집중시키는 것이 목적인가요,
삼매에 드는 것이 목적인가요? 주력의 힘을 빌어 자기 자신이
삼매에 들어가기 때문에 의타적인 거라고 표현하는 건가요?

그렇지요. 그런데 주로 여태까지 기도라고 하면 전부 의타적인 거라고 생각을 하는데, 내가 주장하는 것은 의타라는 것은 있을 수 없고 죽으나 사나 자력으로 가는 것이라는 거지요.

그런데 실제로는 자꾸 '관세음보살에게 기도해라' 하지 않습니까?

여태까지 풍속이 그렇고, 사람들의 표현 방법이 그래서 일반적으로 그렇게 인식되고 있습니다.

나는 "주력을 하건 염불을 하건 화두를 하건 절대 주관과 객관이 나눠지거나 의타적인 것이 되어서는 안 된다. 피를 토해도 내가 가면 되고, 한 걸음도 내가 가는 것이다"라는 것을 강조합니다.

보통 정토신앙이나 정토 기도 같은 것은
'나무아미타불' 해서 서방 극락에 또는 내생에
그렇게 태어나게 해달라는 것이 일반적이지 않습니까?

글쎄요…. 내려오면서 일반 사람들이 공부 방법을 못 알아들어서 옛 어른들이 그렇게 표현하셨는지 몰라도 두 조각이 나는 공부

152

방법이 되고 있습니다.

해인사 〈수선결사문〉 같은 것을 보면 경허 스님께서도
방편으로 정토 수행을 선과 병행하라 하셨더군요.

그런 어른들이 더러 계세요. 오대산의 한암 스님이 한평생 그 시간엔 화두를 시키고 방선이라고 해서 선방에서 죽비 치고 마친 다음에는 늘 미타 주력을 시켰다고 하거든요. 그러니까 이 시간에도 마음을 한 덩어리로 만들어 가고 이 시간에도 풀어 버리는 게 아니라, 이 시간에도 생각을 모아 가도록 하는 그런 방법을 쓰신 것 같아요. 한암 스님이 평생을 아미타불을 하시고….

성철 스님도 아비라 기도를 하라고 하셨는데
이해가 안 된다는 분도 계시더라고요.

그렇지요. 성철 스님도 능엄주라든지 아비라 기도 같은 것을 권하셨어요. 안타까우니까 자꾸 흐트러지지 않도록 모으라는 그런 채찍질이겠지요.

성철 스님께서도 화두를 하시면서 또 겉으로 능엄주를 하시면서 힘이 쉽게 모아지는 쪽이 아마 그쪽이라는 것을 생각을 하신 것 같아요. 그런 방편 수행이 쉽게 삼매에 들 수 있고 공부의 힘을 얻게 하는 것이고….

근기가 약한 중생에게는 어쨌든 해라, 해봐라, 하면 된다가 필요하니까 그걸 강조하는 게 가장 중요한 것 같아요.

불교 수행은 신해행증이라고 하는데

신해행증의 본래 뜻은 무엇인가요?

신해행증(信解行證)은 주로 《화엄경》 이야기겠지요. 그리고 사집
(四集)에 신해행증이 필요하다고 나왔습니다.

처음에는 앞도 뒤도 없는 무조건적인 믿음(信), 그 다음에 이해
(解), 그 다음에 실천(行), 그리고 실천해서 결과에 도달하는 깨달
음(證), 이게 신해행증이죠.

흔들리지 않는 믿음이라는 것이

기독교에서 말하는 신(神)에 대한 믿음과 어떤 점이 다른가요?

신(信)이란 모든 사람에게 불성(佛性)이 있다는 믿음을 갖는 것,
그래서 나도 부처가 될 수 있다는 믿음을 갖는 것, 부처님 가르침
대로 정진하면 깨달음을 얻을 수 있다는 믿음을 갖는 것이라 할 수
있습니다.

바람직한 불공이란 무엇인지 가르쳐주십시오.

참회가 결국 불공이겠지요. 여태까지의 나를 되돌아보면서 내
마음가짐과 내 말, 내 행동 등을 반성하는 게 결국은 불공이 되어
야 되지 않을까요. 거기에서 우러나는 참회가 결국 불공이 되어야
하지 않을까 생각합니다.

불·보살님께 무엇을 해달라고 기대하는 것이 아니라

내 자신이 참회하여야 한다는 말씀이군요.

그렇습니다. '내가 여태까지 잘못했습니다. 앞으로 실천하겠습니다. 여태까지 잘못을 용서해주시고 도와주세요' 해야 합니다.

그때 어떤 것을 서원해야 될까요?

자신의 향상이지요. '나를 반성하고 향상하겠습니다. 나를 곁에서 지켜봐주시고, 지칠 때는 나에게 도움을 주세요' 하는 것도 필요하겠지요.

불교의 재(齋)와 유교에서 말하는 제(祭)는 어떻게 다른지요.

재사는 자자(自恣)에 기인한 것입니다. 재사를 귀신이 와서 밥 먹는 것으로 생각해서는 안 됩니다. 추모재입니다. 그날 모여서 가신 분을 회고하면서 그분의 실천은 어땠고, 말씀은 어땠고, 우리는 그분의 말씀을 얼마나 받아들이고 실천하려고 노력하고 있는가, 이걸 추모하고 반성하고 대화를 나누는 자리가 재사입니다.

한국불교 안에 사주나 부적 같은 것도 많이 들어와 있습니다.
이런 부분에 대해서 우리가 어떻게 이해해야 할까요?

사주는 자기 반성이라고 이야기하거든요. 사주는 대우주의 회전과 나를 연결시켜서 내가 대우주의 향상에 얼마나 보조를 맞추어서 살아왔고, 얼마나 어겼는가를 가늠하는 것입니다. 대우주와 톱니바퀴를 맞추어서 살아왔으면 평탄할 것이고 행복할 것입니

다. 지금부터라도 대우주의 톱니바퀴에 맞추어 가도록 노력해야
지, 이게 어긋나면 어긋날수록 괴로움과 고통이 더 올 뿐이라고
이야기합니다.

부적(符籍)은 그 사람에게 마음의 안정을 주는 것 같아요. 부적
을 가졌다는 안도감이 가장 큰 것 같아요.

이 두 가지를 무조건 기복이라고 몰아붙일 게 아니고, 부처님 이
야기나 불교 경전에 비추어서 당사자가 이해하고 푸는 쪽으로 가
야 할 것 같아요.

부처님께서는 길흉화복에 의지해서 살아서는 안 된다고 말씀하
셨지요.

스님께서는 의식(儀式)에도 밝으시니 여쭤 봅니다만,
천도의식이라는 것이 부처님 당시나 경전에 근거가 있습니까?

천도의식이라는 것은 나타난 게 별로 없지요. 《능엄경》에 보면
왕이 아버지 제삿날 재를 올리면서 부처님을 청해서 공양을 올렸
습니다. 어느 집이든 부처님께서 공양을 받으시면 그 집에 가서
법문을 해주셨다는 기록이 있긴 하지만, 그게 우리나라에서의 재
사처럼 그런 것인지는 정확하지 않습니다. 어쨌든 나는 자신이 풀
어져야 영들이 풀어진다는 것은 믿으라고 강조하지요.

스님께서 설법하실 때 자주하시는 말씀이 더 있으시다면
말씀해주십시오.

다른 것은 없어요. 나는 "부처님 앞에서는 무릎 꿇지 않아도 되는데 내 가족 앞에 아침저녁으로 삼배를 해라. 그게 가장 진실한 예불이다"라고 당부합니다.

가족이라고 해서 좋은 인연으로만 모여진 것이 아닙니다. 지나간 시간에 자주 부딪힌 인연으로 가까이 모여서 그걸 풀려고 노력해야 하는데 앞도 뒤도 모르고 자꾸 부딪혀서 모진 인연만 만들어가고 있습니다. 이것부터 먼저 반성해서 가족이 얼마나 소중한지부터 생각하고 잘했든 못했든 '내가 당신한테 잘못한 것을 참회합니다. 용서하십시오. 항상 건강하시고 모두 순탄하소서!' 라고 생각해야 합니다.

아침저녁으로 가족에게 삼배 하면·가족 사이에 다툼이 없어지면서 화합이 이루어집니다. 여기에서 모든 향상이 이루어집니다.

부처님 앞에 와서 고함지르고 삿대질을 하라고 하면 모두가 자신이 없어서 못하지 않느냐, 우리가 그만큼 밝게 참되게 진실하게 살고 있지 못하다는 증거이지 않느냐, 그렇게 자신 있게 살고 있다면 내가 이렇게 참되게 진실하게 바르게 살고 있는데 왜 나한테는 복을 주지 않느냐고 고함을 지를 수 있지 않느냐, 우리 생활이 그만큼 자신이 없으니까 부처님 앞에 와서 고함을 못 지르지 않느냐, 고함을 지르든지 욕을 하든지 삿대질을 하든지 여기에 와서 하고 가족에게는 절대 그런 짓을 하지 말아라, 그런 소리를 하지요.

스님, 마지막으로 제방에서 정진하시는 수행자들에게

무슨 말을 할 수 있나요. 다만, 비록 수행하는 스님이라도 그날 밥값은 꼭꼭 하도록 해야 합니다. 선방 스님들이라고 해서 덮어놓고 앉아 있는 것만 능사가 아닙니다. 일주일에 한 시간이든 두 시간이든 어느 절에 가서 법문을 해주신다든지, 포교당에 가서 법회를 몇 번을 해준다든지 하는 것이 제도화 되어야 한다고 생각합니다.

그리고 세상이 점점 더 어려워지니까 신도든지 스님이든지 하나가 되어야 한다는 이해도 필요합니다. 그래서 절 살림살이는 신도들이 알아서 하고 스님들은 공부하는 그런 식이 되어야겠지요. 물론 이것은 시간이 걸려야 되겠지요.

선교 겸수 정신을 잇다

무비(無比) 스님

범어사 무비(無比) 스님

무비 스님은 경북 영덕에서 태어나 여환 스님을 은사로 불국사에서 출가하였다. 불국사 · 범어사 · 은해사 · 해인사 강원에서 수학하였으며, 해인사 강원을 졸업하자 산문 밖을 나가지 않고 선방에서 정진한 이래 오대산 상원사 · 도봉산 망월사 · 천축사 · 묘관음사 · 용화사 · 용주사 · 동화사 · 파계사 · 송광사 · 화엄사 · 통도사 극락암 선원 등에서 동산 · 효봉 · 춘성 · 전강 · 경봉 · 향곡 · 구산 · 성철 · 서옹 · 서암 스님 등 현대의 선지식들을 모시고 10여 년 간 참선을 하였다. 그러던 중 동국역경원 부설 역경연수원 1기생에 선발되어 역경 불사에 발을 디딘 후 탄허 스님의 전법제자가 되었다. 이후 통도사 · 범어사 강주에 취임하여 수많은 후학을 가르쳤으며, 1996년 조계종 종립 은해사 승가대학원의 초대 원장에 취임하였고, 조계종 교육원장을 역임하였다. 지금은 범어사에 주석하며 인터넷 다음(Daum)에 '염화실' 카페를 운영하고 있다.

무비 스님은 세상에 널리 알려진 분이다. 오랫동안 강의를 해왔을 뿐만 아니라 수많은 역경과 저서가 있다.

스님께서는 어린 나이에 출가하여 강원 공부를 하신 뒤에 제방 선원에서 십여 년 간 참선 수행을 하시다가, 뜻한 바 있어 역경사 양성과정에 참여한 이래 지금까지 강원에서 후학을 가르치고 계신다. 젊어서 제방 선지식 문하에서 십여 년 간 선승으로 정진한 까닭에 수좌계에서도 스님은 선과 교를 겸수한 수행승으로 인정받으신다.

무비 스님은 키가 180cm가 넘고 체격이 크니 기골이 장대하다는 말이 어울린다. 스님은 늘 유쾌하시다. 말씀도 거침없고 시원시원하다. 스님을 아는 사람들은 간화선의 본래면목이라 할 자유자재 활발발이 무비 스님과 둘이 아니라는 생각이 들 것이다. 그런 스님을 뵙고 출가와 수행의 길을 물었다.

스님, 먼저 출가 인연을 좀 듣고 싶습니다.

내가 출생한 곳은 경북 영덕읍 지품면 도계리인데, 출가할 무렵에 살던 영덕읍 남산동 집 가까운 곳에 덕흥사(불국사 말사)라는 절이 있었어요. 어려서 할머니 손을 잡고 자주 다녔고, 초등학교 다닐 때도 자주 가서 과일이나 떡을 얻어먹고 행사를 구경하고 그랬어요.

그 절에는 당시 내 또래의 동자승이 있었는데, 얼굴도 잘 생기고 총명했어요. 하루는 그 동자승이 〈초발심자경문〉에 나오는 "三日修心은 千載寶요, 百年貪物은 一朝塵"이라는 대목을 외우고 그 뜻을 설명하는데, 그 말이 그렇게 가슴에 와 닿았어요.

나는 초등학교 입학 전에 서당에 다녀서 한문 공부를 제법 했어요. 《천자문》, 《동몽선습》, 《계몽편》을 배우고 초등학교에 입학했기에 그 동자승이 하는 말이 쉽게 이해가 가고 감동이 왔어요. 그래서 초등학교를 마치고 절에 갈 생각을 하게 되었어요. 처음에 덕흥사로 입산해서 반 행자생활을 하다가 큰절로 가라 하기에 불국사로 정식 출가를 하게 되었습니다. 그게 4·19혁명이 일어난 해였으니 아마 1960년일 겁니다.

스님께서 출가하실 당시 불국사는 어떤 분위기였는지요?

당시 불국사에는 지효 스님이 주지였고, 제 은사이신 여환 스님이 총무 겸 재무 소임을 맡고 계셨지요. 그 외에 원형 스님, 허현 스님, 일원 스님, 관행 스님, 무륜 스님 등이 계셨어요.

나는 불국사에서 처음에는 공양주, 갱두 소임을 했어요. 당시에는 보리쌀을 섞어 먹었으니까 미리 보리쌀을 삶아 다시 밥을 지었지요. 장작을 때서 가마솥에 밥을 할 때였으니 일이 여간 많지 않았죠.

그런데 들어가자마자 사미계 수계식이 있어 《천수경》도 제대로 외우지 않고 사미계 수계를 받았어요. 열흘도 안 되어 사미가 된 것인데, 지금은 그런 것이 제도적으로 불가능하지만, 아마 당시에도 드물었을 겁니다. 하여간 행자생활도 거의 하지 않은 상태에서 사미가 되어 바로 불국사 강원에 들어가 〈초발심자경문〉 공부를 시작했습니다.

당시에 출가하신 분들 말씀으로는 행자생활이 혹독했다던데,
불국사는 바로 강원 공부를 가르쳤다는 것이 의외입니다.

그게 아마 당시 범어사 스님들이 불국사를 운영하고 있어서 그랬을 겁니다. 범어사 스님들은 워낙 참선을 중시해서인지 행자에게 일보다는 경전을 가르치는 등 공부를 강조했어요.

불국사에서 그렇게 공부하다가 다시 범어사로 가서 강원의 사집반(2학년 과정)에 편입하여 본격적인 공부를 했어요. 비구계와 보살계도 범어사에서 받았죠.

당시 범어사 강원에는 성호 스님이 강주로 계셨어요. 사집반의 도반들은 대체로 치문반 때 《치문》을 1년 동안 배우고 올라와 사집을 공부하는데도 어려운 글자를 찾아가며 공부하느라 상당히

고생을 했지요. 나도 예외가 아니어서 나름대로 출가 전에 한문 공부를 제법 했는데도 사집 공부가 굉장히 힘들었어요. 한자를 찾기 위해 옥편을 뒤지느라 예·복습은 꿈도 못 꾸고 새기는 연습만 한 달 하니까 지치고 한계가 느껴졌어요.

그래서 은사 스님께 강원 생활이 힘들다고 말씀드렸더니 "그럼, 참선을 해라" 하면서 "그래도 해제는 하고 나오너라. 결제 중에는 부모가 죽어도 문상을 가지 않는 것이 철칙이니 이 한 철만 채우고 나오너라" 하셔요. 그런데 두 달이 지나고 해제가 되니 공부가 재밌어졌어요. 석 달 만에 따라잡은 거예요. 《서장》에 나오는 "생력처(省力處)가 곧 득력처(得力處)"라는 말이 딱 맞아요. 힘든 것이 바로 공부가 되어 가는 과정, 즉 힘을 얻어 가는 과정인 것이죠. 그래서 그대로 강원 공부를 했어요. 그때 강원에서는 혜명(무진장)·통광·담연·효공·정광·양국·정원 스님 등이 함께 공부했습니다.

또 범어사 강원은 조실 동산 스님의 지도로 매일 밤 9시에 30~40분이 넘게 좌선을 했어요. 결제 때는 선원에서 일주일 간 용맹정진을 하면 강원 학인들도 같이 했지요. 당시 강주인 성호 스님은 《선요》와 《서장》을 강의하셨는데, 선지(禪旨)를 느낄 수 있는 박력 있는 강의를 하시어 상당히 좋았습니다.

그렇게 공부하던 중에 불국사에서 우리를 가르쳤던 은해사 주지 진용 스님께서 은해사를 정화하고 사찰을 유지하는 차원에서 학인들을 차출해서 강원을 열었어요. 그래서 저도 가게 되었는데, 학인이 20여 명 정도로 제법 많았지요. 강사는 각성 스님이 하셨고, 학인으로 통광·자용·보광·법화·천장·능혜·종원·현우·정덕 스님 같은 분들이 같이 공부했습니다. 그런데 당시는 경제가 어렵고 물자가 부족해서 아주 고생을 많이 했어요. 낮에 나무하고 농사 짓고 일하면서 어록이나 경전을 베껴서 주머니에 넣고 다니면서 외우고 했지요. 큰방에서 같이 대중생활을 했는데, 이불은 없고 방석 세 장이 전부였어요. 먼저 맡는 사람이 임자였지요. 책상도 없어 법당 뒤에 있는 산수유를 따서 대구 약령시장에 가져다 팔아 나무를 사서 직접 만들었고, 방의 도배와 장판 같은 것도 직접 다 했지요. 요즘 학인들은 상상하기 어려운 일이지요.

정화 중이었기 때문에 대처승들과 시비하고 몸싸움한 일, 대처승들이 넘겨준 소작농들과 논밭의 경영권을 찾기 위한 투쟁, 밤에 산주 몰래 산에 올라 나무를 해다 땐 일 등등 2년여 살면서 있었던 이야기는 소설 한 권이 충분히 될 겁니다.

해인사 강원을 졸업하셨다고 들었는데요,

그럼 해인사는 언제 가신 건가요?

은해사 강사이신 각성 스님 몸이 좋지 않아 강원을 그만하게 되었어요. 그래서 해인사 강원으로 갔습니다. 방부를 들일 때 남들은 3개월 간 산감(山監)을 하는데, 내가 갔을 때는 이미 사람들이 만원이어서 6개월 동안 산감으로 사는 조건으로 방부를 들였어요. 그래서 3천 3백여 정보의 가야산은 토끼 길까지 환하게 알았어요. 산감을 다 살고 다시 사집반으로 들어가서 사교·대교 과정을 3년 동안 공부해서, 1964년 1월에 효경·춘담·혜업·선효 스님 등과 5회로 졸업했어요.

당시 해인사에는 선원에 지월 스님이 유나였고, 일타·도견·도성·보성 스님이 있었고, 자운 스님이 주지, 영암 스님이 총무, 지관 스님이 강주를 하셨어요. 조실은 없었고 대신 지월 스님이 어른 역할을 하셨어요.

해인사 지월 스님은 유명한 일화가 참 많아요. 선방에 계셨지만 학인들을 붙잡고 이야기하시길 좋아하셨고, 그분께 붙들렸다 하면 두 시간은 들어 드려야 했어요. 당신은 경전을 본 적도 없는데 "부처님이 말씀하시길…"로 말씀을 시작해요. 전부 당신 수행 이야기와 들으신 이야기인데 다 좋은 말씀이고 부처님 말씀이지요. 아주 간절하게 훈계하셨는데 보살정신이 대단한 분이었죠. 얼마 전에 어떤 분이 책을 냈는데, 그런 말이 있더군요. '고행(苦行)이란 끝날 듯 끝날 듯하면서 끝나지 않는 노스님의 법문이다.' 지월 스님의 법문을 떠올리기에 딱 맞는 말이지요.

그리고 지월 스님만큼 축원을 간절하고 멋있게 하는 것을 듣지 못했어요. 대웅전에서 사시마지를 올릴 때 축원은 꼭 지월 스님께서 하셨는데, 그 간절한 음성을 들으면 온 마음이 다 녹아내리는 듯 했습니다.

해인사 강원을 마치고 바로 선원으로 가셨는지요?
내가 자랑 비슷하게 하는 이야기가 "강원 졸업하고 일주문도 벗

166

어나지 않고 바로 선방으로 올라간 사람"이라고 합니다. 대개 강원 졸업하면 다른 절로 가지 그 절 선방은 안 갑니다. 나는 해인사에서 강원 공부를 마치고 바로 해인사 선원에 방부를 들여 수선 안거에 들어갔습니다.

범어사 강원에 있을 때부터 참선을 해야겠다는 발심이 났고 강원에서도 조금씩 참선을 했지만, 강원을 졸업하니 하루빨리 선방에 올라가서 참선을 본격적으로 하고 싶다는 마음뿐이었어요.

당시 해인사 선원에는 지월 스님이 죽비를 잡고 있었고, 일타ㆍ도성ㆍ도견 스님이 계셨어요. 송광사 방장이신 보성 스님이 계셨는데, 글씨를 잘 쓰셔서 용상방을 직접 쓰셨지요. 도반으로 혜인 스님이 같이 정진했지요.

해인사 선원에서는 새벽 예불 후 입선 전에 능엄주를 독송하고 오후 정진 후에는 108참회를 했어요. 그러니까 좌선만 한 게 아니라 능엄주와 108참회를 병행했지요. 그래도 좌선 시간은 10시간이나 됐어요. 그것이 그 당시 해인사의 선원청규였어요.

화두는 누구에게 어떤 것을 받으신 건가요?

처음에는 《선요》에 나오는 "만법이 하나로 돌아가는데, 그 하나는 어디로 돌아가는가?〔萬法歸一 一歸何處〕" 이 화두를 혼자 들었습니다. 그런데 그 화두를 들면 배우고 들은 게 있어 자꾸 계산이 나와요. '진여' 니 '불성' 이니 '자성' 이니 하는 게 머리에 떠오르는 거예요. 그래서 안 되겠다 싶어 《서장》에 나오는 '무(無)' 자 화두로 바꿔 들기 시작했습니다.

선원에서 첫 수선 안거를 하고 나서는 '강원 공부로는 도저히 흉내 낼 수 없는 경지가 있구나!' 하는 것을 느꼈어요. 선원에서 본격적으로 좌선 실참을 해보니 강원에서 책으로 배우던 선 공부하고 영 달랐습니다. 새로운 세계를 알게 된 것이죠. 물론 그 세계가 둘은 아닌데, 지식으로는 도저히 도달할 수 없는 경지를 알게 되었지요.

그래서 가지고 있던 책 중에 《임제록》, 《서장》, 《선요》만 걸망에 넣고 나머지는 다 버렸습니다. 《서장》, 《선요》는 간화선 지침서니까 간혹 꺼내서 보면 공부에 도움이 돼요. 그 후로 계속 무자 화두를 들었습니다.

선방은 또 어떤 곳을 다니셨는지요?

해인사 선원에서 첫 수선 안거를 하고 나서 많은 곳을 다녔어요. 오대산 상원사에 가서 겨울과 여름 안거를 났고, 효봉 스님이 계셨던 동화사 선원과 춘성 스님이 계셨던 의정부 망월사에 가서도 살았고, 서옹 스님을 조실로 모셨던 도봉산 천축사에서도 좀 살았어요. 전강 스님이 계셨던 인천 용화사 선원, 용주사 중앙선원, 그리고 향곡 스님이 계셨던 양산 묘관음사 선원, 구산 스님이 계셨던 송광사 선원에서도 정진했습니다.

지리산 화엄사 구층암 선원에서는 범룡 스님을 모시고 살았는데, 그때 적명 스님·정광 스님 같은 분들과 같이 살았어요. 또 파

168

계사 금당선원, 동화사 금당, 경봉 스님이 계셨던 통도사 극락암 선원을 거쳐, 다시 성철 스님을 모시고 해인사 선원과 서옹 스님을 모시고 봉암사에서도 있었습니다.

그 중에 가장 공부 기억이 남는 선원은 어딘가요?

해인사에서 보낸 첫 철이 흥미가 있었고, 그 다음에 극락암에 경봉 스님을 모시고 살 때가 참 신심이 나고 공부를 아주 알뜰히 했어요. 밤 9시가 되면 다른 사람들이 잘 때 일어나 독성각에 가서 108배를 했어요. 해인사에서 하던 습관 때문에 108참회를 하고 여름이라 도량에 내려오는 찬물로 목욕을 하고 마당에 나와 행선을 했습니다.

극락암의 모기가 독하기로 유명했어요. 낙산사 모기하고 혼인을 안 한다는 얘기가 있는데 그런 모기가 수십 마리 달려들어도 따갑게 느껴지지 않았어요. 신심이 났으니까. 그렇게 두어 시간 행선을 하고 나서 12시쯤 잠자리에 들었습니다. 도량에서 간혹 조실 경봉 스님을 마주쳤는데, 스님께서도 그 시간에 안 주무시는 거예요. 인사하고 길을 비켜 드리면 아주 어여쁘게 봐주셨어요. 그때가 공부 소득이 있었어요. 남들 다 자는데 혼자 108참회 하고 찬물에 목욕하고 두어 시간 도량 거닐며 정진하는 것은 지금 생각해도 참 꿀맛이지요.

그리고 해인사에서는 조사전에서 9명이 한 철 동안 용맹정진 했었는데, 그때 적명 · 정광 · 현호 · 거해 · 근일 · 일현 · 정안 스님

등과 같이 했었어요. 그때도 소득이 많았지요. 큰 경험이고요.

선원에서 사실 때 감명 깊은 선지식이나 일화가 많았을 텐데
좀 들려주시죠.

많지요. 그 이야기를 하려면 하루 종일 해도 부족해요. 나는 당시 한국의 경학이나 선방의 큰스님은 거의 다 모시고 살았어요.

전강 스님을 조실로 모시고 살던 인천 용화사 때 생각이 나네요. 그때는 절 살림이 어려운 때라 조실 스님이 택시를 한 대 사서 기사를 고용해 운영했어요. 지금은 길이 잘 났지만, 당시는 절로 올라오는 길이 제대로 닦여 있지 않아 우리가 절 올라오는 길을 닦는 울력을 매일 했어요.

전강 스님은 신도를 대상으로 법문하실 때 수좌들을 너무 추켜세워 우리가 살면서 이렇다 할 공부를 한 것도 없는데 그렇게 하시니 듣기가 민망했어요. 새벽 예불 후에는 수좌들만 앉혀 놓고 꼭 30분씩 법문을 하셨는데, 지금 생각해도 너무너무 간절하고 귀한 말씀이었어요. 그때만 해도 새벽 예불에 참여하는 신도들이 없었죠. 새벽 예불 끝나고 아주 맑을 때 스님의 뼈에 사무치는 법문을 들으면 신심이 절로 나고, 그래서 수좌들이 아주 좋아했습니다.

용주사 중앙선원에서 정진할 때는 능혜·중광·월룡·정대·정법·혜규·봉철 스님 같은 분들이 같이 있었는데, 그때 정대 스님이 아주 통 크게 원주를 잘 봤어요. 큰방에서 정진하면서 원주 소임을 봤지요. 정대 스님이 살림을 어찌나 잘 살았는지 당시부터

수좌들에게 인기가 있었어요. 그러더니 나중에 용주사 주지도 하고 총무원장을 하시더군요.

그리고 경봉 스님한테 법문을 들을 때, 경봉 스님 연세가 60세 전후였고 내가 20대 중반 정도였어요. 편안하고 멋들어지게 당신하고 싶은 소리 다 하면서 법문하시는데 참 좋게 느껴지더군요. 그래서 '나도 늙어 저렇게 편안하게 어떤 이야기도 마음 놓고 할 수 있는 그런 시대가 얼른 왔으면 좋겠다' 그런 생각을 했어요. 그런데 정작 내가 60이 훨씬 넘고 보니 그렇게 썩 마음 놓이는 것은 아니에요.

화엄사 구층암에서 범룡 스님 모시고 살 때인데, 범룡 스님은 도저히 빈틈이 없는 스님이에요. 그 스님은 평소에 이런 말씀을 하셨어요.

"하루에 잠 한 번만 잤으면 좋겠다."

"하루에 화두 한 번만 들었으면 좋겠다."

"하루에 공양 한 번만 했으면 좋겠다."

"화두 한 번 든다"는 말은 우리가 화두를 한 시간 동안에도 수없이 놓치고 새로 들잖아요. 그런데 딱 한 번 들면 그것이 하루 종일 이어졌으면 좋겠다는 말이에요. 아, 무서운 소리 아니에요. 그리고 "식사 한 번만 했으면 좋겠다"는 것도 그걸로 간식이고 차고 점심이고 할 것 없이 그냥 한 끼로 끝냈으면 좋겠다. 그리고 잠도 우리가 얼마나 여러 번 자다 깨다 자다 깨다 합니까. 좌선하면서 특히 졸음이 많잖아요. 그런데 저녁에 한숨 자고 나면 그걸로 하루 종일 성성하게 지냈으면 좋겠다는 그런 뜻이에요. 이건 정말 아주 뼈를 깎는 수행을 해 본 사람만이 할 수 있는 이야기입니다. 그런 법문은 어디에도 없어요. 그걸 범룡 스님이 평소에 늘 하셨어요.

또 범룡 스님은 오대산 상원사에서 직접 한암 스님을 모시고 살던 기억 때문에 "한암 스님 같은 선지식이 있으면 지금이라도 달려가서 그렇게 살고 싶다"는 말씀을 간혹 하시고 그랬어요. 참 빈틈없는 분이시고, 선·교·율을 겸하신 분이셨어요.

내가 모시고 살았던 선지식 중에 마음이 시원하게 툭 터진 분은 춘성 스님입니다. 나한테 우리나라에서 중 하나 꼽으라면 춘성 스님을 꼽을 거예요.

스님은 잘 알려진 바와 같이 49재 지내려던 신도의 돈을 거지들에게 다 나눠줘 버리고 49재 잘 지냈다고 했다는 이야기가 있지요. 우리가 그런 용기가 없어 못하지, 정말 어려운 사람 도와주면 정말 49재 잘 지내는 겁니다. 망월사 밑 망월역에서 겨울에 떨고 있는 거지에게 당신이 입은 겉옷 다 벗어줘 버리고 내복 바람으로 올라왔다는 이야기도 잘 알려진 이야기지요.

내가 같이 모시고 살 때 연세가 거의 80에 가까운데 당신 방도 없고, 당신 이불도 없이 대중들과 함께 좌선을 하셨어요. 하다가 삼경 치면 어정어정 걸어서 탁자 밑에 가서는 목침을 하나 꺼내요. 그리고 당신 깔고 앉았던 방석을 배에 척 걸치고 누워 대중들과 같이 주무세요. 그렇게 30분쯤 있다가 일어나요. 일어나서는 마당이나 법당을 밤새도록 도는 거예요. 행선을 하시는 거지요.

만약 날씨가 궂으면 법당에 올라가서 돌고, 새벽 예불 한 시간쯤 전에 다시 내려와서 잠깐 누워요. 그리고 대중들과 같이 일어나는 거예요. 잠잘 때 대중들하고 같이 눕고 일어날 때 같이 일어나니까 그 사실을 아는 대중들이 거의 없어요. 그런데 나는 그때 입승도 보고 내 딴에 열심히 정진하느라고 밤 정진을 하니까 그걸 다 지켜볼 수 있었어요. 한두 번만 그러시는 게 아니고 한 철 내내 그러셨지요.

자기 정진은 그렇게 철저하면서도 또 어떤 경계도 없고 제약도 없었어요. 여름이 되면 등산객들이 많이 올라오는데, 비가 오면 절 주변에 와서 고기 구워 먹고 하는 일들이 비일비재했어요. 그래서 수좌들이나 선방 스님들은 기겁을 하고는 전부 쫓아냈어요. 그런데 춘성 스님은 "이리 오너라" 하고 전부 불러서 법당 처마 밑에서 고기 지지고 밥해 먹고 설거지하도록 해주는 거예요. 내가 그걸 보고 '야, 정말 마음이 큰 어른이구나!' 그런 생각을 했어요. 지금 같으면 몰라도 그 당시만 하더라도 사람들 마음이 크게 열리지 않던 시대인데 그런 마음을 쓰신 분이 춘성 스님이셨어요. "법당이면 어떻고 선방이면 어떠냐. 사람이 비 젖어가면서 식사도 못 해서야 되겠느냐" 하시며 등산객들이 어질러 놓고 냄새 피우고 하는 것을 아무 거리낌 없이 다 받아주었어요.

그래서 내가 탄복하고 그 이후로 생각을 달리했지요. '그렇게 생각할 게 아니다. 그렇게 해서 사람들이 다 돌아가면 아무것도 없다. 아무것도 없는데, 그걸 가지고 그 한 순간을 못 참고 못 보고 못 견뎌서 시시비비하고 싸움을 벌이다니 부처님 자비가 이게 뭐냐?' 사람들은 시간이 되면 아무리 붙들어도 다 돌아갑니다. 그러면 텅 빈 산중이 되지요. 적적한 산만 있을 뿐이에요. 그때 정말 '아, 일체가 공이고 일체가 무인데, 한 순간 잠깐 그림자처럼 스쳐 가는 것을 가지고 우리가 아옹다옹하고 산다. 이럴 일이 아니다'라는 것을 깨달았어요.

춘성 스님은 일찍이 그것을 터득하시고 실천하신 분이에요.

성철 스님과의 인연을 좀 들려주시죠.

성철 스님과 인연이 많지요. 해인사 선방에서 성철 스님 모시고 살 때 현지 시자 노릇을 자원했어요. 스님께서 백련암에서 큰절로 왔다 갔다 하셨기 때문에 백련암 시자는 따로 있고, 큰절 현지 조실 방에 청소하고 불 때고 하는 시자가 필요해서 자원했어요. 왜 그랬느냐? 성철 스님은 선·교·율에 밝으신 분이고 하나라도 더 주워들으려면 그래도 뭔가 인연을 가까이 해야겠다 싶어서 자원해서 청소하고 불 때면서 묻고 싶은 게 있으면 묻고 그런 기회를 일부러 만들었지요.

성철 스님은 머리가 정말 뛰어나신 분이에요. 기존에 화두를 들고 살아가는 수좌들에게는 전혀 노 터치, 그대로 화두 들고 공부하도록 하지 더 이상 다른 무엇이 없어요. 백일법문과 그 외 육조단경 강의, 신심명 강의, 증도가 강의, 돈오입도요문론 강의 등 좋다는 강의는 다 그렇게 수좌들에게 쏟아주면서 화두 열심히 들라고 했지, 그 외에 다른 간섭은 안 했어요.

그런데 상좌들에게는 전부 경학을 공부하도록 했어요. 성철 스님이 특히 일본불교 석학들의 책을 많이 보게 했는데, 상좌들이 그걸 읽을 수 있는 능력을 배양하기 위해서는 일어 공부가 필수였지요. 해인사 백련암 행자들은 전부 일본어를 배우라고 했어요. 그래서 일어가 힘든 사람은 나가거나 학원에서 일어를 배워 오는 사람도 있었어요. 그럴 정도로 자기 손 안에 들어온 사람에 한해서는 교학을 철저히 익히도록 했어요.

그리고 당신 손 밖에 벗어난 사람들, 즉 보살이나 비구니들에게는 주력을 가르쳤어요. 능엄주로 가르치거나, 아비라 기도를 가르치거나, 3천배를 하라 했지요. 그리고 기존의 사찰에서 화두 들고 이미 그렇게 익숙하게 선방 생활에 익은 사람에게는 그대로 화두 들고 공부하라고 했지요. 경을 봐라 어쩌라 그렇게는 안 했어요. 대중적으로는 당신이 평생 공부한 것을 백일법문으로 정리했지요. 김용사와 해인사에서 두 번이나 하셨지요.

내가 얼마 전에 해인사에서 선원수좌회 주최로 열린 선원청규 세미나 기조 연설할 때도 한 이야기인데, 성철 스님은 개인 도서관이 있었어요. 그 많은 책을 안 본 것이 없을 정도고, 또 캐논 보고서니 유명한 과학 보고서와 현대 물리학이나 심리학 책을 제일 먼저 보는 분이었어요. 내가 알기로는 좌선한 시간보다 책 보는 시간이 훨씬 많았을 거예요. 내 나름대로 그렇게 계산하고 있고, 실제로 증명하는 게 도서관이고, 또 당신이 쌓은 지식의 양을 우리가 계산해 보면 그게 틀림없어요. 세계문학 전집도 읽었으니 경전·어록은 말할 것도 없지요. 경전·어록뿐만 아니라 일본 학자들이 현대적으로 정리한 자료도 다 섭렵하셨어요. 어학에는 또 얼마나 밝은가요. 한문, 일어, 영어, 범어, 빨리어 등 모두 전문가 수준이었어요. 그렇게 사신 분이 일방적으로 되든 안 되든 화두만 들고 살라고 가르칠 까닭이 없지요.

성철 스님께서는 안거 중에도 백일법문도 하시고
어록 강의도 하셨는데, 요즘은 그런 공부 전통이 없어진 듯합니다.

그걸 해야 됩니다. 옛날 중국 총림의 소임에도 교수사가 있었잖아요. 그리고 우리나라 조실 스님 중에서 성철스님이 그렇게 하셨고 서옹 스님이 그렇게 하셨어요.

옛날에 대흥사에 양청우 스님이라는 분이 계셨는데 법당에서 번역된 경전을 읽으면 다른 사람들이 앉아서 30~40분 듣는 시간을 갖도록 했는데, 그런 것도 한 방법이지요. 그래서 부목이고 객승이고 공양주할 것 없이 하루 한 번은 법당에서 부처님 말씀을 듣도록 하는 좋은 사찰 청규를 시행했지요. 내가 객으로 대흥사에 갔는데 며칠 살면서 그 법회에 동참했었지요.

선방에도 그게 있어야 합니다. 꼭 조실이 강의를 해주어야 하고 조실이 그렇게 해주지 못하면 번역된 것으로라도 30~40분씩 돌아가면서 읽고 묵묵히 앉아서 듣는 그런 시간이 반드시 있어야 한다고 봅니다.

해인사에 총림이 다시 만들어진 다음 해였으니 1968년쯤인 것 같아요. 성철 스님이 평소 보조 스님을 비판하는 입장이었잖아요. 당시 해인사에 일타·현호·능혜·적명·정광·거해·근일 스님 등등 상당한 스님들이 성철 스님을 모시고 다 같이 살 때였는데, 성철 스님이 늘 보조 스님의 돈오점수 사상을 비판하시면서 한국에 제대로 된 법통이 없다고 하셨어요. 그때 보조 스님의 사상을 비판하는 것에 대해 송광사 출신 현호 스님이 불만이었어요.

하루는 성철 스님이 또 그런 말씀을 하시니까 현호 스님이 법문 중인데 "스님, 그러면 우리 불교 집안이 콩가루 집안이네요" 그러니까 "그럼, 콩가루 집안이지" 그렇게 대답했어요. 그러니까 지효 스님이 그 자리에 앉아 있다가 일어나서 "이 자식, 뭐? 콩가루 집안?" 그러면서 들고 있던 염주로 사정없이 성철 스님을 후려쳤어요. 그래서 법문이 중간에 깨졌지요.

지효 스님이 그때 극락암에 계셨어요. 우리가 지효 스님에게 찾아가서 이런저런 이야기를 했더니, 지효 스님의 말씀은 정화 때 정화운동을 같이 하자고 그렇게 나오라고 해도 나오지도 않고 우리가 할복하고 피나는 투쟁을 하면서 종단을 반석 위에 올려놨는데, 지금 와서 저렇게 콩가루 집안이라고 하니 분통이 터져 그랬다는 겁니다.

그러면서 "성철이 너는 매일 오매일여 오매일여 하는데, 아파서 빌빌 하고 다 죽어가면서 오매일여는 고사하고 몽중일여만 되어도 병중일여가 된다. 병중일여가 되는 놈이 어떻게 병 때문에 그

렇게 비실비실하고 그러느냐?" 이런 이야기를 사정없이 깨놓았어요. 지효 스님의 말이 "오매일여는 근처에 가지도 못해 놓고 왜 매일 오매일여를 말하느냐, 병중일여도 못 되지 않느냐? 병중일여되면 몽중일여 된다" 하셨어요. 오매일여는 병중일여보다 훨씬 낮은 단계잖아요.

성철 스님이 너무 돈오점수를 비판했기 때문에 돈오돈수니 돈오점수니 하는 그런 문제에 대해서도 우리가 촉각을 곤두세워서 이해하려고 했고, 또 우리끼리 토론도 많이 하는 그런 분위기였어요. 아주 살벌했고 또 어떻게 보면 서릿발 같았고, 그러다 보니까 우리 공부에는 상당히 많은 도움이 된 겨울 한 철이었어요. 가야산에 찬바람 이상으로 매서운 바람이 몰아친 그런 때였지요.

법상에 있는 성철 스님을 염주로 친 범어사 지효 스님은
사형뻘 되나요?

아니에요. 나이는 지효 스님이 많았고, 출가는 성철 스님이 먼저 하셨어요. 성철 스님은 당시 해인총림의 방장이었고, 지효 스님은 그냥 선덕이었지. 그런데 지효 스님은 당신보다 낫다 싶은 어른에게는 아주 깍듯이 모시고 위했어요. 전강 스님에게도 그렇게 했고, 성철 스님의 공부에 대한 견해나 이론 같은 건 지효 스님이 따라가지 못할 정도니까 그 밑에 가서 사신 거예요.

그런데 지나치게 보조 스님을 비판하고, 당신 안목에서 보면 자기도 부정하는 이야기인데도 기존의 승단을 콩가루 집안이라고 표

현하니까, 정화에 몸을 던져 생사를 돌보지 않았던 그런 살신성인을 한 보살정신에 입각해서 보면 우스운 이야기라는 것이었지요.

당시 젊은 수좌들은 성철 스님이 돈오점수 사상과 기존 승단에 대하여 비판하는 것에 별로 동의하지 않았던가 봅니다.

그런 분위기가 많았지요. 원래 정통 선맥은 돈오돈수라고 하지만, 《서장》에도 보면 《능엄경》에 나오는 돈오점수 이야기가 있잖아요. 그런데 그걸 그렇게 일방적으로 하는 것은 돈오돈수에 중독된 사람들이지. 머리 좋고 순수한 사람들은 집착이 강하고 병에 잘 걸려들어요. 당신도 스스로를 '중도광(中道狂)'이라고 했거든요. 법문 테이프 들어 보면 나와요. 당신은 그 소리가 좋으신 거죠. 중도에 대해서 집착하게 되면 그야말로 중도광이 되고, 돈오돈수에 심취하면 돈오돈수광이 되는 거예요. 돈오점수의 장점을 모르는 거죠. 모두가 한낱 방편의 말일 뿐인데도 말이에요.

그러나 불교 전반을 중도를 중심으로 새롭게 정리하신 100일간의 법문과 《백일법문》이라는 저술은 천고의 절창이며 불후의 명작이지요. 비록 미완성 중도이론이지만.

스님께서도 봉암사를 다시 선원으로 만드는 일에 참여하신 것으로 아는데요, 그 이야기를 좀 들려주시죠.

그건 제2차 봉암사 정화라고 불릴 정도예요. 봉암사가 워낙 산이 수려하고 좋아서 간혹 도반들 중에 개인적으로 가서 한 철씩 살다가 나오는 사람들이 있었어요. 법화 스님이라든지, 열반하신 천장 스님이라든지, 열반하신 법진 스님이라든지 이런 이들이 간혹 출입하셨어요. 그런데 당시에 주지로 살던 스님이 산판을 해서 적당히 살았나 봐요. 법진 스님이 참선을 하려고 백운암이라는 토굴에 있다가 양식이 떨어져서 주지 스님한테 양식 좀 달라고 하니까 주지가 양식이 없다고 안 주는 거예요. 정말 양식이 없어 못 준 게 아니고 산에 있는 나무를 팔아먹으려는데 수좌가 있어 불편하게 생각했던 거지요. 그래서 양식이 떨어지면 다른 산중으로 갈 거다 계산하고 양식이 없다고 그랬어요.

법진 스님은 양식이 없다고 하니까 순수한 마음으로 서울 대각사에 가서 양식 값으로 그때 돈으로 2만 5천 원인가, 제법 큰돈을 얻어 내려오다가 점촌 버스 정류장에서 도반을 만났어요. 도반에게 이러이러해서 서울에서 양식 얻어온 연유를 이야기하니까 그러지 말고 봉암사를 정화해 버릴까 했어요. 그 당시는 대처·비구 정화가 거의 마무리되었지만, 아직 덜 끝난 절도 더러 있고 해서 정화가 입에서 쉽게 나오던 그런 때였지요. 봉암사는 대처승은 아니지만 수좌를 푸대접하니 정화해 버릴까 이렇게 얘기가 된 거예요. 그럼 봉암사로 들어가지 말고 이웃 김용사로 가자 해서 김용사 큰방에서 여기저기 연락해 고우 스님, 천장 스님, 김용사 암자에 있는 법화 스님 등이 1차로 모였어요.

그렇게 스님들 몇이 모이고, 누가 점촌에 나왔는데 그때 나를 만났어요. 그 이야기를 하기에 "오냐 좋다. 나도 갈 데도 없는데 잘 됐다"고 해서 따라 들어가니까, 김용사 큰방에 여럿이 있어요. 그래서 좀 걸걸한 수좌들이 앞장서서 봉암사의 교구본사인 직지사 주지 스님을 찾아가서 우리가 봉암사에 들어가려고 하니까 절을 달라고 했어요. 그때 수좌들 모여 다니면 주지들이 겁냈거든요. 그래서 주지 스님이 우리한테 준 거예요.

그렇게 해서 봉암사에 들어가서 순조롭게 살면서 우리 세상을 하나 만들었어요. 먹을 것도 없고, 기껏 해야 절 땅에서 나오는 옥수수, 조, 콩 몇 말 이 다였어요. 양식 떨어지면 탁발해다 먹고, 또 어디 다니다가 차비 얻은 것이 있으면 다 털어 내놓고, 그렇게 살았어요. 자전거에 옥수수 한 포대를 싣고 가은읍에 가서 튀겨 가지고 휘파람 불면서 즐거워하며 돌아오던 모습이 지금도 눈에 선합니다.

그 후에 지금 범어사 조실 하시는 지유 스님도 합류했지요. 지유 스님은 배구를 좋아해서 날이 어두워 공이 안 보일 때까지 배구를 했어요. 그래도 상관 않고 밭만 메는 스님도 있고, 책만 보는 스님도 있고, 큰방에서 정진만 하는 스님도 있고, 완전히 자유롭게 지내다가 공양할 때만 같이 보는 거예요. 그리고 공양주·채공 소임을 지명하지 않아도 언제 누가 가서 하는지 맡아 놓고 하는 사람들도 있고, 그야말로 당시로서는 영산회상이나 다를 바 없는 그런 분위기였지요. 원로의원이신 고우 스님, 봉암사 수좌로 있는 적명 스님, 전 봉암사 선원장 정광 스님, 봉암사 백련암 법련 스님, 묘관음사 혜오 스님, 김용사 중암 법화 스님, 상현 스님, 법진 스님, 만허 스님, 지한 스님, 호연 스님, 화광 스님 등등 이런 분들이 같이 살았어요. 그러다가 고우 스님도 주지를 한 번 하면서 선방 불사를 했고, 그 다음에 지유 스님과 법화 스님이 주지를 하면서 서암 스님과 서옹 스님이 오셔서 시간생활을 하게 되고 《임제록》 강의도 했습니다.

서옹 스님 자료에 보니까, 봉암사에서 《임제록》 강의를 하신 게 1971년으로 나와 있더군요. 우리는 그 몇 해 전에 들어갔어요. 그때 배구 축구를 보통 일과로 삼았는데, 서옹 스님은 본래 얌전하고 색시 같아서 배구, 축구 그런 거 절대 못 한다는 거예요. 그런데도 말 안 듣고 계속 하니까 하루는 낫으로 배구공을 찢어 버린 일이 있었어요. 그 후부터 말 잘 듣고 안 했지요. 그러면서 서서히 질서가 잡혀 갔어요.

그런데 절 역사를 보면 도인이 나거나 도둑이 나는 도량이라는 거예요. 그래서 그것에 대한 비방책으로 정초에 3일간 무슨 굿 같은 잔치를 벌였던 기록도 있더라고요. 그게 산세의 기세를 누르는 거다, 그렇게 안 하면 도둑이 난다고 해서 또 신나게 놀기도 했지요. 사실 도둑질을 많이 했어요. 전임 주지들이 산판을 해서 말썽이 많았어요.

서옹 스님, 서암 스님이 다 그곳을 거치면서 종정으로 올라가신 역사가 있지요.

당대의 대강백 탄허 스님으로부터 전강을 받으셨는데,

내가 평소에 강원 생활하면서도 선을 했고, 또 선을 한다고 선방을 다니면서도 경전이나 어록을 기회가 될 때마다 나름대로 열심히 보면서 본래 선과 교가 둘이 아니라 생각했어요.

아마 1967년 무렵일 겁니다. 종단에 역경연수원이 처음 설립되어 연수생을 모집해요. 그때 역경을 할 수 있는 스님이 불과 몇 명 안 되었어요. 그래서 종단 차원에서 역경을 할 수 있는 사람들을 키워야겠다고 해서 동국대학교 역경원 안에 역경연수원을 만들고 연수생 10명을 공개모집했어요. 동아일보에 광고를 냈는데, 지원자가 50~60명 모였어요. 나도 평소 역경에 관심이 있어 지원을 했는데 덜컥 합격했어요. 그때 연수원이 용주사에 만들어져 거기에서 공부하게 되었습니다.

그때 역경장이 탄허 스님이고, 역경원장은 운허 스님이었어요. 운허 스님, 탄허 스님, 법정 스님, 월운 스님, 이기영 같은 분들이 강사였지요. 지금 불국사 주지를 하고 있는 성타 스님, 법주사에 있는 월은 스님, 남태령 정각사 주지로 있는 송원 스님이 연수생으로 같이 공부했어요. 탄허 스님이 역경장이고 강의도 해서 인연이 되었어요.

그때 탄허 스님이 《화엄경》을 막바지 번역 중이었어요. 나중에 탈고해서 교열하는데 나를 찾아요. 그때 부산 삼덕사(혜광사)라는 절에 와 계셨는데, 나와 통광 스님, 각성 스님, 비구니 성일 스님, 그리고 민족사 윤창화, 교림출판사 우담 이렇게들 같이 있었어요.

교열을 어떻게 했느냐 하면, 번역한 것과 원문을 같이 읽으면, 서로 쭉 돌려 가면서 봤어요. 그걸 하루에 열네 시간씩 강행군하면서 다 읽었어요. 그렇게 하면서도 우리가 강의 듣고 싶어 하니까 한 시간은 당신이 강의를 해주셨어요.

용주사 역경연수원 이후 그렇게 또 인연이 되어 책을 출판하는 과정에서 세검정의 대원군 별장이었던 석파정에서 출판 일을 했어요. 다시 개운사 대원암으로 옮겨 출판사를 차려 놓고, 거기에서 일본에서 들여온 사식 기계를 세 대 사서 우리가 직접 조판을 했어요. 그런 과정에 《화엄경》 47권을 다 출판해 내고, 또 사집과 사교 번역과 출판을 다했지요. 그러면서 탄허 스님한테 몇 년 간 강의를 들었어요.

그래서 나만큼 탄허 스님 일을 많이 거들고 강의도 많이 들은 사람이 드물어요. 상좌도 그렇고 몇몇 스님들이 잠깐 잠깐 인연이 있었지만, 나는 상당히 오랜 기간 일을 거들었어요. 일 거든다는 게 전부 책 만드는 일이었기 때문에 내 공부가 상당히 됐어요.

그래서 탄허 스님과 많은 시간을 같이 보내면서 늘 왈가왈부 했으니까 스님의 사상이랄까 공부에 대한 것은 정말 치밀하게 알 수 있었죠. 일방적으로 강의를 듣는 관계가 아니라 마주 앉아서 토론하는 그런 인연이 됐지요.

교학적으로는 탄허 스님의 영향을 제일 많이 받았어요. 또 탄허 스님은 본래 한암 스님의 영향을 받은 제자이기 때문에 선과 교를 다 겸하신 분이라, 정신은 항상 선에 있으면서 교는 교대로 누구에게도 지지 않을 정도로 밝은 분이지요. 그래서 내가 어찌 보면 그 스님들에게는 썩 못 미치지만 그래도 흉내 내는 거예요.

직접 강의를 하시게 된 것은 언제부터셨나요?

내가 1976년도에 통도사 강주를 처음 맡았어요. 그때 탄허 스님이 《화엄경》을 다 끝냈을 즈음이에요. 당시 탄허 스님 밑에서 공부하며 일 도와드리고 있을 때인데, 고암 스님과 경산 스님께서 《범망경》이 없다고 한번 번역해 보라고 해서 내가 처음으로 책을 내게 되었어요. 탄허 스님 스타일로 같은 출판사에서 같은 식자 기계로 낸 책이 《범망경》이에요. 그 무렵 통도사에서 강주 초청이 왔어요. 그래서 탄허 스님한테 허락을 받고 갔지요. 그게 서른네 살 때였어요.

강사 이력 없이 바로 강주가 되셨네요.
통도사에선 오래 계셨나요?

강사 경력 없이 바로 큰절의 강주가 된 셈이죠. 그런데 통도사에서는 얼마 못 살았어요. 곧 있으니 범어사 강주로 와달라고 해서, 내가 범어사 중이니까 이왕 강주를 하려면 범어사에서 해야겠다 해서 옮겼어요.

내가 범어사 강주로 있을 때 탄허 스님이 오대산에서 화엄경 산림을 시작했어요. 그래서 강주를 두세 달 쉬고 가서 화엄경 산림에 동참을 했지요. 그 화엄경 산림은 아주 역사적인 일이었어요. 탄허 스님이 늘 부르짖다시피 한 게 《화엄경》을 출판하고 언젠가 화엄경 강설 산림을 해야겠다는 것이었는데, 비로소 결실을 맺었지요. 굉장한 성황을 이루고 호응이 좋았어요.

그것이 인연이 되어 탄허 스님과 평생 도반이자 교학적 라이벌 관계에 있던 관응 스님이 유식을 가지고 서울 대원정사에서 산림을 했어요. 그때도 많이 모였어요. 관응 스님이 유식학의 대가라고 널리 알려져 있을 때고, 또 스님이 얼마나 말씀을 잘 하십니까. 박식하시고 머리가 좋으신 분이거든요. 일본에서 현대 학문도 충분히 쌓은 분이지요. 서울 대원정사에서 하시고 동화사에서도 하셨어요. 그 뒤에 직지사에서는 《선문염송》을 가지고 강의하셨어요. 그 사이에 탄허 스님은 《화엄경》하고 나서 2년 뒤에 사교, 사집으로 오대산에서 또 했어요.

스님들을 상대로 한 큰스님의 공개 대중강좌가 그때부터 시발되어 지금까지 내려오고 있지요. 그 후에는 명심회·화엄회·경학원·서울경전연구회·문수경전연구회 같은 단체에서 이루어지고 있는데, 이는 매우 좋은 현상이에요. 승납이 높은 수행자로서 해이해진 마음을 추스르기도 하고 끊임없이 상구보리하는 자기충전의 기회가 되고 있습니다.

당시에 공부하는 입장에서는 굉장히 좋으셨겠네요.

좋았지요. 우리는 얼마나 좋았는지 몰라요. 그런 강의 있다면 기를 쓰고 가서 걸망 풀어 놓고 공부하고, 그러면 도반들이 곳곳에서 모여요. 그 생활이 또 좋은 거죠.

어떤 자료에 보니까 중앙승가대학교 강의도 하셨다고 하던데요?

중앙승가대학교 초기에 했지요. 학교가 정식으로 서기 전에 돈 암동 보현사에서 창고를 강당으로 개조해서 공부했어요. 방학 때 는 탁발 다니고 학기 중에는 강의하면서 학교를 운영했어요.

그러다 보현사에서 다시 영화사로 학교를 옮겼지요. 그러다가 다시 개운사에 계시던 월주 스님과 협의가 되어 영화사와 개운사 를 맞바꾸게 되었어요. 그래서 중앙승가대학이 개운사에서 여법하 게 정식 개교하게 되었어요. 보현사 시절과 영화사 시절에는 내가 굉장히 공을 들였어요.

석주 스님이 참 고마운 게 늘 돈을 대주시고 일이 생기면 칠보사 에서 회의를 했어요. 호원동 쌍용사 도윤 스님께서도 많은 노력과 정성을 쏟았지요. 지금은 중앙승가대학교가 김포 학사로 옮기고 학인들도 몇 백 명이 되는데, 승가대학 기록에는 예전의 그 어려운 시절 역사가 실려 있는지 모르겠네. 허허허.

그 무렵에 10·27법난이 일어났지요?

그렇지요. 나는 승가대학 소임 때문에 쌍용사 도윤 스님 절에서 보현사까지 출퇴근할 때였어요. 그때 10·27법난이 나서 총무원과 조계사 스님들이 모두 보안사에 끌려갔어요. 그래서 종단을 운영 할 스님들이 사라진 것이죠. 당시 봉암사 수좌들이 대중공사를 열 어서 총무원과 조계사를 맡아서 운영하게 되었어요. 그때 종정을 지내신 서암 스님이 총무원장을 맡고 고우 스님이 총무부장을 맡앉어요. 나는 또 그분들과의 봉암사 인연 때문에 조계사에 와서 총무원장 사서실장을 잠깐 했어요.

강을 하시면서 학인들에게 늘 강조하는 점이 있으신지요.

나는 '인화(人和)'를 제일 강조합니다. 옳다-그르다 따지지 말고 서로의 인격을 존중하고 친하게 지내는 것이 제일 우선이라고 끊임없이 강조합니다. 그리고 선정후교(先情後敎), 즉 먼저 마음에 정이 있든 없든 정을 담뿍 담고 없는 정이라도 우러내서 정을 가지고 학인들을 대한 다음에 가르치자. 그게 우선이 되지 않으면 말이 안 되고 입이 안 떨어져요. 인간관계나 학인 관계에서도 역시 그렇지만 학인과 강사와의 관계도 역시 인화, 선정후교를 늘 강조합니다.

경전과 선어록 중에 가장 마음에 와 닿는 것이 있다면?

소문에 내가 《화엄경》도 번역하고 《화엄경》 공부를 많이 해서 화엄 대가라는 말이 있듯이 《화엄경》에 상당히 심취했어요. 탄허 스님의 《화엄경》 출판의 전 과정을 내가 맡아서 했고, 그 전에도 범룡 스님 모시고 화엄사 구층암에 살면서 《화엄합론》을 잠깐 같이 본 적이 있어요. 적명 스님, 정광 스님, 나 이렇게 말이죠. 그런 인연도 있고 해서 《화엄경》에 제일 많이 시간을 소비하고 심취했지요.

그런데 《법화경》도 《화엄경》 못지않게 좋아합니다. 《화엄경》은 너무 방대하기 때문에 정말 혼자 도취하기는 좋은 경전이지만 다른 사람에게 전달하기에는 쉽지 않은 경전이에요. 또 잠깐 설명을

한다 하더라도 감명을 줄 자신이 지금도 없어요. 그런데 《법화경》
은 부분 부분 감명이랄까 교훈이랄까 이런 것들이 많아요. 그래서
《화엄경》 못지않게 《법화경》도 상당히 좋아합니다.

조사어록 중에는요?

어록 중에서는 초기에 선방에 다니면서 대혜 스님의 《서장》, 그
리고 뒤에 더 심취한 것은 《임제록》, 그 다음에 황벽 스님의 《전심
법요》, 그 다음에 대주 스님의 《돈오입도요문론》 이런 것들이 내
정신에 자양분이 되었어요. 그 중에서도 단연 《임제록》이 80%를
차지한다고 볼 수 있지요.

인터뷰 하신 자료를 보니까 《임제록》을 많이 강조하셨더라구요.

《임제록》은 대단한 법문이에요. 그래서 우리나라 조사 스님들은
《임제록》을 인용하고 임제 스님 몇 대 손이라는 걸 자랑으로 삼는
데, 그렇게 자랑하는 이유가 있습니다. 《임제록》을 보면 그런 느낌
이 들어요. 천하에 그런 청천벽력 같은 파격적인 법문을 한 사람은
없지요. 우리나라 선맥이 전부 임제선이에요. 그리고 스님이 돌아
가시면 축원할 때도 반드시 임제 스님 문중에서 인천의 안목이 되
어주시기를 빌잖아요. 임제 스님의 사상이 얼마나 뛰어났으면 그렇
게까지 축원을 하겠습니까. 그런데 임제 스님의 법맥을 이은 조계
종에서 《임제록》을 아직 크게 알아주지 않으니 안타까운 일이지요.

몇 년 전에 큰 병으로 고생하신 걸로 아는데요,

그 이야기를 좀 들려주시죠.

고생을 좀 한 정도가 아니고 내 생을 수행의 생애라고 볼 때, 병고를 앓기 이전의 공부와 병고를 앓은 공부가 거의 비중이 비슷해요. 지금 6년째인데, 병고를 앓는 6년 간 나에게 어떤 불교적인 안목이라 할까, 인생에 대한 안목이라 할까, 이런 것이 병고를 앓기 이전의 공력보다 더 나았으면 나았지 절대 못하지 않아요. 나에게는 고생스럽고 힘들었지만 큰 공부가 되었어요. 내가 우스갯소리로 "병고에 시달린 것이 부처님의 6년 고행과 달마의 9년 면벽하고 맞먹는다"고 까지 표현해요.

보통 아프다 하는데, 내가 아픈 것은 너무 통증이 심해서 기절을 했어요. 기절을 했다가 통증으로 다시 깨어나고 다시 기절하고 다시 또 깨어나고 그랬어요. 정말 '일일일야(一日一夜) 만사만생(萬死萬生)' 바로 그것이었어요. 경험해 보지 않은 사람은 이런 말 못 해요.

진통제도 소용없는 고통인가요?

진통제 가지고 될 일이 아니지요. 그 통증 때문에 깨어나는 거라 정말 지독한 아픔을 맛보고, 견디고 견디다가 도저히 못 견디면 또 기절을 해요. 그러니까 정말 많이 아프다면 기절하게 되니까 걱정하지 말라고 나는 그러지. 그래서 못 깨어나면 그냥 가는 거고, 아파서 또 깨어나면 그 고통을 다시 맛보는 거고.

그래서 '일일일야 만사만생'이라는 말이, 우리가 살아있으면서

무비(無比) 스님 191

고통 때문에 기절하고 그 아픔 때문에 또다시 깨어나고 깨어났다가 또 기절하고 또 깨어나고 하니까, 하루에 만사만생한다는 것이 맞는 말이에요. 그런 고통이다 보니 진통제고 뭐고 아무 소용이 없어요.

병원에서 5일이 지나 수술을 했는데, 그제사 아픔이 나아졌어요. 그래도 한 달을 꼼짝 못하고 식사고 대소변이고 다 누워서 하고, 그 다음에 반 달 정도를 겨우겨우 일어나고 눕는 연습을 했어요. 서는 연습 하면서 두 달, 그 다음에 재활병원으로 가서 두 달, 한방이 도움이 될까 해서 한방 의료원에 가서 두 달, 그렇게 여섯 달 남짓 병원에서 지냈지요.

그래서 내 견해가 많이 달라졌어요. 내가 생각해도 아주 확연하게 달라졌어요. 다른 사람들도 스님 아프고 나더니 달라졌다고 하더군요.

그걸 비유해서 한마디로 표현하신다면?

꽃봉오리가 꽃을 확 피운 것 같지. 하하하. 그런데 요는 어떤 공부라고 할까 인생에 대한 안목이라고 할까, 그게 결국은 같은 뜻인데, 거기에 관심을 가지고 있으면서 아파야지 관심 없이 아프면 헛 아픈 거예요. 그러면 큰 손해지요. 그게 평생 내 공부가 내 모든 관심사니까 그걸 짊어지고 아파야 나처럼 좋은 결실을 맺는 거지.

재가자들이 일상생활을 하면서 마음공부 하는 방법을 일러주시죠.

192

부처님은 늘 당신이 깨달으신 이치를 사람들에게 깨우쳐줬어요. 달리 지금 우리가 생각하는 구체적인 방법을 이야기하신 적이 없어요. 놀라운 일은 경전에 '기도' 라는 말이 한 마디도 없습니다. 중간에 어떻게 어떻게 중생들의 필요에 의해서 생긴 것인데, 정작 부처님은 기도라는 말을 한 마디도 안 했어요.

그래서 기도라든지 화두라든지 주력을 한다든지 하는 건 다 후대에 생긴 방편이고, 부처님은 당신이 깨달으신 이치를 조곤조곤 알아듣도록 일러주는 거예요. 그 설명을 듣고 이치를 알면 끝이에요. 그 이상 없어요. 그게 얼른 와 닿지 않으니까 이런저런 방법을 강구하는 거지요.

그래서 먼저 깨달으신 분들이 이치를 설명해 놓은 것을 귀담아 들어야 합니다. 부처님은 늘 제자들에게 당신이 설하신 것을 자꾸 되뇌어서 합송하는 시간을 많이 가지라고 했어요. 입으로 외우고 귀로 듣는다고 금방 그게 내 마음에 스며들듯이 그렇게 와 닿지는 않거든요. 듣고 그 다음에 사유하고, 내 몸에 더 무르녹도록 이치에 맞게 실천하는 것이 가장 기본적인 불교 수행법이라고 할 수 있어요.

그래서 부처님 말씀을 진지하게 귀담아 듣는 자세가 무엇보다도 선행되어야 합니다. 그러면 어떻게 살아야 할 것인가 하는 문제는 저절로 해결됩니다. 그렇게 하지 않고 그냥 자기 깜냥대로 또는 자기가 짐작한 대로 '불교는 이런 것이려니. 이게 맞지 않겠나' 하고 대충 알고 많은 시간을 투자하는데, 그게 문제예요. 재가 불자에게

나 출가자에게나, 부처님이나 조사 스님들이 한 생애를 송두리째 던지고 선천적으로 타고난 종교적 천재성을 가진 그런 이들이 엄청난 노력을 해서 닦은, 그야말로 주옥같은 가르침을 정말 진실하고 진지하게 귀담아 들으려고 하는 자세가 선행되어야 합니다. 승속을 막론하고 우리가 부처님 간판을 걸고 불문에 인연을 맺었다면 제일 먼저 그게 중요하다고 봅니다.

스님께서 그동안 선교를 겸수하시고 견해도 많이 정리되셨는데, 참선을 처음 배우는 사람들에게 교훈이 될 말씀을 해주십시오.

불교 수행은 동기가 중요하지요. 어떤 일이든 그렇지. 동기가 확실하면 저절로 열중하게 되어 있어요. 그래서 그 동기를 발심이라고 하잖아요. '정말 내 인생에 있어서 이 공부가 무엇보다도 가치 있는 것이다.' 이런 생각이 들면 저절로 열심히 하게 되지요. 바로 하느냐, 잘못 하느냐 그것은 다음 문제예요.

그러니까 하고자 하는 동기가 뚜렷하게 정립되어야 합니다. 그렇지 않고 심심풀이로 한번 해본다든지 유행이니까 해본다든지, 아니면 몸에 좋거나 자기의 복이 된다고 생각하고 해본다든지 하면 그건 정말 참선이 가지고 있는 의미의 천분의 일, 만분의 일밖에 맛을 못 보는 겁니다.

선방에 다닐 때 선방에서 공부하지 않는 스님들이 참 우습게 보였어요. '선방에 와서 공부하기 위해서 중이 됐지, 선방에서 공부 안 하고 중노릇 하는 게 무슨 의미가 있느냐? 저게 무슨 중노릇이냐?' 이런 생각이 들었어요. 우리가 불교에 입문해서 정말 프로로서 살아가려면 프로가 해야 할 일을 당연히 해야지요. 그러려면 그만큼 발심이 되어 있어야 하고, 그만한 동기가 깔려 있어야 하는데, 저건 속인이나 다를 바 뭐 있나 싶어 젊은 객기에 선방에서 공부 안 하는 사람을 속인처럼 봤지요. 사실 그렇게까지 정말 자기 삶의 모든 가치를 선 수행에 다 부여해서 공부할 사람이 몇이나 있겠어요. 옛날 조사 스님들의 가르침이나 뭘 보더라도 그렇게 해야 백분의 일이라도 맛을 보고 느끼고 하는데 그런 마음 자세가 없으면 그냥 흉내만 내는 정도지요.

그런 동기, 즉 발심이 제대로 갖추어지려면 부처님이나 조사 스님들의 가르침을 정말 진지하게 귀담아 듣는 시간이 선행되고 나서 참선에 들어가면 효과가 좋을 것 같아요.

'염화실' 이라는 인터넷 카페를 운영하시고 계신데,
카페를 개설하게 된 인연을 말씀해주십시오.

《화엄경》을 번역하다가 원고를 쓰는데 이상하게 어느 날부터 손이 어둔해요. 그래서 워드프로세서를 그때 돈으로 120만원 주고 샀어요. 그리고는 타자학원에 가서 타자도 한 달 간 배워 원고를 쓰려는데 그 사이 컴퓨터가 나왔어요. 그때 286이 나왔지요. 그리고 조금 있다가 386이 나오고. 그래서 워드프로세서는 별로 써 보지도 못하고 다른 사람한테 주고, 컴퓨터학원에 가서 강의를 들었는데 도대체 못 알아들을 말만 하는 거예요. 원론부터 가르치니까. 컴퓨터 원론이 우리한테 무슨 소용이 있나요.

그래서 무조건 컴퓨터 한 대를 사가지고 어떻게 켜나, 스위치가 어디 있나 하고 하나하나 적어 나갔지. 그렇게 문서부터 시작해서 그런 식으로 배웠어요. 혼자 내 나름대로….

그때 부산 거사림에 나오는 한 보살이 컴퓨터학원을 했어요. 모르면 거기에다 전화를 하면 전화로 가르쳐주는 거예요. 그렇게 배웠는데 우리 세대 중에 컴퓨터 쓰는 사람이 거의 없지요. 당시에 범어사 종무소에도 컴퓨터가 없었어요.

그럭저럭 《화엄경》을 컴퓨터로 다 정리하고 나서 은해사 승가대학원에 가 있을 때도 컴퓨터로 원고 쓰고 교재 편집하고 한 덕택에 책을 여러 권을 냈지요. 은해사 승가대학원에서 교재 편집은 거의 학인들이 컴퓨터로 편집까지 다 했어요.

다음(www.daum.net)에 카페를 처음 연 것은 2004년 11월 22일이에요. 처음에는 다른 사람들 카페나 홈페이지를 살펴보다가 나도 해야겠다고 생각해서 그동안 내가 녹음한 것도 올리고, 글도 올리고 하다 보니 내 공부도 되더라고요. 또 내가 그때 많이 아팠으니까 진통제 역할도 되더군요. 내가 할 줄 아는 게 공부뿐이니까 공부에 신경 쓰고 있으면 진통제 역할도 하리라 생각하고 겸사 겸사 카페를 하나 만들었어요. 내 거처의 옥호가 염화실이라 카페 이름도 그대로 염화실로 했지요.

그런데 이름이 좋아요. 범어사 염화실이 아니고 한국불교의 염화실이고, 세계불교의 염화실이지요. 그렇게 해서 하나하나 올리니까 내가 공부한 게 전통 경전과 어록에 근거한 공부이니까, 거기에 목말라 있던 사람들이 좋아하더라고요. 그래서 한 사람 한 사람 들어와서 공부하게 되어, 지금은 회원이 1만 5천명이 넘습니다.

지금은 방송도 하고 있어요. 이 방에서 컴퓨터 앞에 앉아 인터넷 방송을 하면 염화실 카페를 통해 전 세계에서 접속해 실시간으로 들어요. 그리고 글을 올리면 내가 여기 앉아서 보고 호명도 해 주고 그러면 호주나 미국이나 중국에서도 반응이 바로 오지요. 염화실 카페에는 내가 평생 공부해 온 것 그대로 다 모아 놓았어요. 누구나 공부할 수 있게 만들어 놨으니까 공부할 사람들에게는 굉장히 좋을 겁니다.

지금은 인터넷 안 하는 사람이 거의 없다시피 하니까, 불교도 그것을 활용해야 하는 그런 시대에 살잖아요. 누가 해도 해야 할 일이고 나처럼 공부해 온 사람은 나의 색깔이 있으니까, 다른 불교 홈페이지나 카페가 많다 하더라도 내 카페는 내 카페대로 독특한 색깔과 들을 만한 공부 내용이 있으니까 한 부분을 담당한다고 보지요.

스님께서는 저서나 번역서도 많이 내셨지요?

많지요. 상당히 많아요. 그런데 나도 정리해 놓은 게 없어요. 지금도 계속 나오고 있어요. 아까 말한 것처럼 《범망경》을 처음 냈고 최근에는 《보살계를 받는 길》이라는 책이 나왔어요. 또 《보현행원품 강의》도 출판될 예정입니다. 근래에는 놀이삼아 '도서출판 염화실'이라는 출판사도 하나 만들어 첫 작품으로 《작은 임제록》이 란 책을 하나 냈어요. 내가 몸이 불편하니까 밖으로 다니면서 왕성하게 전법활동을 못 하는 대신에 경전과 어록을 해설한 책을 내서 중간 역할을 하는 거지요. 여러분들이 읽고 조금이라도 불교를 바로 이해하고 감동을 받아서 세상사와 인생사를 깨달아 유익하고 의미 있게 사는 데 보탬이 된다면 다행이라 생각합니다.

아픈 것이 선지식이다

근일(勤日) 스님

영주 부석사 근일(勤日) 스님

근일 스님은 1940년 안동에서 태어나, 1961년 해인사에서 도원 스님을 은사로 사미계를 받았다. 상원사, 통도사 극락암, 해인사, 송광사, 용화사 등 제방 선원에서 정진하였다. 1980년 고운사 주지를 지냈으며, 고운사 고금당선원 선원장을 거쳐, 지금은 고운사 회주, 부석사 주지로 주석하고 있다.

근일 스님 인터뷰는 참 극적으로 이루어졌다. 근일 스님을 찾아
뵈려고 부석사로 연락을 드리니 절 총무 스님께서 "스님께서는 요
즘 외부 법문이나 신문 인터뷰 등을 일체 하지 않으신다"고 하셨다.

어찌할거나? 궁리 끝에 당시 포교원장 도영 스님께서 평소 근
일 스님과 절친한 도반이라 하시는 것을 들은 적이 있어 원장 스님
께 도와주십사 부탁드리니 흔쾌히 전화기를 드셨다. 그런데 전화
가 통 연결되지 않았다. 원장 스님께서는 전화할 터이니 일단 부
석사로 찾아가라고 하셨다.

도영 스님 말씀에 용기를 얻어 선지식을 찾아뵙는다는 마음으
로 부석사로 향했다. 그러나 스님은 출타 중이셨고, 평소 연락되
던 총무 스님도 안 계시어 난감하기 이를 데 없었다. 하는 수 없이
객실에서 하룻밤 묵으며 기다려 보기로 했다. 다음 날 아침 공양
을 하고 한참 지나도 아무 기별이 없어 절을 나서려고 짐을 챙기는
데 갑작스레 원주 스님이 오셔서 근일 스님께서 찾으신다고 하셨

다. '아, 오셨구나!' 반가운 마음에 급히 올라가니 스님께서 조실
채에서 글을 쓰고 계셨다.

스님께 존경의 예를 올리니 당신께서는 일체 외부 법문도 나가지
않으시고 신문기자들도 안 만나는데 도영 스님 부탁이라 차마 거절
할 수 없어 이렇게 만난다고 하신다. 허락해주셔서 감사하다는 말
씀을 드리고 메모와 녹음을 해도 될지 여쭈니 손을 내저으시며 "공
부 얘기니 그냥 듣기만 하라" 하신다. 인터뷰 허락도 감읍할 일인데
더 욕심내면 안 되겠다 싶어 그냥 여쭙고 듣는 데 몰입했다.

그래서 이 글은 친견 이후 문답 기억을 되살려 작성한 것이다.
그러므로 근일 스님의 공부 이야기는 필자가 듣고 나름대로 이해
하고 예전의 법문 자료를 참고하여 정리한 것이니 혹 허물이 있다
면 오로지 필자의 아둔함을 탓하기 바란다.

스님, 건강은 어떠신지요?

좋아졌습니다. 젊은 시절 해인사에서 공부하다가 병을 얻어 10
년을 고생하고, 나이 들어 당뇨도 생기고, 교통사고로 팔이 부러
지고 관절을 다쳐 왼팔을 못 쓴 적도 있어요. 아직도 머리에 파편
조각이 다섯 개나 들어 있어도 수술을 하지 않고 버텨 보자고도 했
어요. 또 얼마 전에는 암에 걸려 고통을 겪었습니다.

부처님 말씀에 몸에 병 없기를 바라지 말라는 말씀이 있잖아요.
제가 생각해도 몸에 병을 지니고 있으니 공부하는 데 도움이 되는
것 같아 그리 나쁘게 볼 일은 아니라고 봅니다.

얼마 전에 걸렸던 위암은 정말 고통스러웠습니다. 대구 능인학교 이사장 할 때인데 졸업식이다 입학식이다 꼭 나서야 하는 자리가 있었습니다. 그럴 때 일어서면 쓰러질 것같은 통증에도 부축을 받아가며 단상에 올라 법문을 하고 그랬습니다.

내가 평소 '화두를 깨치면 생사를 여읜다'고 법문을 해왔는데, 이 암을 내 정진력으로 해결하지 못하고 현대 의술에 의지해서야 되겠나 싶더군요. 그래서 죽을 각오를 하고 병원에 의지하지 않고 뜸과 정진만으로 치유했는데, 암 말기라더니 지금은 다 완쾌되었습니다. 냉·온탕 번갈아 가며 목욕하는 것도 참 좋아요.

> 그래서 그런지 스님께서는 말에 힘이 느껴졌고, 굉장히 건강해 보이셨다. 두 시간 가까운 인터뷰에 조금도 피곤한 기색이 없으시다.

스님, 처음 선방에 가신 인연이나
선지식을 만난 이야기를 좀 해주십시오.

저도 선지식을 어렵게 만났습니다. 지금 스님들 중에서 누가 선지식이고 도인인지 모릅니다. 다른 사람은 그만두고라도 내가 그랬습니다.

그런데 기도를 열심히 하니까 선지식을 만나게 됩디다. 매일 봐도 몰랐어요. 나도 처음에는 글 많이 아는 이가 선지식인 줄 알았습니다. 그런데 글을 많이 알아 높이 보이는 분이 어느 날 행이 잘

못되는 것을 보면서 저렇다면 내가 더 배울 것이 뭐가 있나 하고 그만두고 선방에 참선하러 갔습니다.

처음에 오대산에 가서 정진하는데 옆에 앉은 사람을 보니 한 시간을 참지 못해 몸을 비틀고 졸고 합디다. 나는 잠도 안 오고 두 시간 앉았어도 좋습니다만, 이것은 다 초심자일 때는 잘 되는 것이고 고참이 되면 잠도 옵니다.

그런데 그것도 모르고 그저 '선방에 앉아 있는 사람은 도인인 줄 알았더니 별거 아니구나' 했습니다. 그런데 그곳 입승 스님이 안거 결제는 안 한다고 해요. 그래 거기서 또 방황하게 되었습니다. '나는 왜 이렇게 인연이 안 되는가' 하고 경포대 바닷가에 가서 울면서 '부처님이시여, 나는 평탄하고자 바라지 않습니다. 나에게 어떠한 어려움이 닥쳐도 이겨낼 힘을 주옵소서!' 하고 기원했습니다.

그리고 도봉산 천축사 무문관을 찾아가니 경험이 없다고 안 받아줘요. 그래서 어느 조그마한 절에 가서 기도를 열심히 하니까 선지식을 만나게 되더군요. 그 선지식이 바로 통도사 극락암 경봉 스님이었습니다. 그래서 통도사 극락암 선원에서 결제를 시작했습니다.

극락암에서의 첫 안거 이야기를 좀 들려주십시오.

처음에 이 사람도 공부를 해보니 안 되더군요. 화두가 전혀 안 되고 시간은 지루하고 어떻게 해야 옳은 것인지 알 수 없었어요.

204

처음 안거 석 달은 선방에 들어가긴 들어갔는데 중간에 나오면 안 된다 하니 나갈 수도 없고, 다리도 아프고 허리도 아프고 죽을 지경이었습니다. 화두만 되면 좋겠는데, 아니 화두는 그만두고 잠이라도 왔으면 좋겠는데 잠도 안 왔습니다. 너무 지루해서 50분도 시간이 안 갑니다. 내가 어제는 무엇을 했던가, 그제는 무얼 했던가, 심지어는 네 살 때 아버지께 글 배우던 생각까지 나는데도 50분이 잘 안 갑니다. 그것도 한두 번이지 늘 생각하면 싱거운 것입니다. 그러다가 안 되니까 개미 지나가는 것이나 보고, 옆 사람 조는 것 보고 '아, 저놈 잘 잔다' 했어요. 잠은 안 오고 화두는 들리지 않고, '무(無)' 하라니까 밭에 심은 무 생각도 나고 개도 생각나고 안 되더군요.

하도 안 되어서 경봉 스님이 '이뭣꼬?'를 해보라 하시더군요. 큰스님이 '이뭣꼬' 하라니, 해야겠는데 이것도 되어야지요. 이것도 한참 하니 개 생각도 나고, 무(無)자 생각도 나고 통 안 돼요. 중간에 그만둘까 말까 갈등이 이만저만이 아니었습니다. 또 본능적인 삿된 생각은 더 납니다. 남자는 여자 생각나고, 여자는 남자 생각나고 그럽니다. 공부하고 있으면 업식(業識)이 동하니까 더 하게 됩니다. 물이 잔잔할 때는 온갖 빛이 다 비치듯이 마음이 잔잔하니까 지난 업식이 다 떠올라 공부가 더 안 됩니다. 그래서 못 참는 것입니다.

그때 내가 극락암 선원에서 원주 소임을 맡았는데, 하루는 리어카에 짐을 싣고 올라가다 그만 리어카 바퀴에 발이 끼어 버렸습니

다. 조금만 더 굴렀더라면 아마 병신이 되었을 거예요. 걸을 수 없어 업혀 왔는데 병원에 가려니 너무 창피했어요. 그래서 아프지 않다고 하고 병원에 안 갔습니다. 이 잘못이 다 내 죄업이니 창피해서 말을 못했어요. 변소도 업혀 가야 할 정도니 도망도 못 가요. 허리가 아팠지만 다친 발이 더 아프니까 허리 아픈 것은 다 도망가고 없어요.

그래서 하는 수 없이 아플 때 화두를 드니 신기하게도 아픔이 덜해져요. 그래서 아픔을 잊으려고 화두를 들게 되었어요.

그때 경봉 스님께서 '이뭣꼬?' 화두를 주실 때 "아프면 아픈 것을 마음으로 관하라" 하셨어요. 그래서 화두삼아 그렇게 했습니다. '내가 아프다고 하는 이놈이 누구인고?' 가만히 생각하니 쿡쿡 쑤셔도 '이것은 고깃덩어리' 하게 되더군요.

그렇게 해서 한 철을 마치고 보니 법당의 주련이 다르게 보입니다. 선방에 들어가기 전과 후가 내 나름대로 느낌이 다르고, 글새김이 확연히 다릅니다. 그리고 단적으로 헐떡임이 없어졌습니다. 누구한테나 이겨야 하고 무엇이든 일등 해야 한다는 욕심이 참 많았는데 그것이 꺼졌습니다. 다친 것이 오히려 공부에 큰 도움이 된 것입니다.

무엇을 잘해야 한다는 마음, 무엇이 좋다는 마음이 없으니 마음이 그렇게 편할 수 없습니다. 그래서 '바로 이것이구나!' 했습니다. '선(禪)이야말로 화두를 들고 앉아 있는 것만으로도 공덕이 한량 없구나. 억만금을 가지고 있어도 불안하고 돈 지키는 노예가 된다면 아무 소용 없다. 아무리 많이 안다 하더라도 마음이 불안하면 아무 소용 없고, 근본자리를 모르면 아무 소용 없구나' 하는 확신이 들었습니다.

> 여기서 잠깐 근일 스님의 간절한 공부 이야기를 소개한다. 이 수행기는 스님께서 고운사 주지를 하실 때 하안거 용맹정진 시 법문한 것인데 필자가 스님께 양해를 얻어 간략히 요약하였다.

… 극락암에서 첫 안거를 마칠 때 이 공부에 대한 확신이 들었어요. 그래서 해제하자마자 그곳에서 용맹정진을 시작했습니다. 스님 세 분과 거사 한 분, 이렇게 해서 용맹정진을 시작했는데 일주일 정도 하는데 공부 분위기가 좋지 않게 느껴졌어요. 그런데 어느 날 불교신문을 보니까 해인사에서 총림을 한다고 해서 그곳에 가려고 하니 경봉 스님께서 못 가게 하셔요.

그러나 내 마음 먹었으니 한번 다녀오겠습니다 하고 기어이 나섰습니다. 그곳에 간다고 공부가 더 되는 것은 아닌데, 그냥 갔습니다. 그때 해인사 총림에 6시간 자는 팀과 4시간 자는 가행정진 팀이 있었는데, 나는 조금이라도 더 하려고 가행정진반에 들어갔습니다. 그때 종정을 지내신 혜암 스님께서 입승을 보았는데 잠을 자지 않고 하시더라고요. 이분은 정진하는 시간에는 당연히 정진하고 남들 자는 밤 12시에는 슬며시 일어나 예불하는 3시까지 계속 정진하시는 거예요. 보통사람이 아니에요. 그래서 내가 저분에게 떨어져서 되겠나 싶어서 "스님, 저 좀 깨워주십시오" 하고 12시에 일어나 같이 하는데, 열심히 하다 보면 언제 졸았는지 모릅니다. 졸아도 경책해주는 사람이 없어요. 그렇게 하다 보니 위장병도 생겼습니다.

당시 화두는 그냥 염화두(念話頭)*를 했습니다. 방장 성철 스님은 "마음도 아니요, 물건도 아니요, 부처도 아닌 이것이 무엇인고?" 하라 하셨어요. 그런데 이게 쉽지 않습니다. 이 마음, 이 부처, 이 물건 다 끄달려 화두가 쉽게 들리지 않았어요. 어떤 사람은 돈이 얼마나 있나 세고, 해제철에 어디 가서 얼마를 탈까, 그런 것들을 생각합니다. 앉아서 하다가 안 되니까 별 궁리를 다 하는 겁니다.

그래서 나는 이 공부는 억지로 해야 한다고 말합니다. 억지로 해야지 순리적으로 잘 것 다 자고 먹을 것 다 먹고는 안 됩니다. 조금씩이라도 남보다 더 하려는 욕심으로 해야 합니다. 그래서 옆사람이 선지식이라 합니다. 혼자 있으면 드러누울 것도 남이 있으면 못 눕습니다. 그래서 옆에 있는 도반이 나의 선지식입니다.

당시 나도 공부가 안 되어 어느 날 결심을 했습니다. '이것만 믿고 한다고 하는데 안 되니 100일 동안 잠 안 자고 해도 안 되면 옷 벗고 나가자. 내 청춘 다 보내고 무엇 하나' 해서 100일 간 용맹정진 결사를 했습니다. 70여 명 중에 다섯 명을 뽑아 졸면 죽비 치고

---

* 염화두(念話頭) : 화두가 순수하게 들리지 않고 염불하듯이 하는 것을 말한다.

포행도 없이 했습니다. 그러기를 40일 정도 지나니까 화두가 잡히기 시작하고, 50일이 지나니 시간이 그렇게 잘 갑니다. 지루한 줄도 모르고 그렇게 편할 수 없습니다.

그런데 그것도 마장이 옵니다. 졸면 돌아가면서 패기로 했는데, 내가 졸면 봐주지 않고 공격이 전부 나한테만 오고 졸지 않는데도 패는 것 같았습니다. 졸지 않는데 때린다고 싸우는 사람도 있어요. 다 공부가 안 되니 그랬겠지요. 그래서 '내가 이 철이면 갈 몸인데 조니 안 조니 시비할 것이 무엇이 있는가, 부처님이 나를 경책해주는구나' 하고 생각하니 마음이 편해지더군요.

그런데 용맹정진 하기 전에 절에서 축구를 하다가 몸을 다친 적이 있었는데, 이것이 용맹정진을 하니까, 피가 안 돌아 썩어 온몸을 긁으면 피가 났습니다. 아파서 드러누우면 또 허리가 아파요. 썩은 피가 전신으로 퍼져 눈에서까지 고름이 나왔습니다.

이때 아픈 것이 10년을 갔습니다. 선원에 안거 들어가면 옆에 앉는 분들이 고름을 뽑아주고 그랬습니다. 향곡 스님 회상에선 도천 스님이 고생을 많이 했습니다. 성냥으로 고름을 뽑고 나병환자들 먹는 약을 먹으니까 전신에 퍼져 사람들은 내가 문둥이병인 줄 알았답니다. 손만 대면 간지럽고, 긁으면 편했습니다. 지금 생각하니 아픈 것이 선지식입니다.

"몸에 병 없기를 바라지 말라. 몸에 병이 없으면 탐욕이 생기나니, 병으로 양약을 삼아라. 일이 뜻대로 되기를 바라지 말라.

일이 뜻대로 되면 뜻을 가벼운 데 두나니, 뜻대로 되지 않음으로 수행을 삼아라."

참으로 기가 막힌 말입니다. 제 경우가 꼭 이랬습니다. 공부하는 분상에 장애 속에서 도를 이룬 것입니다. 그러니까 부처님 가피력도 있어야지 혼자 힘으로는 어려운 것입니다. 졸다가 누가 깨워주나 해서 돌아보면 아무도 없습니다.

정말 공부하려고 하면 다 도와줍니다. 전부가 도의 모습이고 도와주는 것인데 한 생각 잘못 일으키면 전부 장애입니다. 그래서 좋은 생각을 가지고 공부하되 항상 다행스러운 마음을 가지고, 지금 화두가 안 된다고 좌절하지 말아야 합니다. 앉아 있는 공부만 해도 한량 없습니다.

그렇게 고비를 넘기고 하다가 75일쯤 하고는 못 했습니다. 100일을 못 채우니 분해서 죽겠습디다. 기필코 채워야겠다고 마음먹고 해제하자마자 혼자서 100일을 채웠습니다. 그것도 단식으로 했습니다. 단식 6일쯤 지나니까 '아, 이러다가 죽는구나' 싶고 초조하기 짝이 없었습니다.

왜 굶었느냐 하면, 성철 스님이 병원에 가라고 5천원을 주시는데 내 기분에 엄청난 돈이었습니다. 당시에 한 철 나면 3백원 줄 때니 굉장히 큰돈이었죠. 그런데 당시에는 대부분이 기독교 병원이었잖아요. 이 귀한 돈으로 어찌 기독교 병원에 가겠습니까. 병원에서 다리를 잘라 병신으로 사느니 차라리 죽는 것이 낫다고 생각했습니다. 대신 뜸을 뜨고 이명래 고약을 붙였습니다. 고름이 심할 때 고약을 떼어내면 썩은 피가 줄줄 흐릅니다. 지금도 선합니다. 그런데 음식을 먹으면 더 간지럽고 굶으면 가려움이 덜해요. 그런 상태로 이를 앙다물고 가부좌하고 서너 시간씩 있으면 그때서야 선정에 들고, 그러면 아픈 것도 가려운 것도 잊어버립니다. 긴장이 조금만 풀려도 간지러워 못 삽니다. 그래서 단식을 한 것입니다.

보름쯤 되니 환희가 나기 시작하는데 지금도 잊혀지지 않습니다. '부처님은 새벽별을 보고 소리쳤지만, 나는 저녁 별 보고 소리친다. 아름다운 것이 꽃이라면 꽃 아닌 것이 있겠느냐.' 환희심이 터지니 감당을 못 하겠더라고요. 변재가 쏟아지기 시작하는데 잘못하면 점쟁이가 될 것 같았어요. '이것 가지고 선지식이 다 되었다고는 안 할 것이다' 라는 생각으로 억제하면서, 이때부터는 내 몸이 필요하고 있어야 공부하겠다 싶어 기간을 다 채우고 향곡 스님 회상에 갔습니다. 법문을 들으니 이해가 다 가는 것입니다. 이럴 때 선지식이 잘 잡아주어야 하는데 그것을 못 잡아주고 인정해 버리면 안 되는 것입니다.

그때 어떤 수좌가 성철 스님께서 해제 법문에 동별당 서별당 고양이 갖고 싸운 것에 대하여 물었다고 들었습니다.

그래서 성철 스님을 찾아갔어요.

"스님 이번 해제 법문에 고양이 법문하셨다면서요?"

"그래."

"저는 그렇게 안 하겠습니다."

"그래 너는 어떻게 하겠느냐?'

"저는 물구나무 서서 가겠습니다."

"그래 그 첫 대답이 그럴듯하다. 옛 선지식도 그 첫 대답에 많이 속았느니라. 그 물구나무 선 도리와 남전이 무슨 관계가 있느냐?"

"예, 제가 묻는 사람에 따라서 대답하겠습니다."

"그래야지. 그럼 내 다른 것 하나 묻지. 네가 이것만 답하면 확철대오로 인정해준다. 옛날에 한 보살이 큰스님 될 것 같은 한 스님을 토굴을 지어서 한 10년 간 시봉했는데, 10년이 되는 어느 날 딸을 시켜서 시험을 했어. 딸에게 가서 스님을 보듬고 교태를 부리면서 스님에게 '이럴 때 경계가 어떠합니까?' 하고 물으라 했다. 딸이 시키는 대로 하니 스님이 '고목(枯木)에 한암(寒巖)하니 한기(寒氣)가 돈다, 즉 마른 나무에 찬 바위가 의지하니 한기가 돈다'고 답했다. 딸이 보살에게 그대로 전하니 보살이 토굴에 가서 스님의 멱살을 잡고 '이 흉악한 속인 놈을 내가 10년 동안 밥을 먹였구나. 에이 도둑놈, 나가거라' 하며 끄집어내고 토굴에 불을 질러버렸다. 그런데 왜 내쫓았을까?"

"지극히 그 스님을 위해서 쫓았습니다."

"그래 어찌하면 안 쫓겨나겠느냐? 너 같으면 어찌하겠느냐?"

"부지런히 해가 동쪽에 뜨니 벌나비가 춤을 춥니다."

"그래. 그 말이 고목에 한암하니 한기가 돈다는 말과 같으냐, 다르냐?"

"천리현격(千里懸隔)입니다."

"틀리단 말이지?"

"예."

"너 아직 덜 되었구나. 너 서울 가려면 아직 멀었어. 아직 수원밖에 못 갔다. 네가 더 열심히 하면 네가 내 은혜를 못 갚을 것이다."

내가 그래서 성철 스님을 존경합니다. 이때 만약 잘못 일러주셨으면 큰일 아닙니까? 변명해 보았자 소용없습니다. 참 고맙다는 생각이 듭니다. 거짓 선지식은 못 합니다.

그때부터 새로 시작했습니다. 전강 스님 회상으로 가서 3년 동안 공부했고, 다시 경봉 스님 회상에서 공부를 더 했습니다. 그러고 나서 다시 성철 스님에게 가서 "이제 혼자 공부해도 될 것 같으니 토굴로 들어가겠습니다" 하고 9년 간 토굴에서 지내고 고운사 주지를 맡게 되었습니다. 그 후에도 가끔 가서 일하고 문답하고 했는데, 그러다가 전강 스님 회상으로 가는 도중 전강 스님이 열반에 들었습니다. 전강 스님은 참 간절한 분이셨습니다. 우리는 정말로 공부가 소중하고 선지식이 소중한 줄 알아야 합니다. …

참선이란 무엇입니까?

선(禪)은 근본이요 진리요 나이고, 참(參)은 '참구(參究)한다'는 뜻이죠.

나를 참구한다는 것은 나를 찾는 공부를 말합니다. 나를 찾는 것보다 더 소중한 것이 어디 있습니까? 나를 참구하여 깨치면 부처가 되는 것입니다. 비록 깨치지 못하더라도, 《금강경》에 나와 있듯이, 잠깐이라도 선정에 들고 화두를 들면 그 공덕이 한량이 없습니다.

스님, 돈오돈수가 맞습니까, 돈오점수가 맞습니까?
돈오돈수도 옳지 않고 돈오점수도 옳지 않습니다.

다시 한 번 말씀해주시죠.
다시 한 번 말한다면, 돈오돈수도 옳고 돈오점수도 옳습니다.
왜냐하면 분별지에선 돈오점수가 맞고, 분별이 떨어진 입장에선 돈오돈수가 맞습니다. 이미 본래 다 갖춰져 있어 더 닦을 것도 깨칠 것도 없습니다.

선의 본래성불의 입장에서 말씀하시는 것이군요?
선의 입장에선 부처가 중생이고 중생이 부처입니다. 하나입니다. 중생도 이미 다 원만하게 갖춰져 있는데 미망에 가려 자기가 본래 부처라는 것을 깨닫지 못하고 있을 뿐입니다. 중생도 본래 부처입니다. 단지 자기가 부처라는 것을 깨닫지 못하고 있을 뿐입니다. 그러므로 중생과 부처가 둘이 아닙니다. 그런 견지에서 보면 돈오돈수니 돈오점수니 하는 것도 분별심에서 나오는 것일 뿐입니다.

내가 보고 들은 이야기를 하나 하겠습니다.

나는 해인사에서 성철 스님 회상에서도 공부하여 성철 스님이 왜 보조국사의 돈오점수 사상을 비판하는지 알고 있습니다. 언젠가 인천 용화선원에 가니 전강 스님께서 "성철 스님이 왜 멀쩡한 보조국사를 욕하는지 모르겠어. 도대체 왜 그러는 거냐?"고 말씀하시기에 이렇게 말씀 드렸어요.

성철 스님께서 보조국사의 돈오사상을 비판한 이유는 보조국사가 초년기에 지은 《수심결》과 《정혜결사문》에 선과 돈오점수가 혼돈되어 나타나는데, 입적하시기 6개월 전에 펴낸 《절요》에서는 선과 교를 나누긴 했지만 여전히 모순과 혼란이 남아 있고, 돌아가신 뒤 유고가 나와 제자들이 펴낸 《간화결의론》과 《원돈성불론》에서는 선의 돈오돈수와 교의 돈오점수가 명백히 구분되어 있습니다. 그래서 성철 스님은 보조국사의 《수심결》이나 《절요》를 교종(敎宗)에서는 해당되어도 선문(禪門)에서는 잘못된 견해이므로 그 오류를 바로잡아 견성이 곧 돈오고 구경각이고 무상정등각이라는 점을 분명히 설파하려 하신 것이라고 말씀드렸어요. 그랬더니 전강 스님이 "아 그렇구나!" 하시며 오해를 푸셨어요.

그 다음에 성철 스님께 전강 스님이 물으셔서 그렇게 말씀드렸다 했더니 성철 스님도 '잘했다' 하시며 아주 좋아하신 적이 있어요.

화두는 누구에게 어떻게 받아야 하는지요?

나는 처음에 무(無)자 화두를 했는데, 하다가 어느 절에 가니까

"무슨 화두를 타셨소?" 묻기에 "화두가 물건인가 타게" 하니까 아무 소리도 안 합디다. 그래서 가만히 생각하니까 화두는 타는 거구나 했습니다. 그것도 모르고 그냥 앉아 있으면 공부인 줄 알고 했습니다.

자존심이 있어 다른 사람에게는 물어 볼 수 없고, 은사 스님에게 물었습니다.

"화두를 타야 합니까?"

"타야 한다."

"그럼 주십시오."

"무(無)자 해라."

"무(無)자요?"

"무(無)자. 개가 불성이 있느냐 없느냐? 왜 무일까? 그리 해라!" 하셨어요.

그런데 그게 잘 안 들렸어요. 그래서 경봉 스님 회상에 가니까 '이뭣꼬?' 하라 하시는데 되어야지요.

이 공부는 편하면 공부가 안 됩니다. 누구에게 심하게 뺨을 맞으면 잊히지 않고 분합니다. 분심이 나면 하는데 편하니까 화두가 안 됩니다.

그리고 화두를 너무 쉽게 주고 있습니다. 소중하면 안 잊어집니다. 짧은 순간에도 강한 것이 있고, 시간이 지나서 소중한 것이 있습니다. 큰 충격을 받으면 강하지 않습니까? 오랜 세월 동안 하니까 화두도 되더라 이 말입니다. 정말 진실로 발심해서 충격을 받으면 그 순간에 화두가 될 텐데 쉽게 주니까 쉽게 생각하고 그러는 것 같습니다. 머리카락에 불이 붙은 사람은 불 끌 생각밖에 없듯이 정말로 이 화두가 모든 것을 해결한다, 전부다 하고 덤비면 의정(疑情)이 일어나지 않을 수 없습니다.

화두를 참구할 때 가장 중요한 것은 믿음이 있어야 합니다. 화두를 일러주는 스님을 믿어야 합니다. 믿음이 안 가면 공부가 안 됩니다. 부처라는 말도 믿고 '마삼근(麻參斤)'이라는 말도 믿는다면, '분명히 내가 알고 있는 부처는 마음이 부처라 했는데 어째서 마삼근이라 하는가?' 알 수 없으니, 이 알 수 없는 것으로 전부를 삼아야 됩니다.

그러면 이 공부가 안 될 수 없습니다. 그냥 흐리멍덩하게 하니까 안 되는 것입니다. 탄 화두는 힘이 없습니다. 화두를 탄다는 말이 있는데, 타는 화두가 힘이 없기 때문에 깨친 사람이 드뭅니다.

그래서 이 공부는 믿음, 하고자 하는 용기, 알 수 없는 의정이 있어야 합니다. 의심이라 하니까 믿음이 없는 사람은 불신으로 나가는데 그러면 안 됩니다. 세상에서의 의심은 다른 사람을 불신하는 것인데 그렇게 하는 수좌도 봤습니다. 사사건건 사람까지 의심하는 병이 든 사람도 있는데, 믿음이 없는 의정은 있을 수 없어요. 전체를 믿어야 합니다. 부처님 법도 믿고 화두를 일러준 스님도 믿고 화두도 믿어야 용기가 나고 의정도 형성됩니다.

그렇다면 '본래성불'의 선종의 입장에서

불교의 최고 이상이자 목표는 '상구보리 하화중생(上求菩提 下化衆生)'입니다. 그런데 우리는 이미 포교가 다 되어 있다고 보아야 합니다. 이미 중생들이 성불해 있는 것입니다. 다만, 자기가 부처라는 믿음이 없을 뿐입니다. 자기가 부처라 믿도록 깨우쳐주기 위해 포교가 있는 겁니다. 다시 한 번 강조하지만 본래성불, 즉 본래 다 갖춰져 있습니다. 모르고 믿지 않을 뿐이에요. 그래서 포교란 자기가 부처라는 것을 믿도록 깨우쳐주는 것입니다.

포교는 믿음과 보시로 시작해야 합니다. 저는 포교에 네 가지 방법이 있다고 봅니다.

첫째, 말로 하는 것입니다. 말 한 마디로 천냥 빚도 갚는다고 하잖아요. 말을 바르게 잘 하려고 노력해야 합니다. 그런데 말이 행동과 일치하지 않으면 실망을 줍니다.

둘째, 글로 하는 것입니다. 글도 중요하잖아요. 법정 스님 같은 분은 글을 잘 쓰니까 얼마나 포교가 되었습니까? 큰 기여를 하신 거예요.

셋째, 행동으로 하는 것입니다. 말과 글도 물론 행동이지만, 실천으로 보여주는 것이 중요합니다. 말과 글이 행동으로 일치할 때 더 영향력이 있겠죠.

넷째, 무언(無言)으로 하는 것입니다. 선에는 '이심전심(以心傳心)'이 있습니다. 꼭 말이나 글, 행동으로 나타나지 않더라도 그 무엇이 있습니다. 부처님 당시에 부처님과 가섭 존자 사이에 있었던

'염화시중(拈花示衆)'의 미소 같은 것이 여기에 해당하겠죠.

이 네 가지를 다 갖추면 금상첨화겠지만, 이 중에서 자기가 할 수 있는 한 가지만이라도 잘 하면 좋겠죠. 물론 다 잘 하려고 노력해야 합니다.

포교의 핵심은 무엇인가요? 어떻게 하면 포교를 잘 할 수 있는지요?

포교의 핵심은 '재시(財施), 무외시(無畏施), 법시(法施)'입니다.

재시(財施)는 보시하는 것입니다. 절에 시주하는 것도 좋고, 어려운 이웃에게 물질적·경제적으로 나누어주면서 포교를 해야겠지요.

무외시(無畏施)는 두려움을 없애준다는 것인데, 저는 이것을 마음 심(心)자를 써서 심시(心施)라고 합니다. 이게 바탕이 되어야 합니다. 마음을 편안하게 해주는 것, 즉 자비정신이죠. 이것은 돈 없어도 할 수 있어요. 오늘날 여러 사회운동이 있지만, 우리는 이런 운동을 해야 합니다. 돈도 들지 않고 좋지 않습니까? 마음을 평안하게 해주는 포교를 해야 합니다. 이것이 바탕이 되어야 다음에 오는 법도 받아들이고 이해할 수 있습니다.

다음은 법시(法施)입니다. 부처님 법, 즉 진리를 전하여 바르게 살도록 안내하는 것이죠. 부처님 법을 알아야 생사를 해결하고 절대적인 행복의 길로 갈 수 있습니다. 이것이 포교의 핵심입니다.

저는 이 세 가지를 잘 하면 포교가 잘 될 것이라 봅니다. 방법은 얼마든지 있을 수 있습니다. 그런데 여기서 중요한 것이 하나 있습

220

니다. 스님들끼리 싸우지 말아야 합니다. 스님들이 화합하고 존중해야 합니다. 그래서 종단이나 절이 안정되어야 합니다. 지난번에 중앙에서 스님들이 싸워서 얼마나 망신을 당했습니까? 스님들이 싸우거나 종단에 분규가 나면 애써 포교한 것도 다 까먹습니다.

그러므로 포교 이전에 화합이 요체입니다. 화합하려면 아랫사람은 윗사람을 존경하고 윗사람은 아랫사람을 존중하면 됩니다.

스님께서 법문하실 때 자주 하시는 말씀이 있으시면 좀 들려주시죠.

제가 잘 아는 부장 판사가 한 분 있는데, 이분은 가톨릭 신자지만 나와 인연이 되어 자주 찾아옵니다. 이분 소개로 법원장, 판사, 병원장 등 꽤 지위 있는 명사들이 주축이 된 동양고전연구회에서 법문할 때 한 이야기입니다.

인생에는 다섯 등급이 있습니다.

1등 인생은 상구보리 하화중생, 즉 자리이타(自利利他) 정신을 실천하는 사람입니다.

2등 인생은 남을 위해 봉사하며 사는 사람입니다.

3등 인생은 자기 자신을 위해 수행하는 사람이죠. 자기 구제에 전념하는 사람입니다.

4등 인생은 착하게 사는 사람, 법 없이도 사는 사람을 말합니다.

5등 인생은 남에게 원망 받고 사는 사람을 말합니다.

제가 법문을 듣고 있는 판사나 의사들에게 "여기 계신 여러분들은 어느 등급을 살고 있습니까?" 하고 물으니 어떤 이가 "4등에서

5등 사이에 살고 있는 것 같습니다" 하기에 4등, 5등으로 사는 사람들이 어떻게 사람을 재판하고 생명을 다룰 수 있느냐고 야단친 적이 있습니다.

제 경험 하나 이야기하겠습니다. 내 방에 칼을 들고 들어와 도둑질을 다섯 번이나 한 도둑 이야기입니다. 몇 년 전에 잠을 자려고 누웠는데 그날따라 잠이 오지 않아 누운 채로 있었는데 어떤 사람이 문을 열고 들어오기에 잠자는 척했지요. 그랬더니 옆방으로 가서 막 뒤지더라고요. 그래서 '아, 도둑놈이 왔구나. 옳거니. 저놈 마음을 바로잡아 사람을 만들어 보자'는 생각에 자리에서 일어나 찻상 앞에 정좌를 하고 앉아 도둑이 나오는 것을 기다렸죠. 도둑이 옆방에서 나오는데 긴 회칼을 들고 있더군요. 내가 반갑게 "아이고, 자네 왔는가! 이리와 앉게. 얼마나 고생이 많은가" 하니 그 도둑이 꼼짝 말라고 하면서 내 목에다 칼을 갖다 대더라고요.

그래서 나는 생사를 해결한 몸이니 어디 한번 찔러 보라고 하고 지그시 눈을 감았더니 차마 찌르지 못하고 칼을 버리고 주저앉아요. 그래서 그 친구에게 어디서 왔고, 왜 이런 짓을 하느냐고 물었더니 돈을 구해 땅을 사서 농사를 지으려 한다더라고요. 그래 내가 주지 월급이 55만원인데 마침 어제가 월급날이라 내가 가지고 있으니 이것으로 땅 사는 데 보태라고 줬지요. 다시는 도둑질하지 말고 농사를 짓든지 아니면 절에 가서 부목을 하면서 부처님을 믿어 보라고 권했지요.

그랬더니 얼마 뒤에 찾아와서 다른 절에 갔더니 안 받아준다며 여기 있으면 안 되겠냐고 하기에 그러라고 했더니, 글쎄 이 친구가 또 내 방에 들어와 도둑질을 하는 거예요. 그러기를 무려 다섯 번, 그럴 때마다 타이르고 야단치고 용서해줬는데, 마지막 다섯 번째는 벽을 뚫고 들어온 거예요. 그래서 상좌들이 이놈은 하는 수 없다고 내쫓아 버리고 말았지요. 그리고 이 도둑놈을 막는다고 야간 경비를 세웠어요. 그런데 그 덕분에 당시 영주 일대 광신자들이 단군상을 없앤다 어쩐다고 하면서 이 부석사까지 훼불하려는 것을 막을 수 있었어요. 결과적으로 전화위복이 되었고 새옹지마가 되었지요.

또 나는 가끔 교회나 성당에서 법문을 하기도 합니다. 어느 날인가 교회에서 법문을 하면서 나는 하느님도 부처님도 밉다고 말했습니다. 스님이 이렇게 말하니 다들 어리둥절해하더군요. 왜 그런지 들어 보라 하고는 이렇게 말했습니다. 하느님은 인간을 창조했다면서 창조를 하려면 좀 잘할 것이지 왜 생로병사의 고통을 만들어서 이렇게 고통스러운 삶을 살게 하였는지 밉다고 말했습니다. 그랬더니 어떤 목사가 인간이 선악과를 따먹어서 그렇다고 답하더라고요. 그럼 그건 누가 창조했느냐고 했더니 아무 말 못 하더라고요. 교회에서 그런 말을 하니 분위기가 썩 좋지 않아요. 그 다음에 다시 나는 부처님도 밉다고 말했어요. 부처님은 깨달으셨으면 혼자서 깨닫든지 모든 사람들이 다 깨닫게 하든지 해야지 괜히 혼자서 깨치고 가르쳐 나같이 부모 버리고 머리 깎고 출가하게 만들어서 밉다고 말했더니 다들 웃더군요.

자기 수행을 잘 해야 합니다. 불교는 자기 수행을 바탕으로 하지 않으면 안 됩니다. 승려 교육, 신도 교육 나눌 것 없이 자기 수행을 먼저 해야 합니다. 항상 선정을 닦아야 합니다. 자기 공부가 우선입니다. 승속을 막론하고 그렇습니다. 승속 모두 수행을 잘하면 모든 것이 따라옵니다.

불교에서는 항상 새해입니다. 현재에 충실한 것이 불자의 자세입니다. 가는 해니 오는 해니 다 분별 망상입니다. 항상 새해입니다. 새해에도 자기 수행을 우선해야 합니다. 남의 잘못을 보지 말고 자기 수행에만 전념하기를 권합니다. 그러면 모든 문제가 잘 해결됩니다.

224

자기를 낮추고
스스로를 반성하라

무여(無如) 스님

봉화 축서사 무여(無如) 스님

무여 스님은 1941년 경북 김천에서 태어났다. 오대산 상원사에서 희섭 스님을 은사로 출가하여, 1968년 탄허 스님을 계사로 사미계를 수지하였다. 출가 이후 20여 년 간 참선 수행에 매진하여 상원사 · 용주사 · 망월사 · 송광사 · 칠불사 · 봉암사 등 제방 선원에서 정진하였으며, 칠불사 · 망월사 선원장을 지냈다. 1987년 봉화 축서사 주지에 취임한 이래 지금까지 축서사에 주석하며, 조계종 종립 기본선원 초대 운영위원장을 역임하였고, 선원수좌회 간화선 수행 지침서 편찬위원이다.

무여 스님은 경북 봉화군 문수산 축서사에 주석하신다. 봉화는 우리나라 가장 오지 중 한 곳이다. 어떤 자료를 보니 봉화군은 재정 자립도 10% 이하로 꼴지 군이다.

그렇지만 봉화는 태백산맥과 소백산맥에 둘러싸인 양간 지역으로, 천혜의 자연환경을 갖춘 명당으로 통한다. 그런 까닭에 도 닦기가 좋은 곳으로 알려져 수행자들이 많이 찾아들고 있단다.

그런 봉화 문수산에 축서사가 있고 그곳에 무여 스님이 주석하신다. 무여 스님은 경북 금릉에서 태어나 오대산 상원사로 입산한 후 20여 년 간 선 수행에 매진하시어 칠불사·망월사 등의 선원장을 지냈고, 문수산 축서사에 인연이 되어 지금까지 주석하시면서 중창불사를 하여 선원을 개원하였다.

봉화 읍내에서 축서사로 가기 위해 택시를 탔는데, 봉화에서 25년째 택시를 운전하고 있다는 기사님이 이렇게 말씀하신다.

"축서사는 큰스님이 오시고 엄청나게 변했습니다. 절에 차가 없을 때 가끔 스님을 모셔다 드린 적이 있는데, 참 자상하시고 편안하게 해주셨어요. 스님은 정월 초하루 생각이 섣달 그믐날까지 변함없는 그런 분입니다."

'1월 1일 생각이 12월 31일까지 변함이 없는 분'이 한마디에 봉화 사람들이 스님을 어떻게 생각하는지 드러나 있다.

그런데 스님께서도 여느 선지식과 마찬가지로 "나는 이런 데 나갈 자격이 없는 사람입니다" 하시며 인터뷰를 여러 번 사양하셨다. 세 번이나 찾아가서야 겨우 말씀을 주셨다.

먼저 축서사에는 언제부터 주석하셨는지요.
엄청난 불사를 하셨는데 그 인연도 좀 들려주시죠.

1987년에 왔어요. 한 20여 년 간 선원과 토굴에서 화두 공부만 하다가 내 자신을 정리할 필요성을 느꼈어요. 그러려면 어느 곳에 정착해야 하니 토굴을 구하고 있었는데, 마침 고우 스님께서 축서사가 비어 있다고 소개해서 이전 주지 스님의 양해를 얻고 본사인 고운사를 찾아가서 허락을 얻어 들어오게 되었습니다.

처음 왔을 때 절 살림이 어려웠습니다. 그래도 혼자서 정리하는 데는 좋았습니다. 특히 축서사는 산중 깊이 있으면서 터가 좋아요. 보궁 터 같은 느낌이 들어요. 그러다 한 2년 후에 떠나려고 하니 주변에서 말려요. 불사나 좀 하고 가라고 합디다. 그래서 몇 사람이 사는 데 불편하지는 않게 해놓고 내려가자 생각하던 차에 마침 아랫마을에 흙이 좀 있다고 해서 실어 올린 것이 불사의 시작입니다.

불사하기 전의 축서사는 도량이 좁았어요. 해발 700미터가 넘는 곳에 위치한 법당 터는 양명하고 정진하기에는 좋았지만 좁았어요. 그래서 이 좋은 터를 잘 활용하는 가람 불사를 해야겠다는 생각으로 항공 촬영도 하고 측량도 해서 컴퓨터로 지형도를 분석하고 그래픽으로 지금과 같은 설계를 해서 흙을 실어 올렸습니다. 덤프트럭으로 6천 대분의 흙으로 기초 공사를 해서 지금의 터를 조성하였습니다.

쉽게 말하면 예전 축서사는 뒷산이나 안대는 좋지만, 먹고 살기 어려운 도량이었습니다. 지금은 성형수술을 해서 후덕한 터, 정진하기 좋은 터로 만들었다고나 할까요. 원래 경사가 가파르고 좁은 터를 널찍하게 하려니 축대를 잘 쌓아야 했습니다. 축대를 쌓고 허물기를 거듭하여 지금의 축대가 조성되었습니다.

불사는 하나를 하더라도 제대로 해야 한다고 생각합니다. 그래서 한 동, 한 동에 신경을 많이 썼습니다.

출가 인연을 좀 들려주시죠.

나는 어려서 성격이 나약하고 내성적이었습니다. 그래서 청년기에는 다양한 체험을 하려고 노력했습니다. 인문학은 물론 음악·예술에도 관심을 가졌고, 인생론이나 위인 전기 같은 것을 통해서 훌륭한 분들의 삶에도 관심을 가졌습니다. 영화에도 관심을 가졌더랬지요.

'어떻게 사는 것이 잘 사는 것인가?' '인생이란 무엇인가?' '보람과 긍지를 가지고 사는 방법은 없는가?' 그런 고민을 한창 하던 시절에 우연히 가야산 해인사로 여행을 가다가 고령쪽 가야산 기슭 양지 바른 곳의 아담한 절이 눈에 들어 왔어요. 무심코 그 절로 가니 마치 고향집에 온 것처럼 편안하고 포근한 느낌이었어요. 그래서 절에서 며칠 쉬고 싶다 하니 그러라고 하데요. 그래서 며칠 쉬게 되었습니다.

그런데 사흘째 되니 노스님이 뜬금없이 이렇게 물었어요.

"자네가 무엇인가? 한번 생각해 보게."

이 "자네가 무엇인가?" 하는 물음이 제 가슴에 확 와 닿아 떠나지 않았어요. 그래서 "자네가 무엇인가?"를 계속 생각하기 시작했습니다. 몇 시간이 지나고, 하루, 이틀 그렇게 자연스럽게 의문 덩어리가 되어 갔습니다. 하루 일과도 법당과 마당을 간단히 청소하고 앉기 시작해서 밥 얻어먹으면 또 앉고, 그러다가 밤을 새는 날도 있었어요. 용맹정진 한다는 생각 없이 할 때는 한두 끼 건너뛰기도 하고 그렇게 열심히 했습니다.

화두는 아니지만 거기에 빠져 한 달, 두 달이 후딱 지나고 몇 달을 생각하니 마음이 아주 고요하고 맑은 경계를 체험하게 되었는데, 그때 '아! 이것이구나!' 하는 느낌이 강렬하게 들었어요.

그런 체험을 하고는 인생에서 이 이상의 답은 없겠다는 신념이 섰어요. 마냥 앉아 있어도 몸이 아프거나 싫다는 마음이 전혀 없었어요. 가까운 곳에 마을이 있었는데도 1년 동안 마을에 한 번도 내려가지 않았어요. 그만큼 몰두했습니다.

230

지금 생각해 보아도 선이 무엇인지도 모르고 공부했지만, 그때가 좋은 시절이었다는 생각이 듭니다.

그러다 얼마 뒤에 노스님이 돌아가셨어요. 어느 날 한 객스님이 지나다 "어디 가서 정식으로 수계를 하십시오" 하는 거예요. 그래서 노스님도 돌아가시고 귀의처가 없어졌으니 이렇게 해서는 안 되겠다 싶어 어떻게 하면 좋을지 물으니 순천 송광사로 가라고 하더군요.

송광사에 가니 그제서야 고향 생각도 나고 집 생각, 부모 생각이 나기 시작해요. 양심에 가책도 심해져서 '아차, 내가 이래서는 안 된다. 출가하더라도 당당하고 떳떳하게 해야겠다' 그런 생각이 떠올라 고향집으로 갔습니다.

집에 가니 부모님이 절대 허락을 안 해주세요. 내가 장남이었거든요. 온실 안 화초처럼 곱게 자라 중학생 때까지 집을 떠난 적이 없었어요. 내 손으로 뭘 사먹어 본 적도 없어요. 고등학생 때 하숙한 것이 처음 집을 떠난 때였어요. 그러니 허락은 어림없었죠. 그래서 3개월 후에 편지를 써 놓고 몰래 나왔어요. 집에서도 잡을 수 없다는 것은 알고 계셨어요.

그리고는 오대산 상원사로 찾아갔습니다. 거기에 희섭 스님이 계셨는데 스님께 "공부하러 왔습니다" 하니 행자실로 안내해주셔서 거기서 다시 행자생활을 시작했습니다.

오대산의 대표적인 선승이라는 보문 스님 이야기를 좀 들려주십시오.

보문(普門) 스님은 서른 살에 출가하여 쉰에 입적하셨습니다. 저는 직접 뵙지는 못했지요. 그런데 선방을 다니면서 다른 스님들 말씀을 들어보니 청풍납자(淸風衲子)의 표상이라고 해요. 또 보문 스님이 대구 보현사에서 1년 6개월 정도 사셨는데, 그때 신도님들이 보문 스님 제삿날이 되면 탁발해서 모실 정도로 존경심이 대단했어요. 사람이 잘 살았느냐, 못 살았느냐는 죽고 난 다음 평이 정확하다고 하지요.

보문 스님은 선지(禪旨)가 밝고 계행(戒行)이 청정한 분이었답니다. "털어도 먼지 하나 나오지 않을 스님이다"라는 말을 들을 정도였으니 누가 감히 뭐라 하질 못했답니다. 제 은사 스님 말씀으로는 한암 스님 회상에서 행자 때 한 철 용맹정진을 하고 있었는데, 화장실을 가다가 돌부리에 걸려 넘어지면서 견처(見處)가 열리셨다고 하더군요.

또 스님은 두타행을 하셨답니다. 일 년 내내 누더기 한 벌로 지내셨고, 꼭 탁발해서 먹을 것을 조달했습니다. 대구에서 탁발을 나가실 때면 주로 시장을 도셨는데, 가사 장삼을 수하시고 왼손에 발우를 들고 오른손에 요령을 잡으시고 반야심경을 염송하며 지나가면 가게 상인들이 발우에 돈을 넣어주었답니다. 그러다 바람이 불어 발우에 담긴 지폐가 날리면 거지들이 쫓아와 주워갔답니다. 그렇게 몇 골목을 돌아 돈이 모이면 쌀을 사서 절로 돌아 왔는데, 여유가 있으면 거지들에게 고루 나눠줬고요.

입적하실 때는 초파일 무렵이었는데 상좌를 불러서 "사흘 뒤에 갈 터이니 아홉 구멍을 막고 시신을 윗목에 덮어 놓았다가 초파일을 마치고 다비하거라" 말씀하셨답니다. 그리고 스님 말씀대로 4월 6일 입적하시고, 초파일을 마치고 4월 9일 동화사에서 다비를 하였답니다.

보문 스님의 일대기를 정리하셨다고 들었습니다.
쉬운 일이 아닐 텐데요.

많은 분들이 보문 스님을 청풍납자의 표상이라고 말씀하시어 후학들에게 귀감이 될 만한 분이라는 생각에 일대기를 정리해 보려고 인연 있는 분들을 찾아다니며 이야기를 듣고 기록하였습니다. 자료는 꽤 모았는데 결정적으로 오도송이나 법문, 법거량 자료가 없어요. 아무리 찾아도 구할 수 없어서 아직 마무리를 못 하고 있습니다.

20년이 넘게 전국 선방에서 정진하신 걸로 압니다.
이처럼 선에만 뜻을 두고 정진하시게 된 인연을 들려주시죠.

첫 안거는 향곡 스님이 계시던 묘관음사 선원에서 났습니다. 입적하신 휴암 스님이 같이 한 철 살았어요. 아주 열심히 하셨어요. 다음 철에는 도견 스님, 근일 스님을 모시고 살았죠.

그런데 나는 정작 결제 중에는 별 이익이 없었어요. 오히려 산철에 혼자 공부하는 게 훨씬 잘 되었습니다. 산철에도 어디 가지 않고 계속 정진했어요.

그리고 수원 용주사, 상원사, 망월사, 해인사, 통도사, 극락암, 송광사, 칠불사, 봉암사 등 웬만한 선원은 다 살아 봤는데 나한테는 도봉산 망월사가 정진하기에 좋았습니다. 특히 칠성각이 양명하고 힘이 나요. 칠불사도 좋았습니다.

대중 선원에서 공부할 때는 결제 중에 대중이 많으니 규칙을 지키고 대중 분위기도 살피면서 공부해야 하지요. 이것이 정진에 도움이 되기도 하지만, 방해가 될 때도 있습니다. 한두 끼 굶더라도 공부를 밀어붙이고 싶은 때도 있고 좀 쉬고 싶은 때도 있는데, 대중 선원에서는 쉽지 않습니다.

입산한 지 5년 정도가 되니 공부가 정체되고 있다는 느낌이 들고, 대중 선원에서는 별 이익이 없는 것 같아서 "잘 사는 노장이 있다"는 소문을 듣고 강릉 대관령 부근 토굴로 찾아갔습니다.

그 스님은 60대 중반으로 학교 교육을 받지 못한 분이었습니다. 겨우 이름 석 자 쓸 정도였고, 경전이나 어록은 볼 줄 몰랐어요. 그런데 어쩌다 한마디 던지는 말씀이 정곡을 찔렀습니다. 하루 종일 하시는 일이라고는 밭에 나가 농사짓고, 산에 가서 나무 하셨어요. 나는 공양 짓고 빨래하고 청소를 했지요. 그리고 저녁이면 함께 앉아서 정진을 했습니다. 잠은 3~4시간 정도밖에 자지 않았어요.

그런데 하루는 저녁에 정진하시다가 무릎을 탁 치시며, "아이쿠, 큰일 났네. 다 타네, 다 타!" 그러시면서 혀를 차셔요. 왜 그러시냐고 물으니 아랫마을에 스님을 잘 모시는 부부가 살고 있는데, 그 집에 불이 났다는 거예요. 나는 그 말을 듣자마자 그 집으로 쏜

살같이 달려갔어요. 가서 보니 한 시간 전쯤에 불이 나서 거의 다 탔어요. 돌아오니 스님이 "어서 오게. 어디 어디에 불이 났지?" 하시며 현장을 중계라도 하듯이 구체적으로 말씀하세요. 뒤통수를 세게 맞은 기분이었어요. 그 스님이 예사롭게 보이지 않더군요.

얼마 뒤에는 또 이런 일이 있었습니다. "오늘은 손님이 좀 많이 올 걸세. 15인분 밥을 하게" 하셔요. 그래서 그 전날 밥을 좀 많이 해서 남아 있었는데도 혹시 몰라 여유 있게 새로 밥을 지어 놓았더니, 손님이 열세 분이 와서 정확히 열다섯 명이 밥을 먹었습니다. 이후로는 스님이 대단한 분으로 보이고 신심이 더 났어요.

그 후 6개월 정도 더 살다가 어느 날 스님이 충청도에 볼일 보러 가신다고 나가시더니 돌아오시지 않았어요. 2개월 정도 기다려도 소식이 없어서, 마침 오대산 북대가 비어 있다는 소식을 듣고 오대산으로 갔습니다.

오대산 북대로 가서 1년 6개월 정도 혼자서 정진을 했습니다. 그때 혼자지만 좀 잘 살았던 것 같아요. 스님을 모시고 살면서 신심이 났던 덕이죠.

북대에는 나무로 지은 집이었는데 방에 부엌이 딸려 있어요. 그래서 가능하면 토굴을 나가지 말자, 세수나 삭발, 옷 갈아 입는 것도 신경 쓰지 말고 공부해 보자 다짐을 했어요. 방 안에 나무 의자 하나 두고 천장에 로프를 매달아 놓고 방에 앉아서 정진하다가 졸음이 오면 의자에 앉아서 정진하고, 다시 또 졸음이 오면 일어서서 로프를 목에 걸고 정진했습니다. 서 있는 게 힘들면 다시 앉아서 하고.

밥은 매일 하는 게 아니라 겨울에는 10일에서 15일치를 한꺼번에 해서 뒷방에 놓아 두면 얼어요. 그것을 뜨거운 물에 데워 김치하고 먹었어요. 나중에는 쌀과 보리쌀이 떨어져서 강냉이만 먹었고, 김치가 떨어져서 된장 간장만 먹고, 그것도 떨어져 그냥 소금에 찍어 먹었습니다. 세수는 물론이고 삭발, 방 청소도 하지 않았습니다. 심지어 식기도 한 번 안 씻었어요.

그래서 북대에서 내려올 때는 거지 중에 상거지였어요. 북대에 거지 중이 산다고 했답니다. 강릉 목욕탕에서 목욕을 하는데 주인이 "나는 스님처럼 때가 많은 사람은 못 보았다"고 할 정도였어요. 일체의 가식, 형식을 따지지 않고 정진만 했어요.

화두는 누구에게 무엇을 받으셨는지요?

화두는 수계 전에 스님께 받은 "자네가 무엇인가?"가 자연스럽게 '이뭣꼬?' 화두가 되어 그걸 계속 참구했어요.

젊은 시절에 공부하신 이야기를 좀 더 들려주십시오.

저는 한동안은 보행 정진을 많이 했어요. 일정한 곳을 다니기도 하고, 먼 곳까지 다니면서 하기도 했어요.

언젠가는 오대산 상원사에서 월정사까지 오르내리면서 정진한 적도 있었지요. 상원사에서 아침 공양을 하고, 점심으로 도시락을 싸서 조그마한 걸망에 넣고 월정사까지 내려갑니다. 그렇게 가다가 화두가 되면 몇 시간씩 서 있기도 하고, 또 어떤 때는 개울가 바

236

위 위에서 공부하는 흉내를 내기도 했지요.

그러다가 시장하면 도시락으로 배를 채우고, 목이 마르면 그 옆에 흐르는 물로 갈증을 식혔습니다. 여름에 더우면 옷을 훌훌 벗어제치고 천진한 아이처럼 맑은 개울물에 첨벙 들어가기도 했어요. 옷이 더러울 때면 빨아서 바위 위에 널어두었는데, 한두 시간만 지나면 햇볕에 바짝 말라서 기분 좋게 입을 정도가 되었지요. 그때는 망상이 별로 없었고, 세상에 갖고 싶은 것도 부러운 것도 없었어요. 월정사에 도착하면 후원에 가서 저녁 공양을 얻어먹고 밤이슬을 맞아가며 다시 상원사로 올라가는 거예요. 가다가 졸리면 아무 곳에나 앉아서 잠시 졸다가 올라가곤 했지요.

어느 날엔가는 밤에 그렇게 밖에서 정진하다가 깜빡 졸았던가 봐요. 그런데 갑자기 누가 옆에서 툭 치는 거예요. 캄캄한 밤이었는데, 깜짝 놀라서 돌아보니 무엇인가 시커먼 물체가 바로 옆에 앉아 있는 것 같았어요. 개의치 않고 그냥 앉아 정진을 계속했지요. 그런데 얼마 후에 다시 툭 치는 거예요. 그러고는 어슬렁어슬렁 그냥 사라져 갑디다. 짐승이었는데, 상당히 컸어요.

순간 왠지 비가 쏟아질 것 같은 예감이 퍼뜩 들었어요. 그래서 걸망을 챙겨 서둘러 상원사로 올라갔지요. 상원사 건물에 들어서자마자 기다렸다는 듯이 장대비가 주룩주룩 쏟아지는 거예요. 그 다음 날까지 종일 큰비가 왔는데, 오대산 주변에서 곳곳마다 물난리가 났다고 해요.

젊었을 때 정진하면서 생겨난 일화이지요. 그것이 무슨 짐승이었는지 지금도 궁금해요. 정진을 잘 하면 선신이 옹호한다는 말이 있지요. 저는 그 말을 믿습니다. 올바른 수행자는 보호받아요. 그래서 어려운 위기도 쉽게 넘기거나 재난도 미리 피할 수 있게 되지요.

선원에 정진하실 때 도반 중에 귀감이 될 만한 분이 계셨으면 소개해주십시오.

도반 중에 훌륭한 분이 많습니다. 그래서 한두 분만 거론하기는 곤란합니다. 저는 누구를 보더라도 가급적 장점만 보는 편이에요. 사람의 단점에 대해서는 덮어주고 말하지 말자는 것이 기본 생각입니다. 그래서 도반들을 생각해도 그분들이 가진 장점이 더 많이 떠올라요.

돌아가신 분으로는 휴암 스님이 참 잘 사셨지요. 공부도 참 열심히 하셨고, 명석하여 이론도 아주 밝으셨지요. 살아 계셨으면 훌륭한 일을 많이 하셨을 텐데, 너무 아쉬워요.

스님께서는 공부 도중 회의나 좌절을 경험하신 적이 없었는지요?

공부 도중에 그런 회의나 좌절감은 없었던 것 같아요. 다만 하근기라 공부 과정에서 남보다 어려움이나 괴로움은 더 많았을 것입니다.

내가 회의를 느끼지 않은 데에는 이유가 있었어요. 공부가 무엇인지 가장 기본적인 상식조차 모르고 시작했지만, 비교적 초기에 공부를 느낄 수 있었어요. '이것이야말로 내가 해야 할 일이다' 라

238

는 확신이 있었는데, 그것이 흔들리지 않고 공부할 수 있는 큰 힘이 되어주었지요.

그리고 언제나 스스로 부족한 점이 많고 문제점이 많다고 생각했기 때문에, 그것을 보완하기 위해 늘 공부를 지혜롭게 하려고 애썼습니다. '지혜, 지혜' 이렇게 속으로 무척 강조했습니다.

《손자병법》에 '나를 알고 적을 알면 백전불태'라는 말이 있지요. 그 말처럼 우선 나를 알고 화두를 알아야 한다고 생각했어요. 화두가 되느냐 안 되느냐 하는 것은 결국 자기 자신과의 싸움이에요. 이기려면 자기를 알아야 해요. 나 자신과의 싸움에서 이기려면 자신을 낮추어야 한다고 생각했지요. 그래서 매일 스스로 반성하고 점검했어요.

매일 밤 화두가 성성하고 적적하게 들려 있으면 화두를 밀어붙였지만, 화두가 조금만 만족스럽지 못해도 잠들기 직전에 반드시 점검하고 반성했어요. 어떤 날은 몇 번씩이나 그렇게 했어요.

하루를 살고 나면 과연 내가 잘했는지 못했는지를 점검했어요. 잘했으면 무엇을 잘했는지 살펴서 더 잘하려고 노력하고, 반대로 못한 점이 드러나면 왜 그랬는지, 과연 내 단점은 무엇인지, 반드시 고쳐야 할 점은 무엇인지 점검했어요. 그래서 고칠 수 있는 것은 즉각 고치고, 바로 고칠 수 없는 것은 메모라도 해서 잊지 않도록 하며 차근차근 고쳐 나갔어요.

그렇게 하니까 내가 성장하는 모습이 하루하루 피부로 느껴졌어요. 지혜로운 수행자라면 자기가 그렇게 자라나는 모습을 느끼

면서 살아야 한다고 생각합니다. 자기를 훤히 보면서 시골의 비포
장도로를 운전하듯이 조심스레 살피면서 자기를 운전해 가야 해
요. 그렇게 해서 멋지고 탄탄한 대로를 닦아 가는 것이지요.

또 자기를 아는 것에 그쳐서는 안 됩니다. 화두의 성격과 참구
정도도 알아야 잘 들 수 있어요. 그래서 화두를 지혜롭게 들려고
애를 많이 썼어요. 작가가 작품을 만들 때 혼신의 힘을 다 쏟아 붓
듯이 화두를 들 때마다 심혈을 기울이고 정성을 다했어요.

이렇게 나를 알고 화두를 알아 참구를 해가되, 가급적 실수가
없어야 해요. 즉 시행착오가 적어야 해요. 그래서 일취월장(日就月
將) 승승장구(乘勝長驅)가 되도록 해야 합니다. 그러려면 참으로 간
절하게 애쓰고 애써야 해요.

암자나 토굴 수행에 도움이 될 말씀을 해주십시오.

수행은 가급적이면 대중 처소에서 하는 것이 좋습니다. 대중이
때로는 공부에 장애가 되기도 하고 지장을 주기도 하지만, 대중
처소에서 수행하면 직·간접적으로 대중의 경책과 도움을 많이
받게 됩니다.

하지만 공부에 진의(眞疑)가 나서 동중(動中)에 공부를 익힐 필요
가 있을 때는 토굴이나 큰절의 뒷방을 얻어 마음껏 공부하는 것도
지혜로운 일입니다.

그러나 토굴이나 독방은 오직 공부를 위해서 가야지, 공부 이외
의 목적은 안 됩니다. 또 토굴이나 독방을 쓰더라도 반드시 가까

운 곳에 선지식이 있는 곳을 택해 지도를 받아가면서 수행해야 한다는 것을 잊지 마시기 바랍니다.

요즘은 순수한 공부 이외의 이유로 대중을 떠나는 수좌가 있는데, 수좌는 오직 공부를 위해서 토굴을 가고 옮길 때도 공부를 위해서 옮겨야 합니다.

보살행을 하지 않고 산중에만 있다던가,
백장청규나 선농일치의 선종 가풍이 사라지고
좌선과 시주에만 의존하여 수행하는 풍토에 대한 비판이 있습니다.
이런 비판에 대하여 어떻게 보시는지요?

수행자는 누가 무슨 소리를 하든지, 또 무슨 경책을 하든지 받아들여서 조도(助道)가 되게 하고 수행에 이익이 되게 해야 합니다.

지금은 백장청규와 같은 농경시대의 선농일치 가풍을 시행하기는 어렵습니다. 수행 환경이나 수행자들의 근기가 옛날과는 다르기 때문입니다. 그러므로 수행 환경과 근기에 맞는 수행문화를 가꾸어 나갈 필요가 있습니다. 도량 청소, 채전 가꾸기 등 하루에 한 시간 정도는 울력을 하는 것이 좋다고 봅니다.

1980년대 초에 봉암사에서 여름 안거를 났는데, 오후 마지막 시간은 꼭 울력을 했습니다. 도량 청소, 풀베기, 채전 김매기 등등 매일 한 시간에서 한 시간 반 정도는 대중 울력을 했지요. 일이 끝나면 시원한 계곡에서 간단히 목욕하고 저녁 공양을 했습니다. 그렇게 하니 대중생활을 하면서 흔히 있을 수 있는 불평불만도 해소되고 운동도 되고, 밥맛도 아주 좋아요. 그때 '아, 울력이 참 좋은 것이구나!' 하는 생각이 저절로 나더군요.

울력을 하면서 공부를 하면 동중(動中) 공부를 익힐 수 있습니다. 해제 철에는 만행을 다니며 분수나 인연에 따라 보살행을 하거나 선행을 하면 발심의 계기가 되기도 하지요.

저는 젊은 스님들에게 이런 얘기를 합니다. "공부가 웬만큼 되었거든, 즉 동정일여(動靜一如)한 상태가 되었다면 주지나 원주나 무슨 소임이든 일을 하면서 공부를 하라." 일을 하면서 공부를 하면 어려움도 있지만, 신심이나 발심의 계기가 되어서 오히려 공부를 더 잘할 수 있는 계기가 되기도 해요.

그런데 요즘 스님들은 너무 편해요. 편하면 감복(減福)하기 쉽습니다. 수행자일수록 적당히 노동도 하면서 수행하는 것이 바람직하다고 봅니다.

최근 간화선에 대한 토론에서 어떤 선학을 하시는 분께서
"무자 화두만 진짜 화두고 '이뭣꼬?' 등 다른 것은 화두가 아니다",
"화두는 사유하여 깨닫는 것이다" 등등의 주장을 하시어
대중이 굉장히 혼란스러워 하는 것 같습니다.

그것은 언급할 가치가 없다고 봅니다. 무자 화두만 진짜 화두고 다른 일천칠백 공안은 공안이 아니라니 그것이 말이 됩니까? 역대 조사와 천하 선지식 중에서 그런 말씀을 하신 분은 없습니다. 체험도 없이 오로지 생각으로만 '그럴 것이다' 하고 억지논리를

펴는데, 그래서는 안 됩니다.

특히 요즘 화두선에 대해서 이렇다 저렇다 비판적인 이야기를 하는 분들이 많다고 하는데, 선은 체험이 없으면 결코 입을 열 수 없습니다. 체험도 몽중일여(夢中一如) 정도는 되어야 '화두가 뭐다, 선이 어떻다'는 이야기를 입에 담을 수 있는 것입니다. 옛 어른들은 몽중일여도 안 되는 사악한 지혜로는 입도 벙긋하지 말라고 가르치셨습니다.

또 화두를 사유하여 깨닫는다는 것도 말이 되지 않습니다. 화두 참구는 사유하여 이해하는 것이 아니고 의정(疑情)을 일으켜서 타파하는 것입니다. 화두를 타파하려면 반드시 삼매 경지에 들어야 합니다. 삼매도 오매일여(寤寐一如)의 깊은 경지에서 은산철벽이 되어야 드디어 깨치게 됩니다.

화두를 사유하여 깨닫는다는 것은 전혀 체험이 없이 생각으로 하는 말인데, 화두는 체험 없이는 일언반구도 할 수 없습니다.

요즘 선에 대한 관심이 높아가고 있습니다.
바른 화두 참구법에 대해 자세히 가르쳐 주십시오.

화두 참구자는 먼저 마음을 고요하게 해야 합니다. 마음을 고요히 하려면 일체를 쉬고 일체를 놓아야 합니다. 마음이 그렇게 고요한 상태에서 화두를 듭니다.

화두 참구의 요령은 크게 네 가지입니다.

첫째, 화두는 의정을 일으키는 것입니다. '화두를 든다', '화두

를 공부한다', '화두 참선을 한다'는 말은 모두 화두에 의정을 일으키는 것을 말합니다. 화두의 생명은 의정입니다. 화두에 의정이 크면 클수록 크게 깨칠 수 있고, 의정이 없으면 깨치지 못합니다.

둘째, 화두는 간절하게 들어야 합니다. 결단코 안 하면 안 되는 것처럼, 필연코 해야만 하는 것처럼 해야 합니다. 그래서 옛 어른들 말씀이 참선자는 늘 이마에 화두를 써 붙이고 살아야 한다고 했습니다.

셋째, 간단(間斷) 없이 해야 합니다. 화두는 끊임없이 지속적으로 해야 합니다. 아침에 눈 뜨는 순간부터 잠들 때까지 한 순간도 화두를 놓치지 말고 꾸준히 애써 보시기 바랍니다. 의외로 쉽게 되는 날이 있을 것입니다.

넷째, 성심성의껏 최선을 다해야 합니다. 마치 예술가가 혼신의 힘을 다 쏟아서 작품을 만들듯이, 지극한 성심(誠心)으로 화두를 들어야 합니다. 이 공부는 어떤 마음가짐으로 하느냐가 참으로 중요합니다.

이러한 네 가지 요령으로 화두를 참구해도 잘 안 된다면, 그때는 '특별한 마음'을 내야 합니다. 특별한 마음도 네 가지가 있습니다.

첫째, 분심(憤心)입니다. '도대체 왜 나만 안 된단 말인가?', '왜 나만 못 한단 말인가?' 이런 대분심을 내야 합니다.

둘째, 신심(信心)입니다. 그것도 그냥 신심이 아니라 깊은 믿음, 대신심을 내야 합니다. 참선자라면 불법과 심법(心法)과 화두에 대해 철두철미하게 믿어야 합니다. 목에 칼이 들어오는 한이 있어도 그 믿음이 흔들려서는 안 됩니다.

셋째, 발심(發心)입니다. 이것 역시 예사로운 발심으로는 부족합니다. 참으로 지극하게, 진정으로 뼛속 깊이 발심해야 합니다. 어떤 마음으로 수행하느냐에 따라 성취가 좌우됩니다. 참으로 간절하게 발심하여 밀고 나가면 분명 큰 성취가 있습니다.

넷째, 용맹스럽게 그리고 지혜롭게 참구하는 것입니다. 이러한 용맹심과 지혜로움이 있으면 그토록 안 되던 화두가 들리게 됩니다.

화두 참선을 처음 시작하려는 이들에게
도움이 될 말씀을 좀 해주십시오.

참선을 하려는 사람은 우선 화두를 간택(揀擇)해야 합니다. 그러나 화두는 자기 임의로 선택하지 말고 반드시 선지식에게 받아야 합니다. 그래야 화두에 대한 믿음이 확실해지기 때문입니다.

참선자는 우선 마음을 고요히, 아주 고요히 해야 합니다. 참선을 할 때는 일체 마음을 쉬고, 일체 마음을 비우고 아주 고요한 상태에서 오직 화두만 참구해 가야 합니다. 그래야 화두에 의정이 일어나서 집중이 잘 됩니다.

참선은 가급적이면 매일 일정한 시간에 하시는 습관을 들이는 것이 좋습니다. 좌선 시간을 정해 놓고 그것을 중요한 일과로 삼으시기 바랍니다.

그 외의 시간에도 항상 참구하는 마음을 가지시기 바랍니다. 그러면서 화두에 대한 확실한 생각을 가져야 합니다. 즉 '화두 참구는 반드시 해야 하는 공부다. 이 공부는 안 할 수 없는 공부다' 라는 생각을 확고히 가져야 합니다. 그래야 열심히 할 마음이 납니다. 그렇게 성심성의껏 해야 합니다.

요즘 수행에 대하여 관심이 많다고들 하는데, 최상의 수행법은 화두 참선법입니다. 이런 확신이 서면 화두를 안 하려야 안 할 수 없습니다.

선 수행을 하는 분 중에 서슴없이 파계하는 경우가 더러 있는데, 여기에 대하여 말씀을 좀 주시죠.

도를 이루고자 하는 사람은 반드시 계를 지켜야 합니다. 스스로 근기가 약하다, 근기가 하열하다는 생각을 하는 사람일수록 계율을 엄격하게 지켜야 합니다.

계(戒)는 수행의 기초이며 성스러운 보리(菩提)를 이루는 바탕입니다. 계로 인해서 선정에 들 수 있고, 선정으로 인해서 큰 지혜가 나타납니다. 계행이 없이는 삼매를 닦는다고 하더라도 번뇌를 벗어날 수 없으며, 청정한 지혜는 바랄 수 없습니다. 그래서 《범망경》에서는 "만일 보살이 이 계를 받지 않고, 지키지 않는 자가 있다면 불종자(佛種子)가 아니다" 라고까지 하였습니다.

간혹 파계하는 경우가 있다고 하는데, 수좌일수록 더 계행에 충실하여 여법해야 수행다운 수행이 될 수 있습니다.

계에 대한 이야기를 하니, 얼마 전에 입적하신 석주 스님 생각이 납니다. 스님께서 잘 사셨다는 것은 널리 알려진 이야기입니다. 언젠가 종단에서 석주 스님에게 전계사(傳戒師)로 모시겠다고 말씀드리니 펄쩍 뛰셨다고 합니다. "나는 안 된다. 전에 건강이 안 좋을 때 신도들이 전복죽을 해주어 먹은 적이 있는데, 어떻게 전계사가 되겠느냐?" 이렇게 말씀하시며 거절하셔서 주위 사람들이 더욱 존경하게 되었다고 합니다.

계율은 아무리 강조해도 부족함이 없다고 봅니다.

스님께서는 염불, 간경, 주력, 위빠사나 등 간화선 이외의
수행법에 대해선 어떻게 생각하시는지요?

사람은 여러 단계의 근기가 있습니다. 그러므로 각자의 근기에 따라서 적절한 수행법이 필요하다고 봅니다. 근기가 낮은 수행자나 발심을 하지 못한 수행자일수록 단계적으로 그 사람에게 알맞은 수행을 하는 것이 지혜입니다. 수행은 선지식을 잘 만나서 자신에게 알맞은 수행법으로 적절한 지도를 받으면 의외로 쉽게 될 수도 있습니다.

그러나 간화선 이외의 이런 수행법으로는 구경처(究竟處)에 들어가기 어렵습니다. 이런 수행법으로 수행의 기초를 다져간다 해도 결국에는 화두 참선을 해야 확철대오할 수 있습니다. 이런 수행법은 화두 참선으로 가는 기초과정인데, 이런 과정을 밟더라도 역시 선지식의 지도에 따라야 합니다.

흔히 간화선을 하는 분들은 간화선이 최상승 수행이라고 강조하고

여타 수행에 대해선 낮춰 보는 경향이 있다고 하는데,

스님께서는 어떻게 보시는지요?

세상에는 여러 가지 수행법이 많습니다. 그 많은 수행법 중에서 으뜸은 간화선 수행법입니다. 간화선은 최상승 수행법, 최고의 수행법입니다. 확철대오할 수 있기 때문입니다. 화두를 타파하면 구경처인 부처의 경지, 아뇩다라삼먁삼보리, 무상정등각에 도달할 수 있기 때문에 최상승법이라고 합니다.

간화선 수행자들이 간혹 여타의 수행법을 좀 낮추어 보는 경향이 있는지는 모르겠지만, '간화선이 최상승법'이라고 강조하는 과정에서 그런 느낌을 주게 된 것이 아닌가 싶습니다.

어쨌든 옛 어른들은 한결같이 '오직 화두만이 확철대오할 수 있다'고 하셨습니다.

남방에서 공부해 오신 어느 스님께서 얼마 전에

"한국불교의 선 수행자들이 불성을 뭔가 실체가 있다는

힌두교의 아트만처럼 이해하여 수행하는 것은 잘못된 것이다"라고

비판하여 화제가 된 적이 있습니다.

선에서는 불성을 어떻게 이해하는 것이 바람직한지요?

조사선의 사상적 배경이 되는 《열반경》에서는 "모든 중생이 다 불성이 있다"고 했습니다. 또 《법화경》에서는 "꾸물거리는 미물까지도 다 불성이 있다"고 했습니다. 즉 모든 중생은 다 부처가 될 수 있는 자질이 있다는 것입니다. 《원각경》에는 "본래 부처[本來成

佛)"라고 되어 있습니다.

그런데 불성을 아트만(Atman)처럼 이해하여 수행하는 것은 잘못된 것이라고 비판하는 것은, 아주 잘못된 것이라고 생각합니다. 그렇게 이론적으로 이야기하는 사람에게 화두를 실참실구 해보라고 권하고 싶습니다.

화두가 삼매의 경지에 도달하면 저절로 불성을 느끼게 될 것입니다. 간혹 수행 체험도 없이 말하는 사람이 있는데, 안타까운 일입니다.

부처님의 핵심 교리 중 하나인
무아와 윤회의 관계에 대하여 말씀해주십시오.

무아니 윤회니 하는 것은 이론으로는 이해할 수 없습니다. 자기가 실제 느껴 보지 못하면 입에 담기 어려운 개념입니다. 그러나 체험을 하면, '아, 생사가 둘이 아니구나! 윤회가 참으로 있는 것이로구나!' 하는 것을 그 즉시 느끼게 됩니다.

학문을 하시는 분은 반드시 체험의 바탕에서 하셔야 올바른 학문을 할 수 있습니다. 이론으로, 또 생각으로는 아무리 궁구해도 알 수 없습니다. 특히나 이런 근본적인 문제들은 체험 없이는 입을 열지 않는 것이 학자의 양심일 것입니다.

불교 수행과 외도(外道) 수행의 차이는 무엇인지요?

잘은 모르지만, 단전호흡을 위주로 하는 단학이나 국선도 등 소위 '제3 수련'이라 하는 것은 수행법이 아니라 건강을 위해 하는 것으로 알고 있어요. 반면 간화선은 진리를 깨달아 생사를 해탈하는 순수한 수행법입니다. 건강을 위해 수련하는 것과 생사를 해탈하는 수행은 차원이 다르지요.

간화선을 제대로 해서 동정일여한 상태가 되면 마음이 그렇게 고요하고, 고요하면 편안해져요. 편안하면 맑아져 성성적적(惺惺寂寂), 적적성성(寂寂惺惺)한 경지에 이르게 되지요. 그러면 법열(法悅)을 느낍니다. 오묘하고도 미묘하여 말로 표현하기 어렵지만, 그런 법열을 느끼는 정도가 되면 웬만한 병은 저절로 나아요.

그렇지만 간화선 수행은 발심이 되지 않으면 바로 공부의 효과를 체험하기가 쉽지 않습니다. 그래서 초보자가 간화선을 하려면 공부가 좀 필요하지요. 그런데 단전호흡 같은 소위 제3 수련은 초기에 바로 효과를 느낄 수 있는 장점이 있지요.

하지만 간화선을 공부해서 화두 공부의 재미를 직접 느껴 보세요. 건강은 저절로 좋아지는 것은 물론이고, 마음이 안정되고 편안해지며 매사에 주체적이고 당당한 자신감을 가질 수 있게 됩니다. 건강만을 위주로 하는 수련과는 비교할 수 없는 가치가 있는 것이지요.

요즘 일반 대중들도 출가에 대한 관심이 늘고 있는 것 같습니다. 스님께서는 서른 명 가까운 상좌를 두신 것으로 알고 있습니다만, 출가하러 오는 분을 어떻게 지도하시는지요?

절에 와서 출가하겠다고 하면 한 사흘 정도는 진지하게 생각하라고 하죠. 참으로 출가할 것인지, 깊이 생각해야 하지 않겠어요? 출가는 도피가 아니에요. 바로 인천(人天)의 사표(師表)가 되는 길입니다. 대단한 결심이 없으면 안 돼요. 그래서 거듭거듭 심사숙고해서 뜻이 확고하면 출가하라고 합니다.

그 후엔 그 사람을 전체적으로 파악하려고 하지요. 출가할 사람이 불교에 대하여 얼마나 알고 있는지, 발심이 되었는지, 수행을 잘 할 수 있는지, 어떻게 여기까지 왔는지, 성격이나 개인적인 흠이 있는지, 그런 것을 잘 점검해서 어떻게 가르칠 것인가를 결정하는 거예요. 그 사람에 맞는 적절하고도 특별한 지도를 하려고 합니다. 그래서 일생 동안 수행하는 데 방해되는 점은 고쳐서 훗날 공부 잘하는 바탕을 만들도록 지도하는 것이지요.

불교는 최상의 길이고 무상심심미묘법(無上深甚微妙法)입니다. 그러나 아무리 좋은 길이라도 내가 어떻게 가느냐에 따라 빛이 나기도 하고 반대가 되기도 합니다. 불교의 원론적인 이해와 이에 상응하는 발심과 신심이 나는 것이 중요합니다.

축서사에 선원을 세운 특별한 뜻이 있다면 한 말씀 해주시죠.

흔히 선원의 문화가 지대방의 역사라고 합니다. 공동생활을 하면서 대화와 경책, 상호 가르침이 오고가는 동안에 배우는 것이 많아요. 신심, 발심, 분심이 그 과정에서 탁마됩니다.

그런데 요즘 들어서는 이러한 전통적인 지대방 문화가 사라져 가는 것 같아 참 아쉬워요. 대중방에서 정진하더라도 방은 각자 따로 쓰는 곳이 늘고 있기 때문인 듯합니다. 선원의 독특한 지대방 문화가 강화되고 활성화되어야 합니다. 물론 개인 위주의 선방이 장점은 있지만, 오히려 단점이 되어 공부 분위기가 안 되는 경우도 많아요.

대중 처소는 어디까지나 대중의 힘으로 생활하는 곳입니다. 대중이 울력할 때는 안 따를 수 없지요. 그렇게 대중을 따르면서 대중과 함께 공부하며 서로서로 탁마해 가는 겁니다.

대중 처소라도 독방이 필요하기는 하지요. 어른 스님이나 나이 많은 스님들에게는 독방을 드려야지요. 그 외 스님들은 큰방 생활을 해야 합니다. 어렵고 괴롭더라도 대중방 생활을 해야 해요. 그 자체가 수행이 되는 겁니다.

사실 요즘은 수행자들이 너무 잘 먹고 너무 편해요. 수행자가 잘 먹는 것은 문제가 있습니다. 옛 어른 말씀에 "기한(飢寒)에 발도심(發道心)"이라고 했습니다. 춥고 배고파야 도를 닦는 마음이 일어난다는 것이지요. 수행자는 적당하게 춥고 배고프게 공부하는 게 좋아요. 요즘 수행자들은 풍족한 것만 좋아하는데, 사는 데 도움이 될지는 몰라도 공부에는 도움이 되지 않습니다.

먹는 것은 배고프지 않을 정도로만 먹으면 됩니다. 공양도 하루에 두 끼만 하는 게 좋아요. 일은 수행자 스스로 자연스럽게 해야지요. 도량 청소, 풀 뽑기, 채전 가꾸기 등 절집에도 할 일이 많습니다. 이런 일들은 알아서 하는 분위기가 돼야 합니다. 그래서 일도 하고 공부도 하는 그런 선방이 되어야 합니다. 오랫동안 산중에서 공부하다 보면, 이런저런 번뇌 망상도 생겨나지요. 세속에 얼른 나가고 싶기도 하고, 해제나 방선에 관심을 가질 수도 있습니다. 일을 하지 않고 활동하지 않으면 이런 것들이 더 쌓이기 쉽습니다. 하루에 몇 시간 일을 하면 번뇌 망상이 저절로 없어지고 건강도 좋아집니다. 일하면서 수행하는 분위기를 스스로 만들어 가야 합니다.

참선이 이 세상에 어떤 도움을 줄 수 있을까요?

요즘 세상이 점점 복잡다단해지고 있지요? 다들 괴롭고 어렵게 살아가고 있습니다. 특히 "경제가 어렵다"고 합니다. 그런데 사실은 경제가 그렇게 어려운 게 아니에요. 옛날과 비교해 보면 얼마나 좋아졌습니까? 나는 매스컴에서 말하는 것처럼 우리 경제가 그렇게 어렵지는 않다고 생각합니다.

또 자본주의에서 말하는 것처럼 경제가 그렇게 중요한 것도 아니에요. 필요 이상 많이 가지려고 하는 것이 문제일 뿐이지요. 물질을 과도하게 지향하는 것은 그만큼 정신적으로 빈약하다는 말이에요. 마음이 안정되지 않으면 밖으로 추구하게 되는데, 그렇게 되면 점점 더 불안하고 초조하게 되지요. 사실은 그렇지 않은데 스스로 불행을 만들어 가는 것입니다.

수행을 하면 마음이 고요해지고 편안해지며, 건강해져서 무병장수할 수 있게 됩니다. 그뿐만 아니라 지혜로워지고 집중력이 높아지는 등 좋은 효과가 많이 나타납니다. 이렇게 해서 남보다 앞서가게 되고, 잘살게 되며, 현명한 사람이 되는 것입니다.

그동안 우리가 간화선에서 깨달음, 견성, 구경각을 너무나 강조해온 나머지 간화선 수행 과정에서 얻을 수 있는 좋은 점은 이야기를 안 했어요. 그러나 세상 사람들은 깨달음, 견성은 너무 거창하다고 봅니다. 오히려 일반인들은 '화두 공부를 하면 어떤 이익이나 효과가 있느냐?'를 따지거든요. 응병여약(應病與藥)이라고 했어요. 병에 따라 알맞은 약을 주어야지요. 이제는 깨달음도 중요하지만, 수행 과정에서 얻을 수 있는 좋은 점도 많다는 것을 이야기해주어야 합니다.

과거 스님들께서 깨달음에 대하여 많은 말씀을 해주셨으니, 이제는 초보 단계, 낮은 경지부터 이해하고 느낄 수 있도록 화두 수행을 설명해주어야 합니다. 그래서 참선을 하겠다는 마음을 낼 수 있게 해주어야죠. 참선 수행 과정의 효과에 대해서도 충분히 설명해주었으면 좋겠어요. 참선을 하면 얼마나 좋은 효과를 느낄 수 있는지 알게 해주면 다들 참선하고 싶어 하지 않겠어요?

재가 불자들이 일상생활을 하면서
화두를 잘 들 수 있는 방법이 있으면 가르쳐주십시오.

화두 참구의 요체는 간절하게 성심성의껏 간단 없이 드는 것입니다. 그래서 대신심(大信心), 대분심(大憤心), 대의정(大疑情)을 이야기하는 것이죠. 일반 재가자들이 화두를 드는 것도 여기에 달려있습니다. 재가자들이 스님들처럼 선방에서 정진하기란 쉽지 않겠지요. 그렇지만 할 수 있을 때 화끈하게, 열심히, 바짝 밀어붙이면 의외로 잘 될 수 있어요.

일을 하든 공부를 하든 꾸준히 지속적으로 화두를 드는 것이 좋습니다. 재가자들은 전적으로 공부만 할 수 있는 여건은 안 되지만, 그래도 주말이나 쉬는 날에 집이나 절에서 화두를 하루이틀 집중적으로 하는 습관을 가져 보면 의외로 좋습니다.

흔히 참선을 스님들이나 하는 공부로 치부하고,
마음 내기를 두려워합니다. 이렇게 생각하는 분들께 한 말씀 해주십시오.

화두 공부는 사람의 자세에 따라 의외로 쉽게 할 수도 있어요. 육조혜능 대사가 "법에는 남북이 따로 없다"고 말씀하셨듯이 선은 남녀노소, 출·재가를 막론하고 누구나 할 수 있습니다. 요는 해보겠다는 첫 마음을 내는 것이 중요하지요.

또 화두를 들기 전에 마음을 쉬어 고요하고 아늑하게 해야 해요. 그리고 나서 '이뭣꼬?' 화두만 분명하게 들면 의외로 화두가 진하게 다가올 수 있어요. 하루에 단 5분이라도 좋으니 규칙적으로 화두에만 집중해 보세요. 그러면 화두 공부의 재미를 알 수 있어요. 화두 공부에 재미가 붙으면 한두 시간이 금방 갑니다.

그리고 불교를 이론적으로 배운 이들은 반드시 참선을 해야 합니다. 선을 몰라서는 불교를 제대로 안다고 할 수 없습니다. 화두 공부에 대한 성격과 이론을 공부한 다음 직접 체험하려는 노력이 필요합니다.

간화선 수행이 돈오돈수냐, 돈오점수냐 많은 분들이 이야기하십니다. 선 수행을 전문적으로 실참실구 하시는 분들은 돈오돈수로 주장하시고, 선학을 하시는 분들은 돈오점수를 주장하시는 분들이 많은 것 같아요. 그런데 사실은 직접 깨달아 보지 않으면 확실하게, 자신 있게 말할 수 없거든요. 돈오돈수냐 점수냐를 이론적으로 따지지 말고, 깨쳐 보고 확실하게 얘기하는 게 좋겠습니다. 이론적인 생각으로 이야기하기가 참으로 어려운 것이 깨달음입니다.

1990년대 초반일 거예요. 그 무렵에 '수좌계가 이래서는 안 된다' 하고 휴암 스님, 인각 스님, 혜국 스님 등 구참 스님들과 이야기를 많이 나누었어요. 당시에 수좌들의 정진 분위기와 신심, 발심 정도가 좀 이완되어 있었지요. 뭔가 분위기를 쇄신할 방법이 없을지 고민을 많이 했어요. 그러다가 '수좌 사관학교' 같은 교육과정을 개설해서 신심·발심을 철저히 다진 인재를 키워야 하지 않나, 그런 생각을 하게 되었습니다.

그러다가 1994년 종단개혁 사태를 맞았지요. 마침 개혁종단에서도 승가교육체계를 세우면서 강원, 동국대, 중앙승가대를 기본

교육기관으로 지정하여 승려가 되려면 반드시 이수해야 한다는 제도화 논의를 시작했어요.

이때 수좌계에서 이론(異論)이 제기됐어요. 선을 하려고 발심 출가한 이들을 강원이나 불교대학으로 4년 간 묶어 놓으면 안 된다는 거였지요. 그래서 길을 터주는 방법을 모색한 것이 기본선원을 세우는 것이었습니다.

1997년 개원 당시에는 어려운 여건에서 출발했습니다. 교과목이나 교재도 수좌들이 모여 의논해서 선정했어요. 몇 년 전부터는 수계 기마다 한 도량에 상주하면서 결사하듯이 공부하는 제도를 만들었는데, 평가가 좋고 정착되었다고들 긍정적으로 평합니다. 좋은 현상입니다.

신문을 보신다고 들었습니다.
일반적으로 수선납자는 신문을 멀리 한다고 알고 있는데….

수행자일수록, 공부를 할수록 세속을 떠나서는 안 됩니다. 어느 정도 관심을 가지는 것이 공부에도 도움이 되거든요. 법문을 하더라도 세속의 삶에 도움이 되어야 공감을 얻을 수 있어요. 상당법문을 보면 내용은 참 좋지요. 그렇지만 일반 불자들에게 얼마나 직접적인 도움이 되느냐를 기준으로 볼 때는 아쉬움이 많아요. 아무리 좋은 법문이라도 알아들을 수 있도록 하는 것이 좋습니다. 일반인들에게 바로 영향을 미칠 수 있는 법문이 좋은 법문이고 효과도 좋습니다. 이제는 그런 시대가 되었다고 봐요.

258

불교는 반드시 수행 차원에서 포교를 해야 해요. 스님이라면 누구든 포교사입니다. 주지, 교수, 강사 등등 뭘 하든 수행이 밑바탕이 되어 자기 소임을 보아야 제대로 소임을 볼 수 있는 것입니다. 수행자는 뭘 하더라도 체험이 없으면 안 돼요. 이론이나 지식만으로는 바르게 계도할 수 없습니다. 반드시 체험을 바탕으로 지도해야 합니다. 포교도 수행의 바탕에서 해야 합니다. 불교가 수행에 바탕하지 않으면 살아남지 못할 것입니다.

수행을 떠나서는 우리가 먹고 살 길도 앞으로 장담할 수 없을 거예요. 만약 이론적으로 학문적으로만 한다면 살 길이 점점 막혀갈 것입니다. 이론을 무시하자는 게 아니라 이론도 중요하지만 행정이든 포교든 불교는 모두 수행이 중심이 되어야 한다는 것입니다.

외부에서 그런 평들을 하신다니 고마운 말씀이긴 하지만, 아직 초보 단계라고 생각합니다. 나는 산중에 있지만, 스님이라면 누구나 포교를 해서 신도를 늘리고 지역사회 활동을 해야 한다고 생각해요.

또 많은 불자들이 진정 부처님의 가르침으로 살아야 한다고 생각해요. 불교적 가르침 이상이 없잖아요? 그런 가르침이 있으면 그만큼 잘 살아야지요. 이런 마음으로 하다 보니 안정되어 가고 있습니다.

끝으로 한 말씀 해주십시오.

불자님들은 대단히 복이 많은 분들입니다. 부처님 가르침을 만났기 때문이지요. 이 말은 어디에 가서든 누구에게든 떳떳하고 당당하게 이야기해도 좋습니다.

불교는 예사 종교가 아닙니다. 아침저녁으로 《천수경》을 독송하시는 분이 많지요? 《천수경》에 "무상심심미묘법(無上深甚微妙法)"이라는 말이 나옵니다. '위없는 깊고 깊은 미묘한 법'이라는 뜻이지요. 이 말씀 그대로입니다. 불법은 지금까지 인간이 발견한 최상의 진리예요. 여러분이 수행을 해서 직접 체험해 보면 알게 돼요. 불교 수행은 누구나 해야 하는 것이고, 언젠가는 해야 하는 것이고, 누구든 안 할 수 없습니다.

수행을 깊게 해보시길 바랍니다. 그래서 진정한 행복과 보람을 느끼시기를 바랍니다.

〈슬기롭게 사는 길〉

불자야, 항상 부처님을 생각하며 즐겁고 명랑하게 살아라. 비록 생활이 어렵고 괴롭더라도 행복의 그림을 그려라. 그린 것처럼 현실로 다가오리라. 인생살이에 곤란이 없기를 바라지 말

라. 곤란은 그림자 같이 따르는 것. 참고 견디면 복이 되리라.

오늘 네가 가난하거든 베풀지 않았음을 알며, 네가 병들었거든 자신을 다스리지 못했음을 알며, 네가 외롭거든 덕행이 없었음을 알며, 너를 미워하고 싫어하는 이가 있거든 업신여기고 괴로움을 주었음을 알며, 지금 이 고통은 네가 스스로 지어서 받는 것 누구를 원망하고 탓하랴. 밝은 내일을 바라거든 좋은 씨앗을 심어라.

입은 화의 문이니 지극히 조심하며, 몸으론 바른 행동만 하라. 사람은 모름지기 계율을 생명처럼 여기고, 부정한 것은 원수처럼 대하고, 청렴하고 결백하여 대쪽같이 살아야 하느니라. 품행은 방정하고 인격은 고상하여 한 점 부끄러움이 없어야 하느니라. 애욕보다 더한 불길이 없고, 성냄보다 더한 독이 없으며, 어리석음보다 더한 파멸이 없느니라.

사람을 대하되 자비와 친절로 예의를 갖추고, 신의와 겸손을 잃지 말라. 생활은 검소와 절약을 신조로 삼고, 자기에게는 엄격하고 인색하지만 남에게는 희생과 봉사의 미덕을 쌓아야 하느니라. 보시하는 것만큼 즐거운 일이 없으며, 기쁨을 주는 것만큼 보람된 일이 없으며, 용서하는 것만큼 아름다운 일이 없는 줄 알라. 미물이라도 내 몸처럼 보호하며 어질고 착하게 살아가면 정토가 가까우리라.

성공을 바라거든 근면하고 지극한 정성으로 일하라. 어떤 환경에서도 희망과 용기를 가지고 일념으로 살아가라. 인생은 노력한 만큼 가치가 있느니라.

생애의 진정한 행복은 도에서만 느낄 수 있고, 도를 떠나 인생을 논할 수 없음을 알라. 청춘을 불사르고 인생을 송두리째 바쳐도 조금도 후회스럽지 않으리라. 무상은 신속하고 오늘은 영원히 돌아오지 않는 것, 백년을 부끄럽게 사는 것보다 하루를 살더라도 후회 없이 살아라.

- 축서사 게시판 글 중에서

온몸을 던져 정진하라

혜국(慧國) 스님

충주 석종사 혜국(慧國) 스님

혜국 스님은 1947년 제주도에서 태어나 1962년 해인사로 일타 스님을
은사로 출가하여 사미계를 수지했다. 1969년 용화사 선원에서 첫 안거
이래 해인사·상원사·송광사·칠불사·월명암·수도암·봉암사·남
국선원 등 제방 선원에서 정진하였다. 1989년 제주도에 유일한 선원인
남국선원을 창건하여 무문관 선원을 개원하였고, 충주 석종사를 중창
하여 2005년 금봉선원을 개원하였다. 2005년 조계종에서 간행한《간화
선》편찬위원장이며, 지금은 충주 석종사·제주도 남국선원의 선원장
으로 전국선원수좌회 공동대표다.

"36번 국도 변에 차세대 선지식들이 모여 있습니다."

필자가 선(禪)에 관심 있는 분들에게 하는 말이다. 36번 국도는 서해안 대천항에서 시작하여 청주를 거쳐 충주에서 소백산맥을 가로질러 영주, 봉화를 지나 태백산맥을 넘어 동해안 울진으로 이어진 도로이다. 이 길로 이어진 근래 이름 높은 선사들로는 봉화 금봉암 고우 스님, 봉화 축서사 무여 스님, 영주 부석사 근일 스님, 그리고 충주 석종사 혜국 스님이 계신다. 이분들은 모두 조계종의 선풍을 이어갈 선지식으로 일컬어진다.

혜국 스님과의 문답도 참 어렵게 이루어졌다. 몇 년 전부터 인연이 있었고 여러 차례 찾아뵙고 후학을 위한 일이니 응락하여주십사 간청 드렸으나 거듭 거절하시다가 제주도 남국선원에까지 가서 찾아뵈니 애처롭게 보신 듯 자비로 응해주셨다.

혜국 스님께서 계시는 충주 석종사는 10여 년 전만 해도 폐사지였던 곳을 7년 전부터 본격적인 불사에 들어가 지금은 중부권에 우뚝한 도량으로 중창하였다. 스님은 해인사로 출가하여 일타 스님을 은사로 득도하였다. 젊은 수좌 시절 해인사 장경각에서 발심하여 손가락을 태우는 소지(燒指) 공양을 한 이래 태백산 도솔암에서 수년 간 장좌불와 정진을 하였다. 이후 해인사·상원사·송광사·칠불암·봉암사 등 제방 선원에서 정진하며 일생을 수행의 본분사에 매진하여 왔다. 10·27법난 직후 잠시 제주도 관음사 주지 소임을 6개월 정도 살았으나 곧 다시 산중으로 돌아가 정진하였고, 1980년대 후반에 제주도에 남국선원을 개원하여 무문관까지 맡고 계신다.

지금은 한반도의 중심인 중원 땅 충주에 10만평의 석종사 대작 불사를 회향하였다. 석종사는 충주 동남쪽의 금봉산을 배산으로 안대가 빼어난 도량이다. 이곳에 혜국 스님이 주석하신다.

스님, 후학들을 위해 출가 인연을 좀 들려주십시오.

그런 게 뭐 도움이 되나요. 나의 6촌 형님이 스님이셨어요. 내가 중학교 입학할 때 어떤 충격을 받아 절로 가게 되었는데, 그 스님께서 제 부모님을 설득해서 저를 해인사로 보냈어요. 그때는 성철 스님은 해인사 들어가시기 전이고 청담 스님이 주지였을 때죠. 해인사에 가니까 워낙 어려서 그런지 노스님들께서 아버지처럼 할아버지처럼 자상하게 대해주셨어요.

1962년이었습니다. 그때는 가야에서 해인사로 올라가는 차가 없어서 걸어 다녔지요. 그리고 해인사에 전기가 안 들어왔을 때예요. 내가 간 다음에 자체 발전기를 가동해서 아침저녁 밥 먹을 때만 잠깐씩 썼지요.

내가 출가하여 해인사로 간 것은 큰 발심을 해서 간 것이 아니었어요. 중학생이 될 열세 살짜리 콩만 한 것이 무엇을 알았겠어요. 그런데 해인사 가니까 그렇게 좋았어요.

그럼 중학교도 다니지 않고 바로 해인사로 오셨군요?

나는 중학교도 못 다니고, 나중에 검정고시를 봐서 고등학교에 들어가고 대학에도 갔어요. 중학교는 처음 입학시험 보던 날과 합격자 발표하는 날 밟아 본 게 다예요. 하루도 못 다닌 거지요.

그러면 해인사 큰절에서 행자생활을 하신 겁니까?

1962년 종단 정화 직후네요.

그렇지요. 해인사에서 열세 살부터 행자생활을 했습니다. 절에서 어른 스님들이 저를 그렇게 귀여워해주셨어요. 특히 지월 스님 같은 자비보살이 계시어 감화를 받았지요. 그 은덕이 큽니다.

내 사형이신 혜인 스님이 제주도 분이세요. 그 인연으로 일타 스님을 은사로 모시면 좋다고 권해서 찾아뵙고 스님 상좌가 되고 싶다고 하니까 기꺼이 받아주시더군요.

은사이신 일타 스님 이야기를 좀 해주십시오.

참 인정이 많으신 자비로운 스님이셨다죠?

내가 송광사 3년 결사를 끝내고 성철 스님께 인사를 드리고 은사 스님이 계시는 지족암에 갔더니 "혜국 수좌, 좀 앉아 보지" 해서 앉으니까 "자네는 3년 한다고 하면 3년을 마치는데, 어쩌면 사람이 그렇게 강단이 있을 수 있는가? 이번 해제 때는 두 달만 나의 문지기 노릇 좀 해줘. 누가 찾아오면 안 된다고 딱 잘라 돌려보내 줄 수 있겠는가?" 하셔요. 그래서 "스님, 그것은 제가 자신이 있습니다" 하고 말씀드렸죠. "그럼 이제부터 두 달 간 자네가 문을 지키며 밑으로 내려가지도 말고 위에서 나하고 같이 밥 먹고 같이 살자"고 하셨어요. 나도 3년 결사를 마친 직후라 쉬고 싶었고 스님도 모시고 싶었는데 잘 되었다고 생각했지요.

그런데 스님이 6일째 묵언하고 계시는데 서울과 부산에서 가까운 신도 일곱 분이 스님을 뵈러 지족암에 왔어요. 나는 스님이 묵언 정진 중이니까 그냥 돌아가라고 했지요. 그런데 서울에서 온 보살님이 자기가 새벽 3시에 출발해서 왔는데 얼굴이라도 뵙고 가야지 안 된다고 막무가내였어요. "이번에는 내가 전권을 위임받았으니까 안 된다면 안 되는 줄 알아야지, 보살들이 말이 많냐"고 고함을 질러 쫓아 버렸어요.

그런데 스님이 문을 열더니 그 광경을 보셨어요. 그리고는 점심을 차려 먹는데 안 드시는 거예요. "스님! 점심 안 드시겠습니까?" 하고 물으니 "그렇게 신도들 마음 아프게 해놓고 목구멍에 밥이 넘어가?" 그러시더라고요. 남 아프게 해 놓고 당신이 밥을 못 먹는 거예요. 그래서 나는 이러지도 못하고 저러지도 못하고 엉거주

268

춤 섰으니까 "어떻게 수행자가 그렇게 뻔뻔스러울 수 있느냐? 전화라도 해서 마음을 풀어줄 생각은 안 하고 그렇게 서 있으면 어떻게 하느냐?"고 하시더군요. 할 수 없이 스님 당신이 절대 안 된다고 빼 놓은 전화 코드를 꽂아서 보살님에게 전화를 했더니 그분이 "스님! 오히려 신심이 나고 환희심이 났습니다" 그러셔요. 그래서 "보소, 우리 스님한테 그 말씀 좀 해주소" 하고는 스님께 "전화를 바꿔 달라는데요" 하니 거기에서 뭐라고 하는지 스님 얼굴이 확 펴져요. 전화를 끊고는 "혜국이 희한한 재주가 있네. 기분이 억수로 좋단다. 밥 차려라." 그러신 분이에요.

은사 스님께서 스님을 은사였던 고경 스님의 후생이라고
말씀하셨다던데 사실인가요?

그전에 은사 스님께서 "저 아이는 우리 스님을 닮았어, 우리 스님을 닮았어" 하셨어요. 그런 얘기를 들어도 나는 귀담아 듣지 않고 은사 스님께서 그냥 하신 말씀이라 생각했어요.

그런데 1970년이었을 거예요. 당시에 은사 스님께서는 극락전 선방에서 결사를 하고 계셨는데, 성철 스님께서 나하고 11명 정도 뽑아서 퇴설당에 철조망을 치고 몇 년 동안 나가지 말고 정진하라고 하셨어요. 그런데 며칠 지나자 다 도망가고 나 혼자 남았어요. 퇴설당에 혼자 앉아 있으려니 갑자기 《법화경》이 보고 싶었어요. 그때가 봄이었는데 장경각에 가서 절하다가 와서 앉아 정진을 하는데 졸음은 쏟아지고 화두가 안 들려요. 억지로 며칠을 어째 어째

하는데 '아이고, 은사 스님도 성철 스님도 몰래 어디 가서 뒷방에서 소리소리 지르면서 경이나 실컷 봤으면…' 하는 망상을 폈지요.

그렇게 망상을 펴면서 앉아서 졸고 있는데 갑자기 어깨에서 노장님 한 분이 앞으로 툭 튀어 나오더니 "내가 어디서 너를 봤지?" 하셔요. 근데 우리 노스님 진영에서 보았던 모습이에요. 그러시더니 옛날 끈으로 묶은 금빛 나는 뚜껑을 한 《법화경》 한 권을 내 앞에 탁 내놓으면서 말씀하시길 "전생에도 글 안 보고 참선을 한다고 원을 세우더니, 익혀 놓은 게 그것밖에 없어서…. 책이나 봐라, 강사나 되거라!" 하시는데 서릿발 같았어요. 그때 눈을 번쩍 떴는데 한동안 눈앞에 누런 뚜껑의 책이 있더라고요.

나도 모르게 '우리 노스님이다' 그러고는 그 길로 은사 스님께 달려갔어요. 극락전 선방에 가서 "스님! 우리 노스님이 쓰던 《법화경》 좀 주십시오." "왜?" "스님, 죄송하지만 한 번만 꺼내주십시오." 내가 너무 진지하게 말하니까 노장님이 책장에서 꺼내주시며 "이거다" 하셨습니다. "스님, 이건 아닙니다." "왜?" "이거 말고요. 책은 이것인지 몰라도 누런 뚜껑입니다." 그러니까 나를 이렇게 쳐다보더니 "별일 다 있네…" 하시더군요. "스님, 왜요?" "내가 누워서 이 책을 보다가 책에 촛불이 옮겨 붙어서 파란 뚜껑으로 바꾼 것은 이 세상 천지에 나 하나밖에 모르는데 네가 어떻게 누런 뚜껑을 아느냐?" "스님, 알겠습니다. 저 갑니다." 그러고는 그냥 바로 와 버렸어요. 어쩌면 노스님인지 모른다 싶고, 그렇게 책 안 보고 참선한다고 원을 세우셨다는 얘기를 우리 스님한테 들었거든요.

"내가 죽으면 바다 건너 태어나서 아무도 모르는 데 가서 참선만 할 거다"라고 돌아가실 때 우리 노스님이 그랬다고 하더라고요.

노스님께서 강사 출신인데 입적하실 때 다음 생에 태어나면
참선만 할 거라고 말씀하셨다고요?

강사 정도가 아니라 경봉 스님, 구하 스님, 월하 스님 모두 그분 밑에서 배웠다지요. 우리나라 제일 강사로 통도사 스님이셨죠. 일제 강점기에 통도사 주지를 하라고 하니까 걸망 지고 토굴에 들어가서 차기 주지가 나올 때까지 나오지 않았다고 합니다. 돌아가시기 얼마 전에 동원 스님인가 하는 상좌가 "스님, 경만 보실 겁니까?" 하고 억지로 금강산 마하연 선방으로 모시고 갔는데, 갔다 오자마자 "내가 이제부터 책을 보나 봐라. 이놈의 '강사(講師)' 얼어 죽을 강(殭)자다" 그러면서 선방에만 다닌다고 하셨답니다.

그런데 머리가 아파 누우셨대요. 우리 스님이 충청도 공주 사람이라서 "충공아!" 하고 불렀다는데, 조금만 머리가 나아지면 "충공아, 내가 이번에 다시 회복만 해봐라. 금강산에 올라가서 면벽관심으로 일평생을 보내리라" 하셨대요. 그런데 결국 못 일어나고 "나는 찾아오는 사람들이랑 이름 때문에 공부를 못 했으니, 다음 생에는 물 건너 아무도 모르는 곳에 태어나서 진짜로 참선만 할 거다"라는 말씀을 남기고 돌아가셨대요.

그런데 우연의 일치지만 그분이 8월 13일에 태어나셨는데, 내 생일도 8월 13일이에요. 그분 돌아가시고 1년인가 뒤에 제가 태어

났지요.

은사 스님이 스님을 노스님의 후생이라고 믿으셨다면
참 대단한 인연이네요.

은사 스님은 또 만난다고 했어요. 그런데 시기가 언제인가 하면 전화 바꿔줬던 그 보살님이 돌아가시고 나면 꼭 우리 스님 상좌 된다고 하니까, 우리 스님이 말년에 "보살이 그렇게 오래 살아서 나하고 나이가 비슷해지는데 나도 혜국이한테 올지 모르니까 보살도 혜국이한테 오소!" 그런 이야기를 스스럼없이 하셨어요.

인연을 기다리셔야겠네요.
쓸데없는 얘기예요.

그러시다가 다시 제주도에 가서 고등학교를 다니신 거예요?
그렇게 된 게 아니고 해인사에 가니까 그때 누군지 기억은 잘 안 나는데, 초등학교 졸업하고 바로 왔다고 하니까 "이 사람아! 학교를 다녀야지 그런 식으로 해서는 안 된다"고 하면서 당신 상좌의 검정고시 강의록을 보게 하더라고요. 그때가 1965년인데 그걸 다 보고 나니까, 그 상좌 스님이 시험을 보러 간다기에 나도 어디 갔다 온다고 핑계를 대고 같이 갔는데 그 스님은 떨어지고 나는 합격해 버렸어요.

그래서 중학교를 건너뛰고 고등학교 입학 자격을 얻어 났어요.

그러다가 어느 때인가 해인사로 수학여행 온 학생들이 있었어요. 내 나이 또래였는데 교복을 입은 모습이 그렇게 좋아 보여요. 내가 사춘기였을 때니 나도 학교에 더 다니고 싶다는 생각이 들어 혼자 제주도로 갔어요. 제주도에서 빈 절을 찾아 거기서 학교를 다닐 생각으로 돌아다녔는데 양진사가 비었더라고요. 그래서 거기에서 고등학교를 다녔지요. 고등학교를 졸업하고 다시 서울로 올라가 성북동 정법사에서 대학을 다니다가 성철 스님 귀에 "혜국이가 서울에서 대학 다닌다"는 얘기가 들어가서 "이놈의 자식 내려와라!" 해서 내려갔다가 혼나고 해인사로 다시 돌아오게 되었습니다.

다시 해인사로 오셔서 소지 공양을 하신 인연을 좀 들려주십시오.

해인사로 내려가니까 그때서야 성철 스님이 받아들이시더군요. 처음에는 퇴설당에서 정진을 했어요. 그런데 한 3년 해도 화두가 안 돼요. 아까 망상 중에 노스님을 친견하고 《법화경》을 보았다고 하지 않았습니까? 그게 화두 공부가 안 될 때 이야기예요.

그래서 하루는 성철 스님께 찾아가서 공부가 안 된다고 하소연을 하였지요.

"스님, 도저히 안 되겠습니다. 저는 글을 봐야겠습니다. 학자의 길을 가렵니다."

그랬더니 성철 스님이 "이놈의 새끼, 공부 좀 하는 줄 알았더니…" 하시면서 대뜸 죽비를 들어 보이며 물으셨어요.

"보이나?"

"예, 보입니다."

"무엇으로 보노?"

"눈으로 봅니다."

"눈 어디 있노?"

"이마에요."

"너 분명히 눈으로 본다고 했나?"

"예, 눈으로 본다고 했습니다."

그러자 갑자기 불을 꺼 버리셨어요. 그때가 밤 12시 반쯤이라 캄캄하기 이를 데 없었지요.

"보이나?"

"아니요."

"망할 놈의 새끼야! 아까 눈으로 본다고 했는데 눈 어디 있나?"

"여기 있습니다."

"있으면 보여야 할 거 아니냐. 그러면 눈으로 보는 게 아니지 않느냐?"

"스님! 캄캄하니까 안 보이는 것 아니겠습니까?"

"고양이나 부엉이나 올빼미는 캄캄할수록 잘 보는데 너는 고양이 눈만도 못하다. 그 눈으로 글을 봐? 무엇으로 보는지도 모르면서 글을 본다고? 고양이만도 못한 이놈의 새끼, 패 죽인다."

그러시면서 죽비로 한 대 치더라고요. 캄캄한데 성철 스님 눈에 빛이 나면서 고함을 지르며 죽비로 치니 소름이 쫙 끼쳤어요. 안 당해 본 사람은 몰라요. 깜깜한데 언제 팰지, 아니면 어떻게 될지 소름이 끼치더라고요. 거기에서 진짜 도인이란 다르구나 했죠. 그래서 제가 여쭈었죠.

"스님! 어떻게 하면 좋겠습니까?"

"글을 보든 참선을 하든 부처님께 물어 봐서 해라. 하루에 5천 배씩 절을 하면서 부처님께 물어 봐라!"

그날 저녁 혼나고 나서 다음 날부터 절을 시작을 했어요. 부처님께 '어떻게 하면 좋겠습니까?' 하고 하루 5천배씩 하는데 절이 그렇게 잘 돼요. 신심이 절로 났지요. 장경각에서 하루 5천배씩 삼칠일 그러니까 21일 동안 절을 하는데, 20일째 되는 날 신심이 복받쳐 올라와요. 그래서 나도 은사 스님처럼 세세생생 정진해서 성불하겠노라고 부처님께 다짐하는 소지 공양을 해야겠다는 발심이 났어요. 세 손가락에다 천을 감싸고 기름까지 준비해서 연비를 하려는데, 장경각을 지키는 장주(藏主) 운범 스님이 야경을 돌면서 "여기에서 뭘 해?" 그러시더라고요. 그래서 처음 삼칠일 정진 동안에는 못 했어요.

그 다음에 또 하루 5천배씩 시작을 해서 삼칠일 두 번째 회향날에 연비를 했어요.

두 번씩이나 삼칠일 5천배 하시고, 회향날 소지 공양을 하셨군요? 처음부터 공양을 하기 위해 원을 세우고 하신 건가요?

처음부터 공양하려고 한 건 아니었어요. 처음 삼칠일 동안 절하면서 은사 스님께서도 하셨는데 나도 공양해야겠다는 마음이 절

실하게 나더군요. 18일째인가 그런 마음이 들어서 20일째 하려고
했는데 못 하고, 다시 5천배를 시작해서 회향날 했지요.

그런데 두 번이나 하루 5천배씩 한다는 놈이 어느 날 없어졌거
든요. 나중에 보니 법당에 탄 냄새도 나고 하니까 성철 스님이 노
발대발하셨대요. "장경각에서 연비를 하다니 미친놈 아이가. 그러
다 불나서 국보 다 태우면 어쩌려고? 그놈 오기만 하면 때려 죽이
라." 장경각에서 불을 내는 연비를 못 한다는 건 불문율인데 그걸
어겼으니….

그래도 성철 스님이 참 좋아하셨겠습니다.
공부 안 된다고 하더니 발심하여 연비를 했으니….

성철 스님이 좋아했다고 해요. 그런데 은사 스님은 당신도 연비
를 했으면서도 그 소식을 듣고는 한동안 아무것도 안 드셨답니다.

연비한 날이 3월 1일이에요. 손가락 세 개를 불 태우고 나오니
까 부어오르는데, 태우기만 하면 되는 줄 알았더니 그게 그렇지
않더라고요. 태울 때는 견딜 만했는데 다 태우고 나니까 죽겠어
요. 건드리면 온몸에 전율이 와서 건드릴 수가 없어요.

장경각에서 새벽 1시에 연비가 끝났어요. 태운 곳을 헝겊으로
묶고 걸망을 짊어지고 해인사를 내려오는데 홍류동쯤 오니까, 내
착각이었는지 하늘이 분명히 맑고 별이 총총했는데 비가 확 쏟아
지대요. 그때 비를 흠뻑 맞으며 내 업장이 다 씻겨 내려가는 것 같
았어요.

276

"나는 새로 태어났다!" 고함을 지르면서 걸어 내려오는데 다섯 시간쯤 걸었을까, 어디서 차가 오더라고요. 손을 흔드니까 태워줘요. 대구 가는 차예요. 어디 마땅히 갈 데는 없고 통증은 더 심해져 갔어요. 내 아는 신도라고는 야단맞고 간 그 보문성 보살님뿐이었어요. 은사 스님 심부름 가느라고 그분 집에 서너 번 가본 적이 있어서 할 수 없이 거기로 갔습니다.

그런데 어인 일인지 그 보살님이 나를 보자마자 "스님, 연비하셨지요?" 그러더라고요. "스님이 연비를 하고 하늘로 훨훨 뭘 타고 올라가는 걸 봤다"고 거짓말 같은 이야길 하더라고요.

그 보살님도 보통 분이 아니네요.

그분 대단했지요. "스님, 들어오지 마시고 잠깐 기다리세요" 하더니 그 길로 나를 병원에 데려가더라고요. 병원에 가니까 타다 남은 손가락이 형편 없었어요. 의사가 두 달 정도 병원에 입원해야 된다고 해요. 내가 도망다니는 처지인데 두 달 동안 어떻게 병원에 갇혀 있겠어요. 신심이 뻗칠 대로 뻗쳐서 두 달이면 견성하겠다는 자신이 있었고, 꼭 될 것만 같았어요. 그래서 대강 타다 남은 손가락뼈를 잘라 내고 살점을 꿰매고 약을 바르고 붕대로 싸 두었어요.

새벽 2시쯤에 모두 잠든 사이에 다시 바랑을 싸서 태백산으로 향했어요. 은사 스님께서 태백산에서 정진하신 것을 자랑삼아 말씀하시고는 "너도 꼭 태백산 도솔암에서 정진해 보거라" 하신 말

씀이 생각이 났거든요.

태백산으로 도망을 가니 병원에서 또 난리가 났대요. 의사 선생이 자기가 책임져야 한다고, 죽을지도 모른다고…. 그러거나 말거나 태백산 들어가서 그 길로 생식을 시작했는데 그 덕분인지 염증이 생기지 않았어요.

그런데 꿰맨 실을 빼내야 하는데 마땅한 도구가 없어 망치로 못을 두드리고 숫돌에 갈아서 빼다가 두 개는 살이 찢어져 아파서 그냥 내버려 뒀거든요. 그때는 죽음 같은 것은 두렵지 않았으니까 꿰맨 것을 그대로 내버려 두었더니 실이 살 속에 있다가 한 3년 만에 손목 위로 다 나오더라구요. 거짓말 같지요?

도솔암은 은사이신 일타 스님이 정진하신 곳으로 유명한데,
혼자 정진하셨습니까?

혼자 있었지요. 도솔암 밑에 백련암도 있고, 그 밑에 홍제사도 있는데 비어 있었어요. 도솔암에 가니 겸무 스님이 계셨는데, 내가 가서 "같이 살겠다"고 하니까 스님이 보기에 젊은 사람이 손에 붕대를 감고 왔는데 사람 같지 않았대요. 저러다가 홧김에 밤에 돌멩이 들고 달려들지도 모른다는 생각이 드셨다고 나중에 그래요. 그래서 그 스님이 밤사이 간다온다 말씀도 없이 떠나셨어요.

그게 죄송해서 나중에 제주도 남국선원에 겸무 스님을 위해 집을 지어 6년 동안 모셨어요. 지금은 영주쪽 어디에 계시는데, 우리나라 제일의 율사일 거예요. 그 스님이 도솔암에 계시다가 내가

워낙 발발대니까 무서워서 못 있겠다고 사람 죽인다며 도망가 버렸어요. 그래서 혼자 있게 되었어요.

도솔암에서 여러 가지 체험을 하셨다고 들었습니다.

체험이라기보다도 공부 길을 모르니까 발버둥이고 방황이에요. 성철 스님이 눕지 않고 정진하는 장좌불와를 하라고 했거든요. 삼칠일 5천배씩 하고 장좌불와를 하라고 했는데, 나는 연비하고 태백산 도솔암으로 도망간 거예요. 도솔암에 간 그날부터 장좌와 생식을 시작했어요. 솔잎 뜯어 먹고 가루를 만들어 먹고, 쌀을 씹어 먹는데 쌀을 오래 씹으니까 이가 뾰족뾰족해져요. 아침에 일어나 보면 방바닥에 침이 흘러 여기저기 굳어 있고 진짜 죽고 싶어요. 손가락까지 불에 태워 스스로 병신을 자처해서 여기까지 와서 도대체 이게 뭔가 싶어요. 그리고 무서워요. 그리고 공부가 잘되면 누가 철퇴로 한 방 갈겨 버릴 것 같고…. 망상을 피우는 거예요.

나중에는 열이 나기 시작하는데 그때는 화두는 둘째고 제일 궁금한 게 성철 스님은 10년 장좌 하시며 안 조셨을까, 이렇게 안 꼬부라졌을까, 키도 나보다 크고 허리도 긴데 정말 안 꼬부라졌을까였어요. 별의 별짓을 다 해도 꼬부라지니까 들어간 지 다섯 달 인가 여섯 달 만인가에 열불이 나서 새벽에 뛰쳐나와 곧장 해인사로 향했어요. 마침 스님께서 바깥에서 지팡이를 짚고 계시기에 땅바닥에 절을 세 번 하고 물었어요.

"스님! 장좌불와 하실 때 졸았습니까, 안 졸았습니까?"

"야, 내가 목석이가?"

'아, 스님도 졸았구나!' 하고 다시 하직 인사하고 돌아서서 그 길로 은사 스님이 계신 지족암으로 가려는데 "이놈아! 천장에 밧줄을 매달아 놓고 목을 묶으면 될 거 아니냐" 하셨어요.

그 말을 듣고는 은사 스님께 들러 인사만 드리고 다시 태백산으로 돌아왔어요. 딱 그 한마디 물어 보고….

나중에 알았는데 성철 스님께서 바로 우리 은사 스님을 불렀답니다. "혜국이 잘 해줘라! 혜국이 공부할 거다." 은사 스님이 "스님, 왜요?" 하고 물으니 "너는 알 거 없다. 공부할 거다." 그렇게 말씀하셨다고 들었습니다.

참 단순하고 우스운 이야기죠. 장좌불와 하는데 자꾸 조니까 열불이 나서 찾아갔다가 스님도 졸았다는 것만 확인하고는 냅다 뛰어 태백산으로 돌아갔으니…. 성철 스님이나 은사 스님 모두 좋아했대요.

다시 태백산 도솔암으로 돌아와서 천장에 밧줄을 묶어 턱에 걸어 놓으면 밑으로 안 쳐지니까 성철 스님이 그렇게 했겠구나 하는 생각이 들어요. 그런데 직접 해보니까 생각했던 그게 아니에요. 되지를 않아요. 가자마자 천장에 밧줄을 묶어서 했는데 끄덕끄덕하니까 목살이 벗겨지기 시작해요. 걸리면 화두는 간 데 없고 "악, 악! 노장, 해보지도 않고…" 소리 질러 댔어요. 도저히 효과가 없어요.

그래도 그렇게 애쓰니까 조금 안정되기 시작하고, 하다 보니까 열은 내렸어요. 공부는 마찬가지로 안 됐지만….

그래서 성철 스님 뵈러 갔을 때 "노장님, 직접 해보셨습니까?", "스님, 생식을 오래 했는데 어떻게 드셨기에 이가 견뎌냈습니까?", "생쌀을 어떻게 잡수셨습니까?" 자세히 물어 보고 올 걸 정말 잘못했다 싶더라고요. 그래서 6개월 만에 성철 스님을 뵈러 다시 해인사로 갔어요.

성철 스님은 늘 해인사에 계셨으니까 가서 정식으로 삼배를 했어요.

"와? 뭐 때문에 왔노?"

"스님! 밧줄로 진짜 해봤습니까?"

"안 해봤다."

"그럴 줄 알았습니다."

"와?"

"여기 보십시오, 벌겋게 되었잖습니까? 보십시오."

"하하하! 그러면 말이야, 내 발우 하나 줄 테니까 발우를 머리에 올리고 하거라!"

그러시고는 철발우를 하나 내주시대요. 그래서 생쌀 얘기를 또 물었죠.

"미련한 놈의 새끼야. 내가 그렇게 미련하나? 발우에 담아 물에 불려서 묽어진 다음에 먹는 거지, 누가 생쌀을 먹냐? 그리고 콩을 그냥 먹으면 어쩌냐, 솔잎은 가루로 먹는 게 아니라 썰어서 먹는 기라!"

그렇게 장좌할 때 철발우를 머리에 이고 해보라는 말씀과 생식을 하는 구체적인 방법을 듣고서 다시 태백산으로 돌아왔지요.

그리고는 가르쳐주신 대로 솔잎을 고무줄로 감아서 썰으니 꺼끌꺼끌해서 안 넘어갈 것 같은데 가루보다 훨씬 잘 넘어가요. 잠 올 때마다 '어째서, 어째서' 하며 써는데, 방이 크지 않으니까 방 한쪽이 솔잎 향기로 향기로워요. 잠 오면 썰어 놓고 한 숟가락씩 먹었어요. 그리고 성철 스님 얘기가 만일 가루로 하려면 콩을 같이 넣고 빻으면 비리지 않고 목에 걸리지 않는다더라고요. 그건 해보셨어요. 딱 맞아요.

"생콩을 물에 담갔다가 솔잎하고 같이 넣어 갈아 먹어라. 대추랑 같이 먹으면 떫지 않고 좋다."

"스님! 대추가 어디 있습니까?"

"응, 대추가 없구나."

실제로 대추하고 같이 먹으면 절대 떫지 않아요. 솔잎이 보들보들해요. 그런 걸 다 가르쳐주셨어요. 성철 스님께서도 진짜로 해보고 와서 달려들어 물어 보니까 그렇게 좋으셨던 거예요. 생식은 스님 말씀대로 해보니 좋았어요. 먹을 것은 자리가 잡혔어요.

그런데 이 장좌가 문제예요. 철발우에 물을 받아 머리에 이고 화두 하라고 했는데, 이것도 성철 스님이 안 해보신 거예요. 수건을 동그랗게 말아 머리에 이면 졸지만 않으면 하루 종일 떨어지지 않아요. 그런데 졸다가 까딱하면 딱 떨어져서 우당탕 물을 엎지르죠. 어떤 때는 몇 분 사이에 열 번도 넘게 떨어져요. 죽겠어요. 조는지 안 조는지 알아보는 데는 세상없는 법이에요.

또 하고 또 하고, 또 하고 또 하며 몇 달이 흘렀어요. 별짓을 다 했지만 진전이 없어서 포기할 생각이 저절로 났어요. '나는 이 공부는 어려운 사람이구나! 은사 스님 말을 듣고 참선을 시작했는데, 글공부를 이 정도 했으면 벌써 수준급에 들어갔을 텐데…' 우리 은사 스님 말을 들어서 아닌가 싶기도 하고, 나는 참선은 도저히 안 될 사람인가 싶은 별의별 생각이 다 들었어요.

생식을 하면 공부에 어떤 도움이 되는지요?

생식하는 이유는 그냥 옆에 갖다 놓고 떠먹으면 되니까 시간적으로 엄청나게 절약되기 때문이에요. 밥을 해 먹으려면 하루에 서너 시간을 투자해야 해요. 국 끓여야지, 반찬 한두 가지라도 해야 먹게 되지요. 생식은 정진하는 자세 그대로 옆에 놓고 그냥 떠서 먹으면 되니까 벌써 하루의 3분의 1을 벌어요. 그게 첫째 조건이라고 봐요. 그리고 밥을 지어 먹으면 반찬을 또 어떻게 해 먹어요. 참기름이 어디 있으며, 간장이 어디 있어요.

그러다가 별 공부 재미 없이 두 번째 봄이 왔어요. 아침에 하도 배가 고파서 풀잎을 뜯어 먹었지요. 봄이 되면 세상에 제일 먼저 나오는 풀이 산삼하고 초오(草烏)예요. 산삼은 영약이고 초오는 독약이에요. 영약하고 독약은 같이 나와요. 그걸 모르고 파랗게 올라오기에 그냥 뜯어 먹는데 혀가 따끔따끔하고 확확 쏘대요. 아주 독해요.

초오요?

초오, 풀 초(草)에 까마귀 오(鳥)자를 쓸 거예요. 독초예요. 그런데 옛날 사람들은 선식을 믿었어요. 성철 스님이 생식하려면 독하건 쓰건 떫건 한 구멍만 넘겨라 그랬거든요. 독해도 한 구멍만 넘겼지요. 그게 믿음이 가요. 한 구멍만 넘겨라 하면 옛날 사람들은 정말 한 구멍을 넘겨요. 그런데 요즘 사람은 믿지 않아요.

무조건 한 구멍만 넘겨라, 한 구멍 넘겨야 생식한다 그러기에 뜯어 먹으면서 한 구멍을 넘겼는데, 조금 있으니까 목구멍이 끊어지는 것 같아요. 죽겠는 거예요. 그런데 소리 질러도 들어줄 사람이 있어야 소리를 지르지요. 아무도 없으니까 "사람 살려, 사람 살려" 하다가 다리가 뒤로 넘어가서 엎어졌어요. 다시 한 번 죽어 보면 그런 경험을 해볼 수 있을까. … 엎어진 것까지는 기억이 나는데, 이렇게 죽는구나 싶었죠.

산비탈에서 뒤로 나뒹굴면서 속으로 "사람 살려, 사람 살려!" 하는데 조금 있으니까 편안해져요. 그 다음에는 의식이 끊긴 것 같은데…. 얼마나 지났는지 내가 제주도에 계신 어머니를 찾아갔더라고요. 얘기가 좀 그런데… 부처님을 찾아뵈야 하는데 어머니를 찾아간 거예요. 어머니는 제주도에 살았지요. 나는 태백산 암자에 있었는데…. 정말 영혼이라는 생각은 조금도 없이 생생하게 보여졌어요. 진짜로 간 걸로 생각했어요. "어머님! 저 왔습니다" 하니까 그 전에는 내가 왔다고 하면 난리가 나는데 그때는 쳐다보지도 않아요. 아들이 행방불명 됐다며 절에 불공드리러 간다고 쌀을 고르고 계셨어요. 다시 한 번 "어머니 저 왔습니다" 해도 쳐다보지도 않고 쌀만 골라요. 그래서 '이상하다 별일 다 있네' 싶었어요. 그 다음 생각에 '송암 스님한테나 가버려야지' 했어요. 성철 스님한테도 안 가고 우리 스님한테도 안 가고 ….

그 순간에요?

네. 송암 스님한테나 갔다 오자 싶었어요. 송암 스님이 전라도 광양 백운암에 사실 때예요. 거기 가보니까 앉아서 참선하고 있더라고요. "스님! 혜국이 왔습니다" 하니까 스님이 들은 척도 안 해요.

그러다가 저승으로 갔어요. 우여곡절을 거쳐서 간 저승에서는 "네 명이 다 안 되었다" 하더라고요. 돌아가야 된다며 뭘 따라가라고 해서 따라 나오다가 다리에 오르는데 다리가 끊어져 버렸어요. 그래서 '집에 가야지' 했죠. 집이라는 게 태백산 도솔암이에요.

그렇게 도솔암을 걸어 올라가는데 한도근 처사와 김 처사라는 심마니를 만났어요. 당시 이 심마니 처사님들이 태백산 도솔암 근처에 산삼 캐러 왔다가 내 시신을 발견한 거예요. 한도근 처사가 원일 스님 친아버지예요. 내가 머리가 길고 다 떨어진 누더기를 입고 엎어져 있는데, 처음에는 동삼인 줄 알았대요. 산삼이 오래된 걸 동삼(童參)이라고 하는데, 동삼이 오래 되면 사람이 되어서 자고 그런대요. 동삼 하나 얻으면 팔자 고친대요. 그래서 그 앞에 간단히 차려 놓고 절을 하고 그랬대요. "어서 동삼으로 돌아가시소. 우리 정성이 모자란 모양인데 삼의 모습을 보여주시오" 하고

286

빌었대요. 두 시간이 지났는데도 소식이 없어 자세히 보니까 피가 보글보글 끓고 있더래요. 그때는 사람들이 나를 혜국 스님이라고 부르지 않고 도솔암에 산다고 '도솔 스님'이라고 그랬어요. "도솔 스님이다! 도솔 스님 죽었다" 하고는 나를 엎고 뛸 때 나와 마주친 거예요.

제가 한 처사에게 "이 스님이 누굽니까? 어떻게 나하고 똑같이 생길 수 있습니까?" 하고 물었어요. 그런데 들은 척도 안 하고 내려가기에 나도 따라 내려갔어요. 도솔암 아래 황평에 그분 딸 집이 있는데 거기에 눕혀 놓자 동네 사람들이 몰려 들었어요. 숟가락으로 쌀뜨물을 먹이는 한 처사에게 "이 스님이 누구냐?"고 아무리 물어도 듣지를 못해요.

계속 그 처사님을 따라가신 거네요.

네. 황평에 가서 그 스님 얼굴을 보며 "스님! 어떻게 그렇게 나하고 닮을 수가 있소? 손가락 없는 것까지 닮았소" 하는데 그때 혼이 쏙 들어간 거예요. 눈을 뜨면서 첫 마디가 "아까 그 스님 어디 있느냐?" 하니까 "스님 없었습니다. 스님 혼자였습니다" 그래요. 그래도 내가 자꾸 스님을 찾으니까 "스님이 정신이 이상해졌구나!" 하며 다 걱정을 하더라고요.

그때 '아, 이 몸이 내가 아니구나' 싶고 성철 스님께 죽비로 "보이나?" 하시던 그때처럼 전율이 일어나요. '영혼이 돌아다니다가 왔구나, 진짜 내가 아니구나.' 그리고 일어나서 다시 도솔암으로 향했어요.

도솔암에 올라와서 발우를 보면서 성철 스님께 큰절 삼배를 올리고 '제가 오늘부터 발우를 잘 올려놓을 겁니다' 했지요. '이제 정말, 이 몸은 내가 아니다. 죽어도 말 안 할 거니까 내 몸 누구한테 주고 팔고 싶으면 진짜로 마음대로 하라고 하이소!' 했습니다.

그래도 졸음은 마찬가지예요. 또 잠이 오는 거예요. 진짜 좌절이 오는 거예요. 그러면서 또 몇 달 지나고 정말 죽을 각오를 하고 그렇게 해 나가는데, 중간에 그런 일을 당하고 나니 공부는 되더라고요. 이 몸이 내가 아니라는 걸 '어째서…' 하고 화두를 잡고 앉아 있으면 잡념도 없어지고, 성철 스님이 "보이나?" 할 때 지금 들었으면 달려들 수도 있을 텐데, 영혼이 보는 건데 그런 생각을 한 거지요. 그런데 나중에 보니까 그게 아니에요. 더 얼터질 뻔했어요. 그놈이 보고, 그놈이 돌아다니는 건데….

어쨌든 공부는 되기 시작한 거예요. 신심이 난 거예요. '이 몸은 내가 아니다 정말로 중노릇을 잘 해봐야지' 하고 '어째서, 어째서…' 하며 몇 시간이 지나갈 때가 있어요. 그러다 보니 자신이 서는데 그러다가 또 좌절이 와요. 졸고 또 졸고 하다가 어느 날 저녁에 다짐을 하고 발우를 머리 위에 올려놨는데 눈을 뜨니 해가 뜨고 있더라고요. 얼마나 기분이 좋은지 벌떡 일어났는데 그때 발우가 와장창 했어요.

그 와장창 하는 소리 찰나 간에 내가 없어져 버리더라고요. 거기에서 뭔가 달라진 거예요. '이제 됐구나!' 그 길로 방을 박차고

288

나와서 온 산을 헤매고 다녔어요.

이제 됐다고요?

다람쥐가 도망가는데 "이놈아, 도망다니는 너도 부처가 될 수 있다" 그러면서 그 길로 도솔암을 뛰쳐나온 거예요. 태백산을 나와 역시 성철 스님께 제일 먼저 갔어요. 가니까 그때 성철 스님이 백련암에 올라가 계셨어요. 원명 스님이 시자를 볼 때예요. 그때가 1973년쯤 될 거예요.

"스님! 일 다 해 마치고 왔습니다."

"뭐, 니가 깨달았다고? 어흥, 이 소리가 어디에서 나왔노?"

"스님! 그 소리 가지고 몇 명이나 속여 먹었습니까? 거기에 속을 줄 압니까?"

"유(有)도 아니고 무(無)도 아니고 한데 너는 어디에서 주워 왔나?"

"스님! 그런 거 가지고 속이려고 하지 말고 스님 살림살이를 내보이십시오."

"덕산탁발화(德山托鉢話)를 일러라" 하는데 막히더군요.

스님이 '덕산탁발화'를 말하면서 '일러라' 하는데 막혀서 내가 멍 하고 있었어요.

"아나?"

"스님! 환한데 모르겠습니다."

"짜쓱이 양심은 있구나. 환한데 몰라? 환하다는 소리는 빼! 어디 가지 말고 여기에 있어. 3년은 더 해야 돼!" 하면서 영각을 비우라고 하시더군요.

"3년을 더 하라고요?"

"3년은 더 해야 돼! 3년 동안 나가지 마라!" 하시대요.

그래서 있어 볼까 했는데, 지금도 살아계신 스님인데 어떤 스님이 "스님이 여기 있으면 입장이 곤란해진다. 수좌들이 내놓으라고 할 때마다 내놔야 하니까 나가줬으면 좋겠다" 그러더라고요.

그런데 사실 나도 나가고 싶어 죽을 지경이었거든요. 다른 선지식을 만나서 확인받고 싶었던 거지요.

성철 스님께서 3년 간 있으라고 한 건 뜻이 있는 말씀일 텐데요.

그 어른만 그런 게 아니라 경봉 스님도 그러시더라고요. 백련암을 내려와 그 길로 통도사 극락암으로 경봉 스님에게 갔어요.

극락암에 가니까 대중들이 산행을 가고 송암 스님만 시자 소임을 맡아 계시더라고요. 경봉 스님은 누워 계셨어요.

"뭐, 혜국이 깨달았어? 손 내봐라."

손을 내놓으니까 '탁!' 때리고는 물으셨어요.

"이 소리가 네 손에서 났느냐, 내 손에서 났느냐?"

"아이고, 어린애 달래는 소리 하지 마시고 스님 살림살이나 내놓으십시오."

"육자 선지식을 이르라."

내가 바로 "무자 소식을 일러라" 하니까 경봉 스님이 벌떡 일어나더니 제 멱살을 잡고 흔들며 "여사미거(擧事未去)에 마사도래(馬

事到來)라 일러라" 하는데 막혀요.

지금에 와서 생각해 보면 막힐 수밖에…. 정확해요. 법신변사(法身邊事)에서 깨달으면 법신변사는 환한데 향상구(向上句)에서는 막혀요. 법칙이에요. 100kg 역기를 드는 사람은 130kg은 못 들게 되어 있어요.

경봉 스님이 "수좌! 내가 오 처사 나가라고 할 테니 천 일만 살아. 3년만 살아라" 하셨어요.

그런데 그 말을 듣고도 또 송광사 구산 스님께로 간 거예요. 구산 스님께서 "저 앞산에 바위가 눈이 열렸구나. 눈 열린 소식을 일러라" 하셨어요.

그래서 "눈 열린 소식 이르라고 하는 사람에게 물으십시오" 하고 답했지요.

그러고는 구산 스님이 원을 그려 놓고 한 가지 더 물었는데, 그건 바로 답을 했나 봐요.

그런데 구산 스님도 "여사미거(驪事未去)에 마사도래(馬事到來)라" 똑같은 걸 물어 보는 거예요. 왜 똑같은 말을 물어 보느냐고 하니까 구산 스님이 중간에 말을 잘 못했어요. 그래서 제가 "스님! 귀 좀 빌려주십시오. 어떻게 모든 사람이 들으라고 말합니까?" 하니 구산 스님이 귀를 내미시는데 제가 올려붙였어요.

구산 스님한테요?

"미친놈!" 하시는데 나는 냅다 뛰어나왔어요. 모르는 건 모르는

데도 기분이 좋았어요. 혼자 기분이 좋아 전국을 그렇게 돌아다녔어요. 나무 아래에서도 자고 저 멀리 불영사 계곡으로까지 돌아다녔어요. 그런데 그 직후 구산 스님께서 나를 그렇게 찾았답니다. 그 양반은 기회를 놓치지 않은 거예요.

그러나저러나 그렇게 돌아다니다 보니 점점 환했던 것이 희미해져 가요. 머리는 이만큼 긴 채로 누더기를 걸치고 미친놈이지. 그래도 좋아서 제주도까지 가서 거기에서 머리카락을 깎았어요. 그런데 '이래서는 안 되겠다' 싶은 생각이 들더라고요.

그래서 다시 도솔암으로 들어갔어요. 그런데 그때까지는 내가 생각해도 좀 잘 살았다 싶었는데, 그 뒤부터 들락날락하고 다시 공부가 안 되더라고요. 그저 앉으면 휙 시간이 지나가리라 생각했는데 안 돼요. 자신만만하고 다른 사람 식(識)이 보이고, 모든 것이 훤했던 것이 희미해져 가요. 확실히 그때 봤던 산이 산이 아니고 물이 물이 아닌 그 세계는 분명하고, '야! 이걸 진짜로 다시 해봐야겠다' 싶었는데 그게 안 돼요. 태백산 도솔암 전반기는 정말 애를 썼고 후반기는 유야무야 들락날락하면서 별로 재미를 못 봤어요. 그래서 거기에서 나오게 된 거지요.

저녁에 선정에 드셔서 아침에 태양을 보고 뭔가 체험을 하신 거군요?

해가 질 때 앉아서 몇 시간만 지나도 좋다고 했는데 해 뜰 무렵까지 간 거예요. 그러면 몇 시간이야. '와!' 손바닥을 치면서 벌떡 일어나는데 발우가 떨어지며 '쨍' 하는데 내가 없어져요. 그냥 그

292

게 좋아서 뛰쳐나온 거예요. 그게 찰나예요. '꽝' 하는 순간이 찰나예요.

그런 공부 이야기를 젊은 분들이 많이 알아야지요.

하고 싶지도 않아요. 요즘은 모든 게 믿어지지 않는 세계니까. 나는 진짜 내가 직접 당한 일이고 처절했어요. 요즘이야 어디 그런 걸 믿나요? 나는 내 상좌들 보고 "너희들이 나보다 선근(善根)은 낫다고 하는데 나만큼 밤까지 애쓰는 사람 못 봤다" 그런 얘기를 하지요.

다시 도솔암으로 들어가셨다가 어디로 가셨나요?

구산 스님한테 붙잡혀 송광사에 갔어요. 구산 스님께서 사람을 보내서 어느 날 어디 나와 있을 테이니 잠깐 왔다 가라 하셨어요. 가니까 열을 내시며 잔소리 말고 빨리 들어오라고 해서 송광사에 들어간 거예요. 그렇게 해서 송광사에 들어간 이후로 구산 스님과 인연이 이어졌어요. 스님 입적하실 때까지 몸은 떠났다 해도 늘 편지를 보내고 사랑을 보내서 떠나지 못했어요.

구산 스님 입적하실 때까지요?

입적하시기 얼마 전에 불러서 갔더니 뭘 써놓고 저더러 가져가라고 하셨어요. 그러면서 당신 입던 누더기를 나한테 물려주면서 "이건 네가 입고 살라"고 해서 받았지요. 입적하시기 얼마 전에도 제가 칠불암 선원에 있었는데 편지를 보내셨어요. 그 스님은 떠나기가 어려워요. 그분 대단해요. 제자들 붙드는 데는….

그러시면 구산 스님 회상에서는 몇 년 지내신 건가요?

많이 살았지요. 거기에서 제일 오래 살았을 거예요. 5~6년 이상 살았으니까. 계속 산 게 아니라 나왔다가 붙잡혀 가고 3년 결사는 한 번 했는데, 그 외에는 나왔다가 불려갔어요. 그 스님은 직접 찾아와요. 함양 용추사 은신암에 가 있을 때나 소백산 토굴, 제주도 남국선원 토굴에 있을 때는 구산 스님이 직접 오셨어요.

3년 결사를 하셨다고요?

거기에서 그렇게 살다가 자꾸 절 대중한테 여러 가지 말이 나와서 내가 이렇게 살 필요가 있나 싶어서 나왔어요. 오대산 상원사에 무여 스님하고 같이 들어가서 살았지요. 1974년인가 1975년 그쯤 되었을 거예요. 그 때 상원사가 험하게 살 때예요. 한암 스님의 좋은 가풍이 없어지고…. 봉암사도 그랬고 상원사도 그랬어요. 무여 스님이 오대산 스님이거든요. 잘 지내 보려고 나와 약속하고 상원사에 들어갔는데 아주 힘들었어요.

그때 구산 스님 편지가 왔어요. 뭐 때문에 나갔느냐, 나간 이유라도 밝혀라 하기에 "스님, 다른 말씀드릴 건 없고 나와 살아 보니 오대산이 힘듭니다. 방 하나 주시면 제가 거기에서 3년을 지내 보겠습니다" 했지요. 그랬더니 스님이 3년 결사를 한다고 소문을 얼

294

마나 내놓았든지 혜암 스님, 적명 스님, 무여 스님, 정광 스님, 돌아가신 휴암 스님, 일장 스님 등 하여간 기라성 같은 스님이 다 모였어요.

그래 가지고 3년 결사를 했는데 첫 철에 깨졌지요. 서옹 스님이 종정을 하면서 승군단(僧軍團)을 창설한다고 하셨는데, 법정 스님과 나는 절대 반대였어요. 다른 대중은 구산 스님이 가라고 해서 갔다 왔지요.

그런데 다녀와서 여러 가지 때문에 대중들이 들고 일어나서 입승이셨던 혜암 스님이 가버리셨어요. 입승이 가시고 그 다음에 해제하고 누구누구 가고, 다 깨졌지요.

승군단에 안 가시고 반대하신 뜻은 무엇인가요?

일단은 승군단이라고 하는 게 수행자로서 총칼을 든다는 것은 세속으로 가는 것이지. 보살행도 아니고 속인화 되는 것이지요. 보살행으로 속화한 거라면 당연히 속화되어야 하고 속인 쪽으로 가야지만, 세속화 되어서 수행을 버려두고 세속의 총칼을 잡으러 간다는 것은 나는 도대체 이해되지 않았어요. 그래서 끝까지 안 갔어요.

3년 결사가 첫 철에 깨지고도 계속 남아 계셨습니까?

계속 있었어요. 결국 거의 나 혼자 3년을 끝냈지요. 그러니까 구산 스님이 그런 걸 인정해요.

아까 봉암사하고 상원사가 당시까지만 해도 분위기가 안 잡혔다고 하셨잖아요. 봉암사는 당시 공부 분위기가 안 잡혔었던가 보지요?

지금처럼 봉암사가 저렇게 잡아 살기 시작한 게 도범 스님이 주지할 때쯤일 거예요. 지금처럼 수좌들이 하나의 긍지처럼 된 것은 1980년 넘어서입니다. 그 이전에는 원력을 세운 분들이 많았지만, 대중 분위기는 쉽지 않았지요. 지금은 상상하기 어렵지요.

상원사는 한암 스님이 사시다가 가신 이후로 거의 선방을 못 했어요. 어영부영 쉬는 장소처럼 되어 버리고, 그러다가 능혜 스님이 주지로 들어가면서 선방을 해보겠다고 해서 무여 스님과 내가 들어갔는데 힘들었어요. 그 다음부터 차츰차츰 나아지더니 정념 스님이 주지할 때 상원사 선방이 완전히 자리를 잡았지요.

어느 곳이든 대중을 이루어 살면 이런저런 갈등이 생기기 마련인데, 당시 상원사 선원 같은 경우 자유롭게 살려는 분들이 많았어요. 무여 스님이 입승 맡고 내가 찰중 소임이었는데, 몇몇 대중이 말썽을 부렸어요. 무여 스님이 본래 월정사가 본사여서 상원사를 제대로 선방으로 만들어 보려고 노력했는데 갈등이 계속 되었어요. 그러다가 '도저히 안되겠다, 차라리 어른 있는 데 가서 공부나 하자. 차라리 공부 잘한다고 해서 시비 듣는 게 낫지 이런 데서 못하겠다.' 그래서 구산 스님 계신 송광사에 간 거예요. 태백산에서는 붙잡혀 갔지만, 오대산에서는 내가 자원해서 편지를 올렸어요.

송광사에서는 어떠셨는지요.

그런데 구산 스님은 공부를 잘하면 너무 드러내서 칭찬해 버리기 때문에 내가 보기에도 말 듣게 해요. 왜냐하면 제가 장좌불와 하던 끝이라서 잘 안 누웠어요. 누우면 허리가 아파서 앉아 지냈어요. 그랬더니 구산 스님이 놀래서, 인삼이 귀할 때였는데, 당신 드시라고 한 인삼을 시자도 몰래 달여서 12시쯤 한 그릇 가져다 내 방 앞마루에 놓고는 '똑, 똑, 똑' 하고 가요. 그러면 나는 그걸 먹고 빈 그릇을 놔두면 도로 가져 가셨지요. 하루는 조느라고 못 봤더니 확 쏟아 버리더라고요. 그걸 구산 스님은 하루도 안 빠지고 6개월을 하셨어요. 세상에 비밀이 있나요. 대중들이 그걸 알게 되었어요. 가만히 있나요. 구산 스님은 두부 한 번 사먹자고 해도 시주물 아낀다고 안 된다 하시던 분인데….

대중들 말이 많았겠습니다.

그래서 그게 저를 힘들게 만들어요. 구산 스님이 그런 건 생각 안 하고 앞에 놓고 그래 버리는 거지요.

법문하시면서 "혜국이 한쪽 눈 열렸다"고 칭찬하시면 지나가던 사람이 "저기 애꾸눈 오네" 하며 빈정거렸지요. 그런 게 아주 힘들었어요. 그래도 공부한다고 말 듣는 게 더 낫더라고요. 상원사는 하도 시끄럽게 하고 나와서….

축서사 무여 스님과 아주 절친하시다고요?

무여 스님은 나하고 오래 살았거든요. 상원사부터 시작해서 송광사 3년 결사, 봉암사, 대승사, 칠불사, 도솔암, 망월사에서 같이 살았지요. 그래서 무여 스님 가는 데 내가 있고 내가 가는 데 무여 스님이 있다고 할 정도로, 도반이라기보다 서로 존경하는 사이입니다.

그러시다가 10·27법난을 맞아 제주도로 가셨어요?
봉암사에서 10·27법난을 맞았지요.

그 얘기를 좀 해주시지요.
도범 스님이 주지였던 1980년에 봉암사에 갔어요. 어느 날 저녁 군인들이 몰려들었다고 해요. 수좌들이 나가서 봉암사만은 군화발로 법당 못 들어온다고 강경하게 막았지요. 뒷날 보니까 서울에서 빨리 올라오라고 한다 해요. 그래서 봉암사에 대중공사가 붙었지요.

나는 "가지 말자. 서울이라는 데가 우리 수좌들이 견뎌낼 수 있는 그런 풍토가 아니다. 가지 말자" 했는데, 나머지 대중들은 "봉암사에서는 아무것도 알 수 없으니까 일단 서울 사정이라도 알아봐야 하지 않느냐" 해서 탄성 스님, 고우 스님, 적명 스님, 무여 스님, 휴암 스님이 다 올라갔지요. 그 후에 아예 수좌들이 총무원을 접수하여 개혁을 하게 되었지요.

나는 너무 속상해서 봉암사 위 백련암으로 가버렸지요. 혼자 가서 날마다 나무를 해서 장작을 하면서 살았어요. 한 달 반만인가 어느 스님이 와서 "스님! 관음사 주지로 발령났습니다" 해요.

그 길로 서울로 올라갔지요. 차라리 중앙에서 울력을 할 테니까, 관음사는 안 된다고 연령도 미달이고 안 된다고 생떼를 썼지요. 며칠 있으니까 당시 정화중흥회의 상임위원장(총무원장)을 맡고 있던 탄성 스님이 오라고 해서 가니 적명 스님이랑 고우 스님이랑 같이 계시면서 "관음사가 꽤 많은 돈을 압수당했고, 또 수석이 많았는데 그걸 다 압수당해서 스님이 가야만 한다. 신도들이 원하는 게 스님이니 잠깐만 갔다 오라"고 해서 결국 내려갔지요.

관음사 주지는 왜 6개월만 하셨어요?

가자마자 청년들 몇몇이 제주도 전체에 불교유치원이 없다고 유치원을 하자고 하대요. 그래서 유치원을 세웠지요.

하루는 봉암사에서 수좌들 몇이 왔어요. 오랜만에 만나서 돌아다니는데 역시 수좌 세계가 좋구나 싶은 생각이 나요. 얼마 후 은사 스님이 법회를 청하니까 오셨어요. 본사 주지 은사 스님인 일타 스님 오셨다고 국회의원도 오고, 도지사도 오고, 신도들이 많이 동참했어요. 그런데 은사 스님이 법문을 하시면서 "종단에 공부 유망주인 줄 알았더니 야망이 있는 사람이 되어서 본사 주지 이런 거나 한다"고 대놓고 말씀하셨어요.

그건 그래도 기분만 나빴는데, 하루는 유치원 아이 중에 하나가 다쳤어요. 새벽에 일어나서 108배를 하는데 그 애 어머니가 기억이 안 나요. 돈 많고 나한테 잘해주는 아이 부모는 기억나는데 그

아이 어머니는 기억이 안나요. 그 순간 '우리 스님 말씀이 맞구나. 이건 수행이 아니라 내가 완전히 뭐가 되어 가고 있구나. 중도 아니구나!' 싶은 생각이 드는 거예요. 도저히 안 되겠다 싶어 주지직을 내놓고 6개월 만에 나왔지요. 그러니까 관음사 주지는 그저 한 번 거쳤을 뿐이죠.

그리고 어디로 가셨습니까?

지리산 칠불암 선원으로 가서 3년 결사를 했지요. 그때 통광 스님이 불사를 할 때예요. 위에 선방은 조그마한 양철집인데, 그 양철집에서 살았지요.

우리나라 수좌들이 오대산, 설악산, 지리산을 평하는 말이 있어요. 오대산은 워낙 흙이 많아 덕이 많고 약초가 많고 산나물이 많이 나서 불보살산이라고 해요. 적멸보궁도 있고 동대, 서대, 남대, 북대, 중대 오대가 있을 정도로 풍요로운 불보살산이라고 하지요. 지리산은 워낙 웅장해서 마치 제불보살산 같다고 하거든요. 그 지리산의 웅장함이 좋고, 그때는 칠불선원이 보잘것없었지만 통광 스님이 밑에서 신심 있게 기도하면서 불사하는 게 좋아서 3년 결사를 했어요. 그때 축서사 무여 스님, 송광사 유나 현묵 스님이 같이 사셨습니다.

제주도 남국선원 창건한 인연을 들려주십시오.

송광사에서 3년 결사를 할 때인데 사형 스님께서 지금 제주시

300

남국사가 그린벨트에 묶인 줄 모르고 불사를 시작했다가 워낙 문제가 많으니까 떠나 버렸어요. 그러니까 그 절 신도님이 나를 데리러 송광사로 온 거예요. 나는 결사 중이라 못 간다고 하니까 결사 끝날 때까지 기다리겠다고 해요. 결사가 끝나고 문경 대승사에 가 있으니까 거기에 또 왔어요. 해제하고 가 보니까, 남국사는 터가 아니에요. 이런저런 인연으로 지금 터에 남국선원을 지은 거지요.

한번은 내가 수도암에서인가 결사라는 말을 안 붙이고 3년을 살았는데, 불심행 보살이라고 남국선원 창건주가 와서 "스님, 남국선원에 선방 하나 지읍시다" 해요. 그래서 나는 업이 많아서 생각이 없다고 했는데 성철 스님이 하신 말씀이 생각났어요.

"니, 고향 제주도지?"

"예."

"제주도에 절이 없지?"

"스님! 100개가 넘습니다."

"무슨 소리냐? 선방도 없는 게 절이냐? 앞으로 물으면 절 없다고 해!"

하지만 나는 공부한다는 생각으로 못 한다고 거절했어요. 그 다음에 가보니까 그 보살님이 내 도장하고 주민등록증을 달라고 해요. 불사 하려고 내 이름으로 돈을 한 달에 천만 원씩 저축했는데 그게 7억이 되어 다른 스님이라도 모시고 불사한다는 거예요. 그런데 그 사이에 실명제가 되어 내 도장하고 주민등록증이 없으면 안 된다고 해요. 내 이름으로 된 통장에 7억이 들어있다는 말을 듣는 순간에 성철 스님 생각이 나면서 '할 걸 그랬나, 1년만 고생하면 제주도에 선방을 지을 수 있는데…' 그런 생각이 났어요. 7억이면 아무 걱정 안 하고 지을 수 있는데 싶었던 거예요.

그런데 얼마 후에 그 신도님이 왔기에 도장을 돌려 달라고 하니까, "다른 스님 모시려니까 도저히 안 되어 못 찾았습니다" 그래요. "그러면 그러지 말고 합시다. 나 도장 주고 후회했소" 그러니까 좋아해요. 그래서 1991년에 수도암 3년 결사를 끝나고 가서 남국선원을 짓기 시작해서, 1994년에 개원했어요.

그 신도님 참 대단하시네요. 그런 시주 인연이

오늘 제주도 유일 선방, 그것도 무문관을 지으셨네요.

그분이 명실 공히 남국선원 창건주예요. 강불심행이라고 제주도 분이에요. 재산이 그리 많은 분이 아닌데 신심으로 하셔요. 그러니까 돈 7억에 넘어가서 지은 게 남국선원이에요. 그런데 해놓고 나서 수좌들이 무문관에서 몇 년씩 안 나오고 잘 지내니까 잘 지었다 싶기도 해요.

내친 김에 석종사 불사 인연도 들려주시지요.

석종사 불사 인연은 길어요. 내 맏상좌가 있는데 아버님이 이북에서 와서 친척이 아무도 없고 아들딸 8남매를 낳았지만 다 죽고 자기 하나밖에 없어요. 그런데 어머님이 교통사고가 났는데 아무도 간병할 사람이 없어서 참 곤란한 상황이었어요. 그때 내가 무슨 마음에서인지 맏상좌 보고 "니가 공부해서 사십 전에 견성하면 내가 너희 어머니를 모시겠다"고 했더니 자기가 사십 전에 견성하겠다고 해요. 그때는 봉암사에 살던 때인데, 남국선원 불사도 안 했을 때라 어디 갈 곳도 없어요.

참 곤혹스럽게 생각하고 있던 어느 날이었어요. 어떤 하얀 옷을 입은 스님이 내 뒤에서 나왔는지 내 몸에서 나왔는지 앞에 딱 서더니 이렇게 말하는 거예요.

"아이고, 중노릇이 시원찮으니 전생에 살았던 데도 모르는구만!" "예? 그게 어딘데요?" "죽장사도 몰라?" 그러면서 탑이 보이고 절이 보이는데 이 절이에요.

"저기가 어디예요?" "중원 땅 살던 것을 잊었어?" 꼭 도반이 옆에서 말하는 것처럼 그래요. "어떻게 찾아가는데요?" "인연 따라서 아침에 떠나 봐."

그래서 아침에 봉암사를 떠났어요. 걸어가다가 버스가 와서 손을 들었는데 충주 가는 버스예요. 그래서 충주에 가서 내리니까 부동산이 있더라고요. 거기에 가서 탑이 있고 이러한 데가 있느냐고 물으니까, 그 사람 얘기가 3년 전에 나온 절이 있는데 아직 안 팔리고 있다는 거예요. 가서 보니까 조그마한 옛 탑이 있는 폐사지인데 내가 살던 데라는 확신이 들어요. '세상에 내가 이 터를 몰랐구나.' 조그마한 탑이 고려시대 거라고 해요. 그래서 보니까 내가 만들었다는 생각이 들어요. 그래서 주인을 만나 우여곡절 끝에 샀지요.

절을 사고 난 후 상좌 어머니를 모시고 단둘이 살기가 안 되어서, 비구든 비구니든 자식이 하나밖에 없는데 출가해서 의지할 데 없는 노인들을 모셔다가 내가 보림(保任)하는 셈 치고 여기에서 한바탕 살겠다고 해서 모인 분이 다섯 분이에요. 그런데 할머니들이 외로워하기에 부모 없는 아이들을 데려다 공부를 시키는 게 좋겠다 싶어서 다섯 명을 모아서 같이 살기 시작했어요. 그때는 오두막에서 시작해서 800평 정도였어요. 불사를 하려고 해도 공원지역에 묶여서 못 했어요. 몇 년 전에야 풀려서 그때부터 이렇게 시작을 해서 지금은 10만평으로 늘렸지요.

복이고 법력(法力)이십니다.
제주도 남국선원은 처음부터 무문관을 생각하신 건가요?

그건 내가 옛날 천축사 무문관 들어가려고 했었는데 어려서 안된다고 못 들어갔거든요. 아예 상대도 안 해줘요. 어거지 쓰다가 혼만 났거든요. 내가 어디 들어가려고 해서 못 들어간 게 처음이에요. 그래서 '두고 봐라. 내가 언젠가는 한다.' 그런 생각이 있었어요. 그래서 무문관을 했지요. 무문관을 만들고 직접 1년을 살아봤지요.

지금은 방에 몇 분이 계신지요?

방이 7개예요. 언제든지 7명이에요. 한 번 들어가면 1년은 지나도록 하고 있어요. 그래도 너무 밀리니까 그 옆에 있는 간이시설 방도 같이 해서 여덟 분도 되고 아홉 분도 되는 거지, 방은 7개예요. 1층이 무문관이고, 2층은 대중 선방이지요.

무문관 들어가려는 분이 몇 년치 밀려 있다고요?

지금도 6년치가 밀려 있어요. 그럴 수밖에 없는 게 1년 만에 나와 줘야 다른 사람이 들어가는데, 지금도 어느 스님은 4년이 되도록 안 나와요. 한 번 들어가면 안 나오니까 자꾸 밀려요. 그래서 요새 는 내가 인심도 잃어요. 안 나오려는 사람을 나오라 할 수도 없고, 들어가려는 사람은 왜 자기는 안 넣어주느냐고 그러고 아주 난처할 때가 있어요. 그래도 공부 때문에 그러니 얼마나 좋아요.

약정한 대로 내보내는 게 아니고
더 있고 싶다고 하면 더 있을 수 있는 건가요?

더 있고 싶은 사람은 더 있고, 1년이 되기 3일 전에 얘기해주지 요. 그런데 자기는 안 나가겠다고 하고 문을 다시 잠그면 또 1년이 고, 그러다 보니 뒤에 밀리고 밀리고 해서 들어가서 1년 만에 나오 는 사람이 30%가 안 돼요.

굉장히 좋은 모양이네요.

좋다고 해요. 그래도 나는 만족하지 못해요. 여기는 무문관과 대중선원을 겸해서 혼합하는 형태로 하려고 생각하는데, 언젠가 다시 한 번 하게 되면 바꿀 생각이에요. 그런데 수좌들은 좋다고 그래요.

나중에 석종사에 만약 무문관을 한다면 조그마하게 원두막처럼 해서 한 사람씩 주고는 밥은 안 가져다주고, 밥 먹으러 나왔다가 말을 하거나 그릇을 깨뜨린 사람은 나가고 그런 식으로 하는 것을 구상하고 있어요.

남국선원 무문관에서 방광한 수좌 이야기를 들었습니다. 직접 목격하셨다고 하던데 그 이야기를 좀 들려주십시오.

남의 방광 얘기 들어서 뭐하게요. 자기 방광이 나와야지….

벌써 여러 해 전이지요. 나는 2층 방을 쓰고 행자 하나가 아래 사무실 1층을 썼어요. 하루는 10시쯤 되었는데 바깥이 환해 오더라고요. 문을 열었더니 선방 앞 무문관에서 불기둥이 세 곳에서 올라와서 뱅뱅 돌아요. 기분이 이상해요. 내려가서 신도들을 깨울까 하다가 성철 스님이 "남의 방광이나 쫓아다니는 새끼, 자기 방광을 못 찾고…" 하시던 말이 생각나서 남의 방광 찾아다녀서 뭐하겠나 하고 문을 닫았지요.

그때 행자가 문을 열어 본 거예요. 행자가 못 견디고 쫓아가서 보살님들 빨리 나오라고 불러댔죠. 무문관에서 불길이 올라와서 뱅뱅 도니까 보살님들이 엉엉 울고 절을 땅바닥에 하고….

그 방광한 수좌는 어찌 됐습니까?

얼마 후에 그 수좌가 있던 방에서 '자기는 다 마쳤다' 는 쪽지가 나왔어요. 내가 문 열고 들어가서 "다 마친 소식을 일러 보라" 하

306

니까, "여여하고 여여한데 뭘 이르라고 하느냐?"고 해요. 내가 안 됐지만 귀싸대기를 올리면서 "여여하다는 놈 따로 있고 여여한 경계가 따로 있는데, 무슨 소리를 지껄이고 있느냐? 여여한 경계는 그만두고 여여한 놈이나 내놓아 보라"고 하니까 "다만 모를 뿐이다"라고 얘기해요.

거기에 속았어요. 내가 서옹 스님께 가라고 했는데 서옹 스님께 갔는데도 똑같은 대답을 했다고 해요. 서옹 스님이 "이 사람아, 여여한 게 따로 있으면 어떻게 해. 여여하다는 놈이 따로 있고 여여한 것이 있으면 이미 주객이 나뉘어 있지 않은가?" 하셨대요. 그래서 이 사람이 다시 들어온다고 연락이 왔기에 들어와 봐야 되지 않고, 또 방에 이미 다른 사람이 들어가 버려 아무리 말해도 안 나와요. 그래서 지리산 쪽으로 갔지요.

선원을 운영하시는 입장에서 현재 종단 선원에 문제가 있다면 어떤 것이며, 혹 개선 방안이 있으시다면 말씀해주십시오.

몇 년 전까지 전국 선원장 스님들이 친목 등을 위한 모임이 있었습니다. 그런데 전국선원수좌회와 중복되는 점도 있고 해서 단일화하기로 하여 지금은 수좌회로 통합되었죠.

선원은 우리 종단의 종지종풍의 산실로서 막중한 책임이 있습니다. 하안거, 동안거를 정기적으로 전국 100여 개 선원에서 2천여 명이 넘는 수좌들이 대중생활을 하면서 정진한다는 것은 한국 불교의 자랑입니다. 이런 전통은 세계에 내놓을 만한 자랑거리라 생각합니다. 앞으로 더욱 발전시켜 나가야겠지요.

다른 한편으론 문제도 있습니다. 법으로 볼 때 방장·조실 스님께서 상당 법문이나 소참 법문을 자주 하시고 면담을 통해 수행자의 발심을 촉발시켜줘야 하는데, 그 역할이 점점 미미해지고 있어요. 또한 차담, 해제비 등등에 신경 쓰는 풍토도 문제입니다. 선원장 스님들이 모이면 이런 문제를 염려하고 토론하기도 합니다. 그래서 쉬운 일은 아닙니다만, 전국 선원 공동청규를 제정하자는 이야기도 하고 있습니다.

몇 해 전부터 여러 방장, 조실 스님들께서 서로 약속이나 한 듯이 열반에 드셨습니다. 이제 수행자를 제접하고 지도하는 몫은 선원장급 스님들에게로 넘어갈 때가 된 것 같습니다.

세월이 어느덧 그렇게 되어 버렸습니다. 큰스님들께서 가시니 이제 60대와 50대 후반의 선원장급 스님들이 역할을 대신할 수밖에 없게 되었습니다. 책임을 피할 수 없게 되었습니다.

그런데 돌아보면, 성철 스님이나 서옹 스님 같은 분들도 50대에 방장, 조실을 맡으신 분들입니다. 성철 스님께서도 해인총림 방장에 취임하신 것이 56세인가 그랬지요. 나이가 문제가 아니라 수행력, 법력의 문제이지요. 아무튼 시대가 요구하니까 잘 해나가야겠지요.

간화선을 실참하시고 지도하시는 분들께서는

"간화선이 최상승이다, 지름길이다"라고 한결같이 말씀하십니다.

그런데 일반인들은 왜 그런지 공감하기 힘듭니다.

역사학자 토인비가 이렇게 말했다지요. "불교가 서양에 전해진 것은 지금까지의 서양의 사상철학이 의식세계를 다루었지만, 불교사상은 의식세계·생각의 한계를 넘어선 가르침이기 때문에 호응을 받을 것이다."

선이란 생각의 세계를 초월해서 말길이 끊어진 세계를 체험하는 것입니다. 언어문자나 논리를 넘어선 세계를 자기 마음에서 바로 깨치는 길을 일러주기 때문에 최상승이다, 지름길이다 말합니다.

세상은 점점 더 혼란스럽고 혼탁해져 가는 것 같습니다.

그렇다면 참선이 이 세상에 어떤 기여를 할 수 있습니까?

이 세상은 본래 혼탁한 것도 아니고 혼란하지도 않습니다. 혼탁한 것은 우리 마음입니다. 우리 인간은 이 세상을 다 차지해도 만족할 줄 모른다고 합니다. 흔히 우리는 마음이 이 세상을 움직인다고 하는데 실제로는 마음을 움직이는 것은 잠재의식입니다. 그래서 잠재의식을 바로잡아야 세상을 바로잡을 수 있지요. 우리 마음의 근원으로 돌아가면 이 잠재의식의 세계가 있는데 이 잠재의식을 바로 해야 운명이 바뀝니다.

참선은 바로 이 잠재의식을 바로잡아 운명을 개척하는 길입니다. 모든 문제를 내 안의 문제로 보고 내 마음을 바로 해서 업력과 잠재의식을 바꿔 나가면 세상에 많은 도움이 될 것입니다.

"자기를 바로 봅시다.

자기는 원래 구원되어 있습니다. 자기가 본래 부처입니다. 자기는 항상 행복과
영광이 넘쳐 있습니다. 극락과 천당은 꿈속의 잠꼬대입니다.

자기를 바로 봅시다."

– 성철 스님, 1982년 초파일 종정 법어에서

선지식에게 길을 묻다

1판 1쇄 발행 2009년 5월 7일
1판 3쇄 발행 2015년 10월 26일

지은이 · 박희승
펴낸이 · 주연선

편집 · 이진희 심하은 백다흠 강건모 이경란 오가진 윤이든 강승현
디자인 · 이승욱 김서영 권예진
마케팅 · 장병수 김한밀 정재은 김진영
관리 · 김두만 유효정 신민영

(주)은행나무

121-839 서울특별시 마포구 양화로11길 54
전화 · 02)3143-0651~3 | 팩스 · 02)3143-0654
신고번호 · 제 1997-000168호(1997. 12. 12)
www.ehbook.co.kr
ehbook@ehbook.co.kr

사진 협조 · 조계종출판사, 불교신문사, 부석사
잘못된 책은 바꿔드립니다.

ISBN 978-89-5660-297-4 03220